2022—2023年宁波纺织服装产业发展报告

浙江纺织服装职业技术学院主持

魏 明 裘晓雯 张芝萍 ◎ 主编

中国纺织出版社有限公司

内 容 提 要

本书内容分上、下两篇。上篇为产业运行分析，主要是对2022年宁波纺织服装产业运行的主要经济指标、效益情况、产业发展态势和发展亮点进行详细梳理，探索宁波纺织服装产业发展的痛点，并提出有效的发展建议。上篇以产业运行数据分析为基础，为业界提供必要的实证数据分析资料。

下篇为产业发展专题，主要结合2022年纺织服装行业面临的外部发展环境和产业发展热点——科技、时尚、绿色的高质量发展，探求新时代纺织服装产业的新发展格局。专题研究聚焦时尚产业数字化发展，时尚消费集聚区优化提升，产业新模式、新业态发展，产业基础高级化和产业链现代化，时尚产业消费升级，废旧纺织品再生利用，纺织服装类"非遗"发展现状与传承，红帮文化等专项领域，开展产业发展跟踪研究。下篇旨在紧跟产业发展趋势，捕捉产业新模式，丰富发展理论，为宁波纺织服装产业的发展提供理论研究支撑和有益建议。

图书在版编目（CIP）数据

2022—2023年宁波纺织服装产业发展报告 / 魏明，裘晓雯，张芝萍主编．-- 北京：中国纺织出版社有限公司，2023.10

ISBN 978-7-5229-0916-5

Ⅰ.①2… Ⅱ.①魏… ②裘… ③张… Ⅲ.①纺织工业—产业发展—研究报告—宁波—2022-2023②服装工业—产业发展—研究报告—宁波—2022-2023 Ⅳ.①F426.81

中国国家版本馆CIP数据核字（2023）第163683号

责任编辑：张晓芳　　责任校对：高 涵　　责任印制：王艳丽

中国纺织出版社有限公司出版发行
地址：北京市朝阳区百子湾东里A407号楼　邮政编码：100124
销售电话：010—67004422　传真：010—87155801
http://www.c-textilep.com
中国纺织出版社天猫旗舰店
官方微博 http://weibo.com/2119887771
三河市宏盛印务有限公司印刷　各地新华书店经销
2023年10月第1版第1次印刷
开本：710×1000　1/16　印张：13
字数：223千字　定价：98.00元

凡购本书，如有缺页、倒页、脱页，由本社图书营销中心调换

《2022—2023 年宁波纺织服装产业发展报告》研究组

顾问委员会：

郑卫东　浙江纺织服装职业技术学院院长，研究员
陈国强　中国服装协会顾问，专家委员会主任
杨　威　浙江纺织服装职业技术学院副院长，教授
吕秀君　浙江纺织服装职业技术学院科研与地方合作处处长
徐　燕　宁波市经济和信息化局消费品工业处处长
刘　青　宁波市经济和信息化局消费品工业处四级调研员
毛屹华　宁波市服装协会副会长，秘书长

研究组：

宁波纺织服装产业经济研究所

研究组负责人：

裘晓雯

研究组核心成员：

魏　明　张芝萍　刘霞玲　郑琼华　舒　寒　徐啸禄　薛　景
翁一宁

前 言 | Foreword

近三年来,从全球经济下行到国内经济增速放缓,从竞争格局重组、成本上升到贸易摩擦加剧,再到受新型冠状病毒感染疫情冲击,纺织服装产业经受了前所未有的考验。党的二十大开启了以中国式现代化全面推进中华民族伟大复兴的新征程。深化科技、时尚、绿色的高质量发展,建设纺织现代化产业体系,是中国式现代化在纺织行业实践的根本要求。面对重重困难与挑战,2022年宁波纺织服装产业立足中国,放眼全球,聚焦科技与时尚,布局绿色与数字,全面提升行业发展软实力,建设纺织现代化产业体系,深化量质转变调整,保持了行业规模和外贸出口基本盘的稳定。

《2022—2023年宁波纺织服装产业发展报告》(以下简称《报告》)是由浙江纺织服装职业技术学院主持,自2010年起连续编著完成的第13本报告。浙江纺织服装职业技术学院坐落于宁波市北高教园区,是由宁波市人民政府举办的全日制普通高等职业院校,是全国纺织行业人才建设示范校、浙江省高水平高职院校建设单位、浙江省高职优质校、首批国家教育信息化试点单位、首批全国跨境电商专业人才培养示范校、首批浙江省国际化特色高校、首批浙江省数字校园示范校、首批浙江省现代学徒制试点单位、浙江省课堂教学创新校。作为宁波市唯一的一所以纺织服装为行业特色的高职院校,责无旁贷地承担着宁波纺织服装产业发展研究的重任。多年来,在宁波市委、市政府的领导下,在宁波纺织服装行业管理部门和机构的大力支持下,学院依托区域和产业优势,积极致力于宁波纺织服装产业的发展研究,充分发挥学院在纺织服装产业的教学优势和产学研优势,深入行业企业调研,携手行业同仁为宁波纺织服装产业的发展提供实证数据分析和前沿实践成果,努力为纺织服装产业发展提供有效服务。

《报告》内容分上、下两篇。上篇为产业运行分析。主要对2022年宁波纺织服装产业运行的主要经济指标、效益情况、产业发展态势和发展亮点进行详细梳理,探索宁波纺织服装产业发展的痛点,并提出有效的发展建议,该部分以产业运行数据分析为基础，为业界提供必要的实证数据分析资料。下篇为产业发展专题。主要结合 2022 年纺织服装行业面临的外部发展环境和产业发展热点——科技、时尚、绿色的高质量发展，探求新时代下纺织服装产业的新发展格局。专题研究主要聚焦时尚产业数字化发展，时尚消费集聚区优化提升，产业新模式、新业态发展，产业基础高级化和产业链现代化，时尚产业消费升级，废旧纺织品再生利用，纺织服装类"非遗"发展现状与传承，红帮文化等专项领域，开展产业发展跟踪研究，旨在紧跟产业发展趋势，捕捉产业新模式，丰富发展理论，为宁波纺织服装产业的发展提供理论研究支撑和有益建议。

本《报告》研究团队实力较强。顾问委员会由行业资深研究专家、行业管理机构主管人员、行业协会研究人员等组成，研究组成员具有多年宁波纺织服装产业经济研究基础与经验，积累了大量的第一手资料及成果，确保《报告》的客观性、承续性和有用性。《报告》由魏明、张芝萍负责总体策划并审稿，由魏明、裘晓雯负责统稿；上篇由裘晓雯、刘霞玲、郑琼华、舒寒、徐啸禄共同完成；下篇专题一由翁一宁完成，专题二由舒寒完成，专题三由徐啸禄完成，专题四由魏明完成，专题五由薛景完成，专题六由郑琼华完成，专题七由茅惠伟完成，专题八由王锡金完成。

浙江纺织服装职业技术学院院长郑卫东对《报告》研究工作及公开出版高度关注并鼎力支持；副院长杨威对调研、专家咨询工作给予倾力支持。在编写过程中，宁波市经济和信息化局、宁波市服装协会、宁波纺织服装产业内相关企业等单位给予了大力支持。在此，对所有给予支持和帮助的领导、朋友们表示衷心感谢！对所有助力《报告》成功出版及付出辛勤工作的朋友们表示衷心感谢！

在课题研究过程中，我们参阅了大量资料、案例和相关研究成果，相关的企业提供了丰富的资料，在此也一并表示感谢！由于编者水平有限，不足之处在所难免，敬请指导！

研究组

2023 年 7 月

目 录 | Contents

上篇　产业运行分析

一、纺织服装产业总体情况 2
二、纺织服装产业效益分析 6
（一）工业总产值和出口交货值小幅下滑，细分行业各异，各月大幅波动 6
（二）利润和利税下滑，盈利能力下降 13
（三）亏损面和亏损企业亏损额均大幅上升且大幅波动 20
（四）研发投入增速放缓，新产品产值占比上升 21
（五）成本上升导致利润减少，投资收益大幅增加 23
（六）企业平均和人均利润和利税均大幅下滑，人均劳动报酬增速放缓 25
（七）获利能力下降，化学纤维制造业降幅最大 30
（八）资产总体运营效率基本持平，应收账款和存货周转速度加快 31
（九）资本结构细分行业差异大，纺织业应收账款占比大幅下降 33
三、龙头骨干企业特色 35
（一）雅戈尔 35
（二）申洲国际 35
（三）百隆东方 36
（四）太平鸟 36
（五）康赛妮 37
（六）博洋 37
（七）大发化纤 37

四、行业发展主要特点 ... 39
（一）出口增速逐步放缓，盈利压力持续加大 ... 39
（二）补齐内贸短板，大力开发新模式、发掘新价值 ... 39
（三）产业大脑逐步完善，持续支撑时尚纺织服装产业模式变革 ... 40
（四）智能制造持续赋能，引领产业迈向高质量发展 ... 40
（五）利用RCEP提升产业链、供应链合作水平，出口总额再创新高 ... 41

五、面临的主要问题 ... 41
（一）需求走弱，外贸内销面临多重压力 ... 41
（二）产业链、创新链协同不完善，数字化融合进程受阻 ... 42
（三）专业人才缺乏，掣肘创意设计能力提升 ... 42
（四）产业支撑平台载体能级不高，制约集群内共振效应发挥 ... 42

六、发展建议 ... 43
（一）以稳中有进为总基调，巩固产业发展基本盘 ... 43
（二）以扩大内需为首要任务，打造产业发展的新循环 ... 43
（三）以创新引领为方向，加快建设现代化产业体系 ... 44
（四）以产业布局为重点，推进区域协调发展 ... 45

下篇　产业发展专题

专题一　宁波时尚产业数字化发展研究 ... 48
一、时尚产业数字化发展的概念、分类和作用 ... 48
（一）时尚产业的概念 ... 48
（二）时尚产业的分类 ... 49
（三）数字经济的概念 ... 49
（四）数字化发展对时尚产业的作用 ... 49

二、宁波时尚产业发展现状 ... 51
（一）宁波时尚产业规模增长基本保持稳定 ... 51
（二）时尚产业内部结构逐步优化 ... 51

（三）时尚产业盈利水平基本稳定 53
　　（四）时尚产业就业容纳水平持续波动 54
　　（五）时尚产业科技投入水平持续波动 55
三、宁波时尚产业数字化发展面临的问题 56
　　（一）产业数字化发展规划不足 56
　　（二）数字化监管与知识产权保护存在困难 57
　　（三）数字化定制水平有待提高 57
　　（四）数字化新技术应用能力较低 57
　　（五）产业数字化协同能力较低 57
　　（六）数字化发展环境有待完善 57
四、国内典型城市时尚产业数字化经典案例 58
　　（一）北京：以创新资源激发时尚产业数字化活力 58
　　（二）深圳：推动工业互联网时尚产业生态培育＋应用模式建设 58
　　（三）上海：以独特的科技生态系统和人才优势打造国际数字时尚之都 59
　　（四）广州：数产融合应用打造"定制之都" 59
五、宁波时尚产业数字化发展路径 60
　　（一）完善时尚产业数字基础支撑 60
　　（二）加快时尚产业数字创新要素发展 61
　　（三）提高时尚产业数字融合应用 61
　　（四）优化时尚产业数字政策环境 61
　　（五）推动时尚产业数字贸易发展 62

专题二　宁波时尚消费集聚区优化提升研究 63
一、体验经济背景下国内外新型时尚消费趋势洞察 63
　　（一）虚拟时尚热度攀升，数字科技推动时尚消费创新融合 64
　　（二）"Z世代"成为消费主力军，更关注细分化场景化时尚消费体验 64
　　（三）"国潮"蓬勃发展，追求品牌文化价值认同和个性表达 65
二、时尚消费视角下宁波时尚经济发展特征 66
　　（一）时尚产业根基稳固 67

（二）居民时尚消费实力强劲……………………………………67
　　（三）时尚文化魅力有待提升……………………………………68
　　（四）时尚商业潜力日渐增大……………………………………68
三、国内先进城市打造时尚消费集聚区的经验借鉴……………………70
　　（一）时尚消费集聚区的内涵……………………………………70
　　（二）国内先进时尚城市典型案例………………………………71
四、宁波时尚消费集聚区优化提升现状…………………………………76
　　（一）宁波打造时尚消费集聚区的探索实践……………………76
　　（二）宁波优化时尚消费集聚区的困难瓶颈……………………80
五、多维度推进宁波时尚消费聚集区优化提升的对策建议……………83
　　（一）优化和拓展时尚消费空间，打造新兴非标商业样本……83
　　（二）加强时尚品牌招引和培育，营造多层次富有特色的首店生态……83
　　（三）构建多元化时尚传媒体系，厚植时尚文化氛围……………84
　　（四）扩大政策覆盖面，强化时尚消费环境保障…………………84

专题三　宁波纺织服装产业新模式、新业态发展探析……………85
一、新模式、新业态下纺织服装产业的变革与挑战……………………85
二、宁波纺织服装产业新模式、新业态背景与特征……………………86
　　（一）科技赋能创新模式…………………………………………86
　　（二）平台赋能融通模式…………………………………………88
　　（三）园区赋能孵化模式…………………………………………90
　　（四）智能制造转型升级模式……………………………………95
　　（五）中国传统文化赋能服装模式………………………………98
三、宁波纺织服装产业新模式、新业态面临的发展瓶颈………………99
　　（一）核心技术存在短板，产业层次仍处低端…………………99
　　（二）产业链创新链协同不完善，数字化融合进程受阻碍……99
　　（三）高端专业人才匮乏，创意研发能力亟待提升……………100
　　（四）产业集群内竞争激烈，协同发展体系亟须形成…………100
四、宁波纺织服装产业新模式、新业态发展的对策建议……………101

（一）以科技创新为引领，加快建设现代化产业体系 …………… 101
　　（二）以"互联网+"为背景，健全产业赋能平台 ………………… 102
　　（三）以产业集群为核心，完善产业生态格局 …………………… 103

专题四　链主型企业培育视角下宁波纺织服装产业基础高级化和产业链现代化路径研究 …………………………………………… 105
一、问题提出 …………………………………………………………… 105
二、国内外研究现状 …………………………………………………… 106
　　（一）关于产业链"链主"的研究 ………………………………… 106
　　（二）关于产业基础高级化的研究 ………………………………… 108
　　（三）关于产业链现代化的研究 …………………………………… 109
三、宁波产业基础、产业链、链主型企业现状调研 ………………… 111
　　（一）宁波纺织服装产业基础和产业链现状与特征分析 ………… 111
　　（二）宁波纺织服装链主型企业代表案例分析 …………………… 118
　　（三）链主型企业培育角度的宁波纺织服装产业现存问题分析 … 125
四、国内外典型区域产业优化及链主型企业培育经验借鉴 ………… 126
　　（一）长三角产业集群、产业强链比较分析 ……………………… 127
　　（二）国外打造链主型企业的经验借鉴 …………………………… 128
　　（三）比较分析结论 ………………………………………………… 128
五、宁波纺织服装产业基础高级化和产业链现代化对策建议 ……… 129
　　（一）产业关联方面 ………………………………………………… 129
　　（二）产业结构方面 ………………………………………………… 130
　　（三）产业组织方面 ………………………………………………… 130

专题五　国潮品牌助推宁波时尚产业消费升级的路径研究 …………… 132
一、研究背景 …………………………………………………………… 132
　　（一）被低估的时尚底蕴 …………………………………………… 132
　　（二）不可忽视的宁波时尚消费力 ………………………………… 133
　　（三）"国潮"流行彰显文化自信 ………………………………… 133

二、宁波纺织服装企业国潮创新实践·· 134
（一）国潮出圈——时尚风向标太平鸟·· 134
（二）国潮新锐——户外露营品牌挪客·· 135

三、宁波纺织服装产业消费力增长瓶颈·· 136
（一）原创设计、独立品牌打造的能力和意识尚显不足·················· 137
（二）本地消费市场的购买力还需进一步挖掘·································· 137
（三）本地商场缺乏多样性和核心竞争力·· 137
（四）本地品牌的营销和宣传途径较单一·· 138

四、国潮产品助力宁波时尚产业消费升级路径研究和对策建议·············· 138
（一）推动"国牌崛起"，支持国潮产品品质与创新······················· 138
（二）贴合"Z世代"人群喜好，促进国潮新消费···························· 139
（三）举办国风活动，持续打造城市消费产业生态圈······················· 139
（四）推进国潮品牌数字化，助力宁波时尚消费产业升级··············· 140
（五）推广国潮新概念，发展"互联网+"时尚产业新营销··············· 141

专题六　宁波废旧纺织品再生利用现状及对策····································· 143

一、我国废旧纺织品回收现状··· 143
（一）废旧纺织品定义和分类·· 143
（二）废旧纺织品利用量及增速··· 144
（三）废旧纺织品进出口情况··· 145
（四）废旧纺织品相关政策··· 146
（五）废旧纺织品回收渠道··· 149
（六）废旧纺织品回收技术··· 149

二、宁波废旧纺织品回收现状··· 152
（一）政府推动废旧纺织品回收举措·· 152
（二）行业企业多渠道共创纺织品绿色循环······································ 153

三、废旧纺织物再回收典型企业··· 156
（一）宁波大发化纤：中国无纺填充应用领域纤维生产的领头羊········ 156
（二）浙江佳人：全球化学法循环再生聚酯杰出企业······················· 159

（三）中纺绿纤：高科技新材料产业集团 161
　　（四）广东新会美达：全国化纤行业科技创新平台企业 162
　　（五）山东银鹰：成功生产Lyocell纤维用废旧棉纺织品再生浆粕 162
　四、国内外废旧纺织品回收经验 163
　　（一）全球废旧纺织品行业现状 163
　　（二）国外废旧纺织品回收经验 164
　　（三）国内废旧纺织品回收经验 166
　五、宁波废旧纺织品回收利用建议 167
　　（一）政府搭平台、出政策，促进企业、行业回收利用积极性 167
　　（二）提升生产企业责任感，促进逆向物流回收模式的推广和创新 168
　　（三）多方位宣传，提高居民回收再利用意识 169

专题七　宁波纺织服装类"非遗"发展现状与传承思考 170
　一、宁波纺织服装类"非遗"背景 170
　　（一）历史渊源 170
　　（二）政策导向 171
　二、宁波金银彩绣发展现状 172
　　（一）宣传展示 172
　　（二）传承创新 173
　　（三）学术研究 176
　三、宁波纺织服装类"非遗"传承思考 178
　　（一）传承什么 178
　　（二）如何实践 179
　四、宁波纺织服装类"非遗"传承建议 180
　　（一）整合各类资源有效传播"非遗" 180
　　（二）传承创新激发并形成市场 180
　　（三）增强公众对"非遗"的认同 181
　　（四）加大"非遗"传承人培养力度 181
　　（五）有效发挥政府的推动作用 182

专题八　宁波时尚纺织服装产业集群发展中红帮文化的驱动力研究 183
一、宁波时尚纺织服装产业最重要的文化基因——红帮文化 183
（一）敢为人先精神 183
（二）精于技艺精神 184
（三）诚信重诺精神 184
（四）勤奋敬业精神 184
二、红帮文化在当代宁波时尚纺织服装产业集群发展中的价值体现 185
（一）打造宁波时尚纺织服装产业之都的鲜明形象 185
（二）打造宁波时尚纺织服装产业的个性化理念 185
（三）提升宁波时尚纺织服装产业的整体国际化影响力 186
三、红帮文化在宁波时尚纺织服装产业集群发展中的驱动路径 187
（一）技艺传承 187
（二）精神弘扬 188
（三）人才培养 189

参考文献

上篇

产业运行分析

一、纺织服装产业总体情况

2022年,宁波规模以上(以下简称"规上")纺织服装企业数量增加,但产值和出口在2021年较大规模增长的情况下小幅下滑,利润和利税在2021年大幅上涨的情况下也出现较大下滑且近几年波动幅度较大,企业加大研发力度,研发费用及占收入比重持续增长,但增速放缓。工业总产值全年分月累计看,一季度开局情况较好,但自3月开始,增速持续下降,上半年同比增长10.48%,下半年下行加剧,全年同比下降0.51%,下半年总量低于上半年。全年各月累计工业总产值情况如表1-1、图1-1所示。

表1-1 2022年宁波规上纺织服装行业工业总产值运行情况

时间	工业总产值（亿元）	同比增长（%）	时间	工业总产值（亿元）	同比增长（%）
1—2月	199.01	13.97	1—8月	893.26	7.84
1—3月	327.10	15.18	1—9月	1022.68	7.07
1—4月	439.89	13.46	1—10月	1117.34	3.68
1—5月	548.32	11.68	1—11月	1227.13	1.56
1—6月	671.58	10.48	1—12月	1333.10	-0.51
1—7月	774.58	9.22			

资料来源：宁波市经济和信息化局、宁波市统计局。

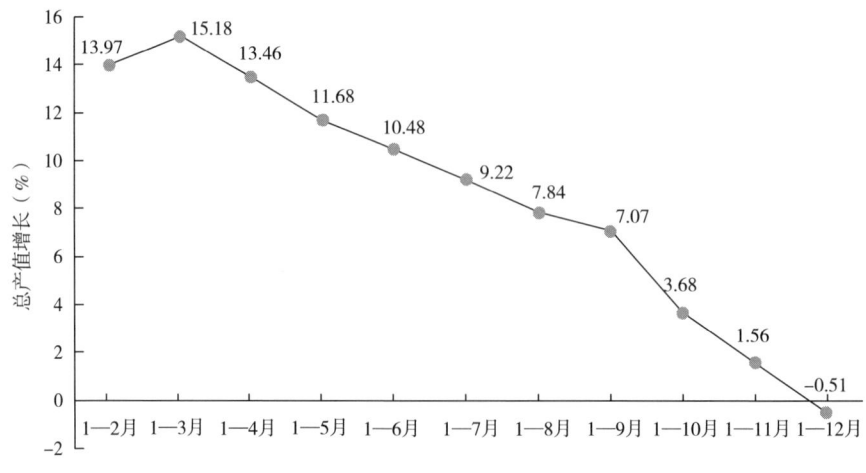

图1-1 2022年宁波规上纺织服装行业工业总产值运行趋势（%）

2022年宁波规上纺织服装企业共866家,较2021年增加53家,主要是纺织服装、服饰业增加了51家;平均用工人数167319人,同比增长0.26%。2018—2022年宁波规上纺织服装企业数量及从业人数等基本情况如表1-2所示。

表1-2 2018—2022年宁波规上纺织服装行业基本情况

指标	2022年	2021年	2020年	2019年	2018年
企业单位数（家）	866	813	839	812	819
其中：纺织业	263	260	269	253	257
纺织服装、服饰业	536	485	508	502	501
化学纤维制造业	67	68	62	57	61
平均用工人数（人）	167319	166891	172260	182939	190041
其中：纺织业	40486	43382	46038	48207	50989
纺织服装、服饰业	117778	115093	118017	127008	131778
化学纤维制造业	9055	8416	8205	7724	7274
企业平均人数（人）	193	205	205	225	232
资产总计（亿元）	1513.36	1518.70	1367.52	1264.20	1223.22
负债总计（亿元）	859.56	873.59	761.04	699.34	676.50

资料来源：宁波市经济和信息化局、宁波市统计局。

分区域来看，规上纺织服装企业主要分布于象山县、海曙区、慈溪市、鄞州区，占比分别为22.86%、17.90%、16.28%、14.67%。2022年宁波规上纺织服装企业区域分布如表1-3，图1-2所示。

表1-3 2022年宁波规上纺织服装企业区域分布

地区	企业数（家）	占比（%）	地区	企业数（家）	占比（%）
海曙区	155	17.90	象山县	198	22.86
江北区	25	2.89	宁海县	19	2.19
北仑区	63	7.27	余姚市	37	4.27
镇海区	38	4.39	慈溪市	141	16.28
鄞州区	127	14.67	合计	866	100
奉化区	63	7.27			

资料来源：宁波市经济和信息化局。

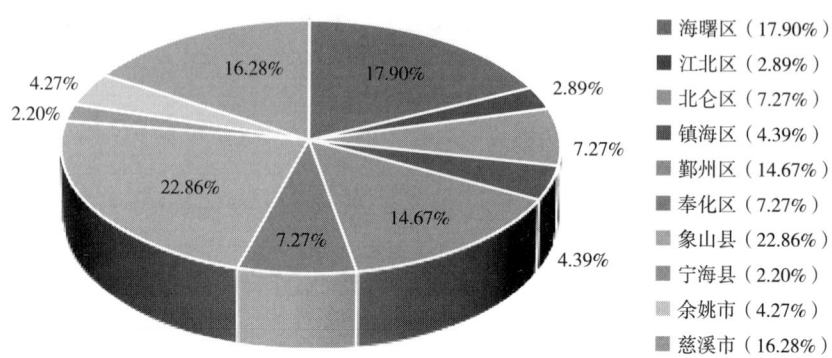

图 1-2　2022 年宁波规上纺织服装企业区域分布

2022年宁波866家规上纺织服装企业累计实现工业总产值1333.10亿元，较2021年同比下降0.51%，工业总产值在2021年较快增长的情况下小幅下滑，低于宁波全市增长率7.6%，工业总产值占宁波市全行业工业总产值的5.48%；2022年累计实现工业增加值261.29亿元，占全省纺织工业增加值的12.35%，同期全省工业增加值2115亿元，同比下滑3.6%；2022年累计完成出口交货值304.24亿元，较2021年同比下降2.31%，占宁波全市出口交货值的7.36%，占全省纺织工业出口交货值的17.27%（全省1761.8亿元）。出口交货值在2021年较快增长的情况下下滑，同比全省同行业和宁波全市出口情况较差，同期宁波全市同比下滑0.11%，全省同行业规上企业增长4.2%，全国同行业增长5.8%；2022年累计完成营业收入1354.16亿元，较2021年同比下降1.07%，占全省纺织工业营业收入的12.31%（全省10996.1亿元）；2022年累计实现利润总额47.30亿元，利税总额77.91亿元，同比分别下滑12.49%和7.96%，利润总额占全省同行业的15.6%（全省303.2亿元），利润总额降幅低于全省同行业（同期全省利润总额同比下降43.2%）。受原材料价格波动影响，企业用电用能成本上涨，叠加需求萎缩，利润空间进一步收窄，利润和利税总额在2021年大幅增长的情况下下滑，受新型冠状病毒感染疫情等因素影响，近几年利润总额与利税总额大幅波动。2022年累计研发费用17.72亿元，同比小幅增长1.08%，研发投入增速放缓（表1-4）。

表 1-4　2021—2022 年宁波规上纺织服装行业总体概况

项目	2021年数值（亿元）	2022年数值（亿元）	同比增长（%）
工业总产值	1339.96	1333.10	-0.51
出口交货值	311.42	304.24	-2.31

续表

项目	2021年数值（亿元）	2022年数值（亿元）	同比增长（%）
营业收入	1368.86	1354.16	−1.07
利润总额	54.05	47.30	−12.49
利税总额	84.65	77.91	−7.96
研发费用	17.53	17.72	1.08

资料来源：宁波市经济和信息化局、宁波市统计局。

分区域来看，工业总产值2021—2022年占比大的依次是北仑区、海曙区、慈溪市，2022年北仑区工业总产值占比从2021年的30.35%上升至32.74%；2022年出口交货值占比大的依次是北仑区、海曙区、象山县、鄞州区，2022年象山县出口占比从2021年的18.88%下滑至16.85%；2022年利润总额和利税总额占比前三的依次是北仑区、镇海区、海曙区，北仑区和镇海区占比大幅增长，2022年北仑区利润总额和利税总额占比最大，分别为47.16%和40.89%，余姚市利润总额和利税总额占比均为负值（表1-5、表1-6）。

表1-5 2021—2022年规上纺织服装分区域工业总产值和出口交货值所占比重

地区	工业总产值占比（%）		出口交货值占比（%）	
	2022年	2021年	2022年	2021年
海曙区	17.91	18.65	17.60	16.25
江北区	2.35	2.28	3.14	3.37
北仑区	32.74	30.35	29.67	29.41
镇海区	5.22	5.72	3.36	4.09
鄞州区	8.17	8.05	15.91	15.83
奉化区	4.55	3.74	4.19	2.91
象山县	7.71	8.80	16.85	18.88
宁海县	0.90	0.94	1.93	2.03
余姚市	5.56	6.25	2.18	1.96
慈溪市	14.90	15.21	5.16	5.28

资料来源：宁波市经济和信息化局、宁波市统计局。

表 1-6　2021—2022 年规上纺织服装分区域利润总额和利税总额所占比重

地区	利润总额占比（%）		利税总额占比（%）	
	2022年	2021年	2022年	2021年
海曙区	13.18	28.29	17.73	28.94
江北区	3.54	3.59	3.26	2.79
北仑区	47.16	28.57	40.89	28.44
镇海区	25.48	15.72	17.81	11.87
鄞州区	5.42	4.48	5.87	5.07
奉化区	1.43	2.15	2.57	2.65
象山县	1.20	2.61	3.82	5.20
宁海县	0.90	1.30	1.13	1.30
余姚市	-8.98	6.90	-3.75	6.21
慈溪市	10.68	6.39	10.67	7.53

资料来源：宁波市经济和信息化局、宁波市统计局。

二、纺织服装产业效益分析

2022 年宁波纺织服装产业工业总产值和出口交货值小幅下滑，利润总额和利税总额较大下滑，研发费用持续增长但增速放缓，人均报酬持续增长但增速放缓。主要表现在以下方面。

（一）工业总产值和出口交货值小幅下滑，细分行业各异，各月大幅波动

2022 年，受新型冠状病毒感染疫情等因素影响，宁波纺织服装行业产值和出口在 2021 年较大增长的情况下出现小幅下滑。2022 年宁波规上纺织服装企业累计实现工业总产值 1333.10 亿元，较 2021 年同比下降 0.51%，占宁波工业总产值的 5.48%。工业总产值在 2021 年较快增长的情况下小幅下滑，低于宁波全市增长率 7.6%；2022 年累计实现工业增加值 261.29 亿元；2022 年累计完成出口交货值 304.24 亿元，较 2021 年同比下降 2.31%，占宁波全市出口交货值的 7.36%。出口交货值在 2021 年较快增长的情况下也小幅下滑，同期宁波全市同比下滑 0.11%。

2022年累计完成营业收入1354.16亿元，较2021年同比下降1.07%。2018—2022年相关数据比较如表2-1、表2-2，图2-1所示。

表2-1 2020—2022年宁波规上纺织服装行业工业总产值、出口交货值和营业收入比较

项目	2020年数值（亿元）	2021年数值（亿元）	2022年	
			数值（亿元）	同比增长（%）
工业总产值	1135.90	1305.66	1333.10	-0.51
出口交货值	283.67	311.29	304.24	-2.31
营业收入	1160.01	1350.56	1354.16	-1.07

资料来源：宁波市经济和信息化局。

表2-2 2018—2022年宁波规上纺织服装行业工业总产值和出口交货值同比增长率比较

项目	2018年	2019年	2020年	2021年	2022年
工业总产值同比增长率（%）	7.91	6.40	-9.97	13.36	-0.51
出口交货值同比增长率（%）	0.72	-4.65	-11.94	10.72	-2.31

资料来源：宁波市经济和信息化局。

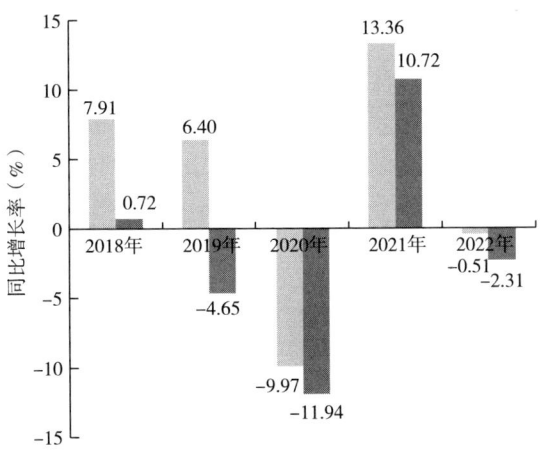

图2-1 2018—2022年宁波规上纺织服装行业工业总产值和出口交货值增长率对比

从细分行业来看，2022年纺织业工业总产值和出口交货值下滑幅度较大，同比分别下降5.61%、8.83%，纺织业工业总产值占比从2021年的27.06%下降

至 25.67%，出口交货值占比从 2021 年的 19.21% 下降至 17.93%。近几年对比如表 2-3、表 2-4，图 2-2 所示。

表 2-3 2021—2022 年规上纺织服装细分行业工业总产值对比

项目	2022年		2021年		同比增长（%）
	工业总产值（亿元）	占比（%）	工业总产值（亿元）	占比（%）	
纺织业	342.23	25.67	362.57	27.06	-5.61
纺织服装、服饰业	798.39	59.89	785.53	58.62	1.64
化学纤维制造业	192.48	14.44	191.86	14.32	0.32
合计	1333.10	100.00	1339.96	100.00	-0.51

资料来源：宁波市经济和信息化局。

表 2-4 2021—2022 年规上纺织服装细分行业出口交货值对比

项目	2022年		2021年		同比增长（%）
	出口交货值（亿元）	占比（%）	出口交货值（亿元）	占比（%）	
纺织业	54.55	17.93	59.83	19.21	-8.83
纺织服装、服饰业	239.09	78.59	241.32	77.49	-0.92
化学纤维制造业	10.60	3.48	10.27	3.30	3.21
合计	304.24	100.00	311.42	100.00	-2.31

资料来源：宁波市经济和信息化局。

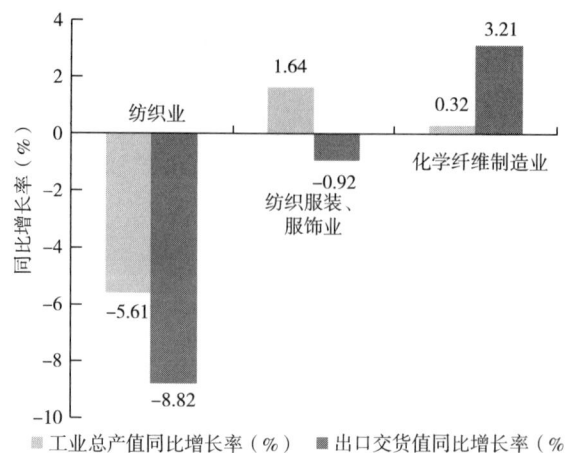

图 2-2 2022 年宁波规上纺织服装行业细分行业产值和出口交货值增长率对比

分月来看,如表2-5、图2-3,表2-6、图2-4所示,2022年工业总产值各月波动较大,与2021年同期比较,除8月小幅下滑外,1—9月均实现正增长但增速变缓,10—12月出现大幅下滑,导致全年小幅下滑。出口交货值与2021年同期比较也是上半年比下半年好,1—7月均实现正增长,但8—12月均出现下滑,导致全年小幅下滑。工业总产值和出口交货值10月为全年最低值。

表2-5 2022年宁波规上纺织服装行业工业总产值分月对比

时间	工业总产值(亿元)	同比增长(%)	环比增长(%)
1月(未取得)	***	***	***
1—2月	199.01	13.97	***
3月	128.09	17.10	***
4月	112.79	8.76	−11.94
5月	108.43	4.98	−3.87
6月	123.27	5.44	13.69
7月	103.00	1.67	−16.44
8月	118.68	−0.39	15.22
9月	129.42	2.03	9.05
10月	94.66	−22.76	−26.85
11月	109.78	−15.89	15.97
12月	105.97	−19.54	−3.48
合计	1333.1	−0.51	—

注 ***为未取得或计算不适用。
资料来源:宁波市经济和信息化局。

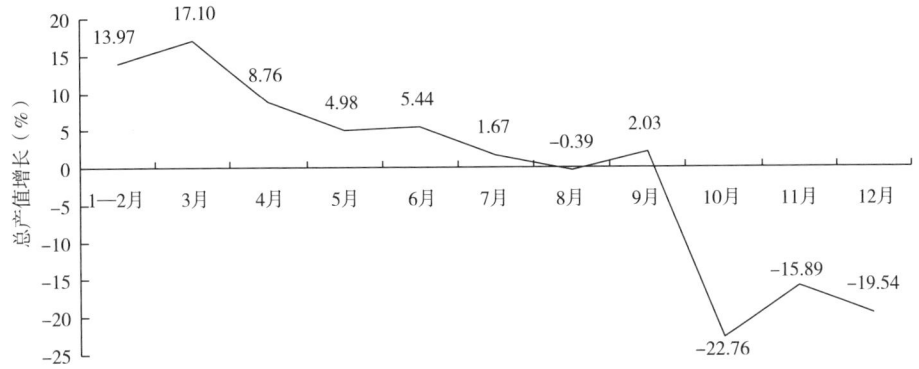

图2-3 2022年宁波规上纺织服装行业工业总产值各月同比增长对比(%)

表2-6 2022年宁波规上纺织服装行业出口交货值分月对比

时间	出口交货值（亿元）	同比增长（%）	环比增长（%）
1月（未取得）	***	***	***
1—2月	48.36	15.63	***
3月	24.75	8.59	***
4月	24.51	1.94	−1.00
5月	28.68	8.77	17.03
6月	31.14	11.75	8.58
7月	25.72	6.60	−17.41
8月	27.77	−7.46	7.98
9月	23.58	−22.51	−15.09
10月	19.94	−21.13	−15.45
11月	26.64	−5.62	33.61
12月	23.15	−23.97	−13.11
合计	304.24	−2.31	—

注 ***为未取得或计算不适用。

资料来源：宁波市经济和信息化局。

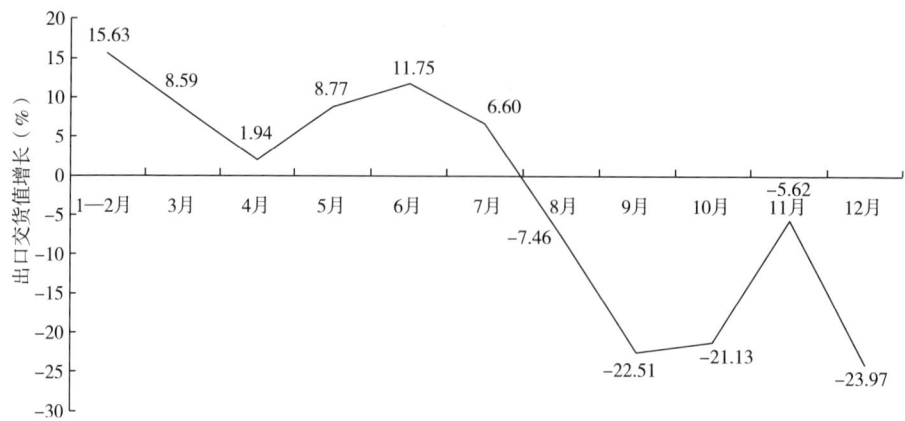

图2-4 2022年宁波规上纺织服装行业出口交货值各月同比增长对比（%）

分区域来看，工业总产值占比最大的是北仑区，达32.74%，其次是海曙区、慈溪市，占比分别为17.91%、14.9%。企业数量占比22.86%的象山县工业总产值只占7.71%，企业规模区域分布差异大。与2021年同期相比，工业总产值增长最大的是奉化区，增长20.82%，但总量不大，象山县、余姚市均出现较大幅度下滑，分别下降12.87%、11.63%。出口交货值占比最大的也是北仑区，占比为29.67%，其次是海曙区、象山县、鄞州区，占比分别为17.60%、16.85%、15.91%，增长最大的是奉化区，增长40.28%，但占比不大，只有4.19%，下滑较大的区域是镇海区、象山县，分别下降19.69%、12.82%（表2-7、表2-8、图2-5、图2-6）。

表2-7　2022年宁波规上纺织服装行业工业总产值分区域对比

地区	工业总产值（亿元）	占比（%）	同比增长（%）
海曙区	238.70	17.91	-4.47
江北区	31.33	2.35	2.59
北仑区	436.51	32.74	7.34
镇海区	69.58	5.22	-9.19
鄞州区	108.85	8.17	0.87
奉化区	60.62	4.55	20.82
象山县	102.72	7.71	-12.87
宁海县	12.05	0.90	-4.57
余姚市	74.06	5.56	-11.63
慈溪市	198.68	14.90	-2.54
合计	1333.10	100.00	-0.51

资料来源：宁波市经济和信息化局。

表2-8　2022年宁波规上纺织服装行业出口交货值分区域对比

地区	出口交货值（亿元）	占比（%）	同比增长（%）
海曙区	53.55	17.60	5.81
江北区	9.56	3.14	-8.95
北仑区	90.28	29.67	-1.41
镇海区	10.22	3.36	-19.69
鄞州区	48.42	15.91	-1.77

续表

地区	出口交货值（亿元）	占比（%）	同比增长（%）
奉化区	12.73	4.19	40.28
象山县	51.27	16.85	-12.82
宁海县	5.88	1.94	-6.79
余姚市	6.64	2.18	8.92
慈溪市	15.70	5.16	-4.50
合计	304.24	100.00	-2.31

资料来源：宁波市经济和信息化局。

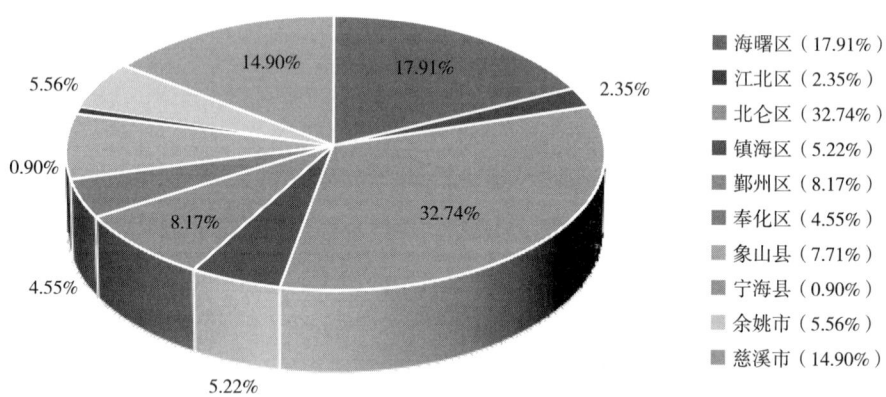

图 2-5　2022 年宁波规上纺织服装行业工业总产值占比（%）分区域分布

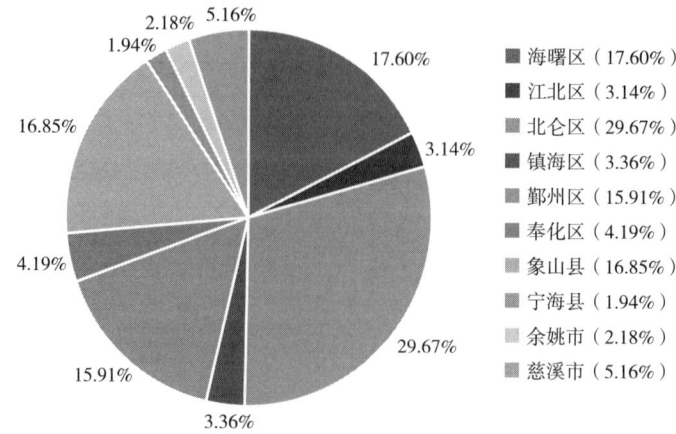

图 2-6　2022 年宁波规上纺织服装行业出口交货值（%）分区域分布

（二）利润和利税下滑，盈利能力下降

2022年宁波规上纺织服装企业累计实现利润总额47.3亿元，利税总额77.90亿元，分别下滑12.47%、7.96%，利润和利税总额在上年大幅增长的情况下有所下滑，受新型冠状病毒感染疫情等因素影响，近几年利润与利税大幅波动。税金总额为30.6亿元，税金主要是增值税，应交增值税24.58亿元，与上年基本持平。从销售的角度看，营业收入利润率为4%左右，行业利润率较低，2022年营业收入利润率为3.49%，同比下降11.52%，盈利能力下滑。近几年对比如表2-9、表2-10，图2-7、图2-8所示。

表2-9　2020—2022年宁波规上纺织服装行业利润与利税比较

项目	2020年数值（亿元）	2021年数值（亿元）	2022年	
			数值（亿元）	同比增长（%）
利润总额	43.42	53.92	47.30	−12.47
税金总额	28.74	30.14	30.60	0.01
应交增值税	22.59	24.06	24.58	0.46
利税总额	72.16	84.06	77.91	−7.96
营业收入	1160.01	1350.56	1354.16	−1.07
营业收入利润率（%）	3.74	3.99	3.49	−11.52

资料来源：宁波市经济和信息化局。

表2-10　2018—2022年宁波规上纺织服装行业利润与利税同比增长率比较

项目	2018年	2019年	2020年	2021年	2022年
利润总额(%)	53.47	−36.31	−21.72	24.18	−12.47
税金总额(%)	−3.16	−2.68	−7.33	5.31	0.01
应交增值税(%)	−0.29	−7.53	−6.80	6.91	0.46
利税总额(%)	30.78	−27.10	−16.56	16.49	−7.96

资料来源：宁波市经济和信息化局、宁波市统计局。

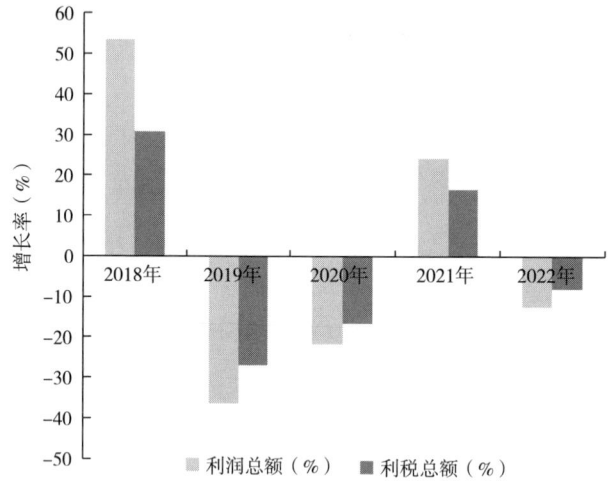

图 2-7　2018—2022 年宁波规上纺织服装行业利润与利税增长率比较

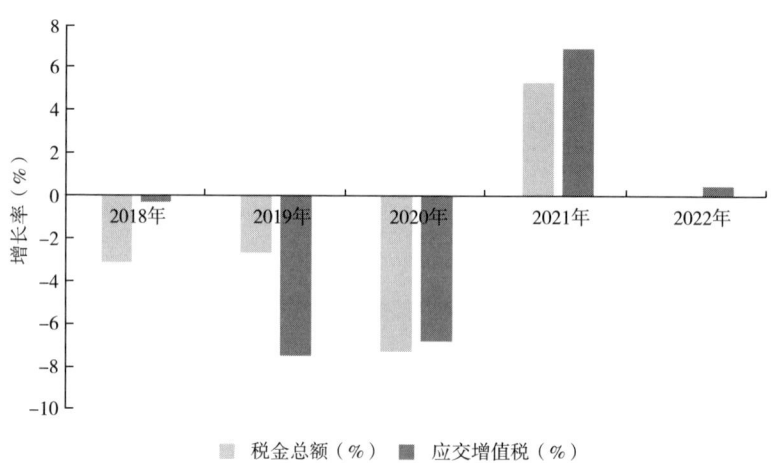

图 2-8　2018—2022 年宁波规上纺织服装行业税金增长率比较

分区域来看，如表 2-11、表 2-12，图 2-9、图 2-10 所示。除余姚市亏损外，其余区县均有利润，但不平衡。利润总额和利税总额占比最大的是北仑区，占比分别为 47.16%、40.89%，其次是镇海区，占比分别为 25.48% 和 17.81%，且两区均实现增长，利润总额分别增长 44.47%、41.84%，利税总额分别增长 32.36%、38.08%。利润总额增长最大的是慈溪市，增长 46.23%，但总量不大。余姚市、象山县、海曙区均出现大幅度下滑，利润总额分别下降 213.97%、59.91%、59.22%，利税总额分别下降 155.65%、32.37%、43.62%。

表2-11 2022年宁波市规上纺织服装行业利润总额分区域对比

地区	利润总额（亿元）	占比（%）	同比增长（%）
海曙区	6.24	13.18	-59.22
江北区	1.67	3.53	-13.85
北仑区	22.31	47.16	44.47
镇海区	12.05	25.48	41.84
鄞州区	2.56	5.42	5.94
奉化区	0.67	1.43	-41.93
象山县	0.57	1.20	-59.91
宁海县	0.43	0.90	-39.13
余姚市	-4.25	-8.98	-213.97
慈溪市	5.05	10.68	46.23
合计	47.30	100.00	-12.47

资料来源：宁波市经济和信息化局。

表2-12 2022年宁波市规上纺织服装行业利税总额分区域对比

地区	利税总额（亿元）	占比（%）	同比增长（%）
海曙区	13.81	17.73	-43.62
江北区	2.54	3.26	7.27
北仑区	31.86	40.89	32.36
镇海区	13.87	17.81	38.08
鄞州区	4.58	5.87	6.70
奉化区	2.01	2.57	-10.69
象山县	2.98	3.82	-32.37
宁海县	0.88	1.13	-20.13
余姚市	-2.93	-3.75	-155.65
慈溪市	8.31	10.67	30.46
合计	77.91	100.00	-7.96

资料来源：宁波市经济和信息局。

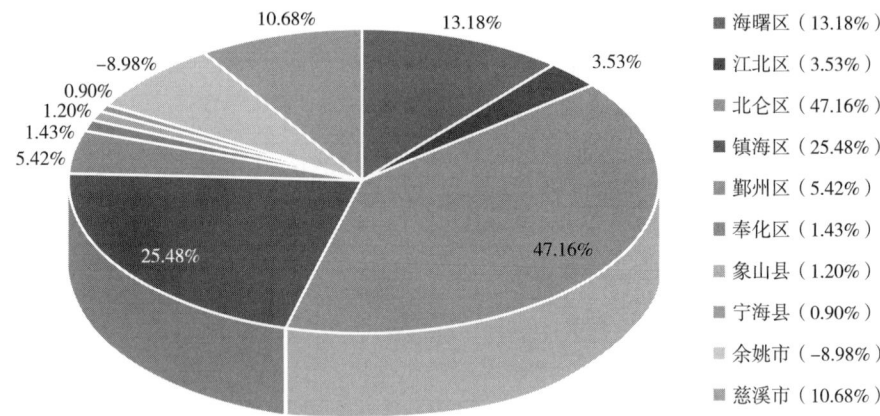

图 2-9 2022 年宁波市规上纺织服装行业利润总额占比分区域分布

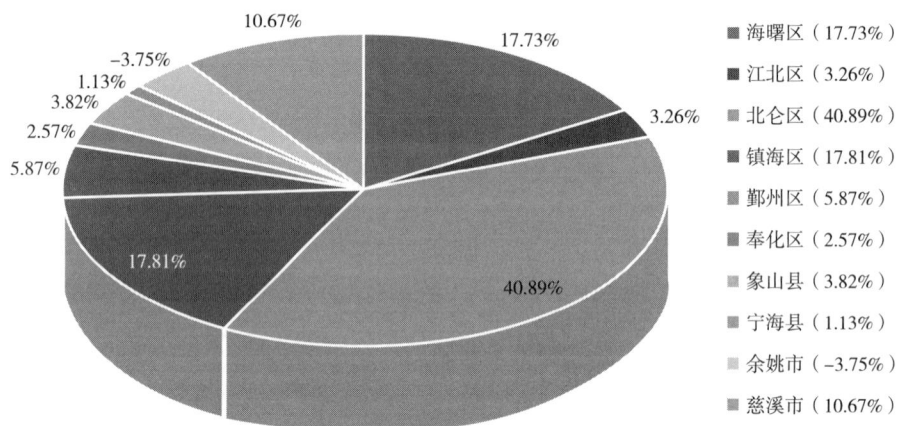

图 2-10 2022 年宁波市规上纺织服装行业利税总额占比分区域分布

分月来看，如表 2-13、表 2-14，图 2-11、图 2-12 所示，前 1—5 月每月利润总额和利税总额同比均大幅下滑，6 月同比大幅上涨，上半年利润总额和利税总额同比分别下降 23.35%、13.67%。下半年利润总额和利税总额大幅波动，11 月降幅最大，同比分别下降 80.34%、59.14%。1—11 月利润总额和利税总额同比下降分别为 17.16%、10.20%。12 月增幅较大，最终 1—12 月利润总额和利税总额降幅收窄，同比下降分别为 12.47%、7.96%。利润与利税各月大幅波动。

表 2-13　2022 年宁波市规上纺织服装行业利润总额分月对比

指标名称	利润总额（亿元）	同比增长（%）	环比增长（%）
1月（未取得）	***	***	***
1—2月	1.28	-72.51	***
3月	1.58	-40.91	***
4月	3.22	-62.59	104.06
5月	6.71	-18.15	108.57
6月	9.21	101.21	37.10
7月	6.70	95.69	-27.22
8月	1.91	-41.09	-71.56
9月	4.42	9.38	131.79
10月	3.33	-5.58	-24.67
11月	0.87	-80.34	-73.91
12月	8.09	20.56	831.90
合计	47.30	-12.47	—

注　*** 为未取得或计算不适用。

资料来源：宁波市经济和信息化局。

表 2-14　2022 年宁波市规上纺织服装行业利税总额分月对比

指标名称	利税总额（亿元）	同比增长（%）	环比增长（%）
1月（未取得）	***	***	***
1—2月	5.66	-35.66	***
3月	3.87	-23.87	***
4月	5.46	-49.30	40.83
5月	9.45	-13.63	73.28
6月	12.08	79.85	27.81
7月	9.37	70.40	-22.45
8月	4.04	-20.33	-56.89
9月	6.79	-4.75	68.14
10月	6.16	8.70	-9.34

续表

指标名称	利税总额（亿元）	同比增长（%）	环比增长（%）
11月	3.26	−59.14	−46.98
12月	11.76	7.08	260.25
合计	77.91	−7.96	—

注 ***为未取得或计算不适用。

资料来源：宁波市经济和信息化局。

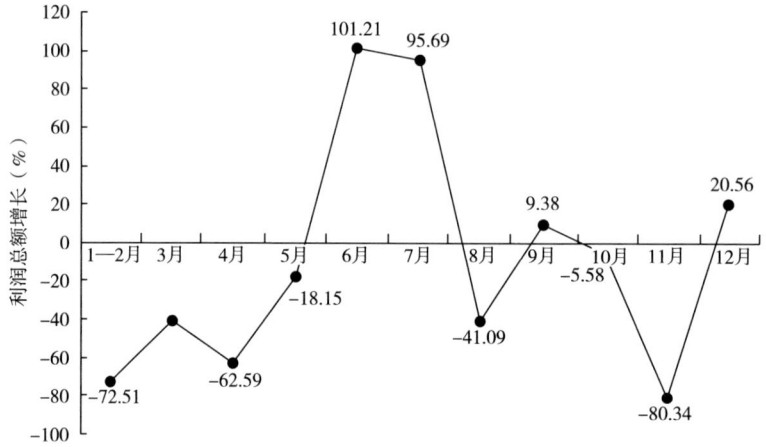

图2-11　2022年宁波市规上纺织服装行业利润总额各月同比对比图（%）

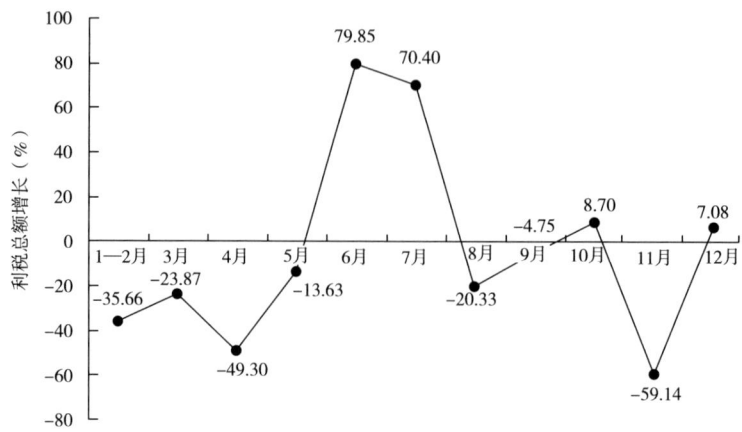

图2-12　2022年宁波市规上纺织服装行业利税总额各月同比对比图（%）

从细分行业来看，2022年纺织服装、服饰业利税和利润所占比重下滑明显，纺织业利润和利税总额所占比重上升且占比最大，占比分别为59.08%、49.78%，化学纤维制造业所占比重较小，利润和利税总额所占比重分别仅为4.37%、6.18%。受新型冠状病毒感染疫情等因素影响，近几年利润与利税大幅波动，如表2-15、表2-16，图2-13~图2-15所示。

表2-15　2021—2022年规上纺织服装细分行业利润和利税所占比重

项目	利润总额占比（%）		利税总额占比（%）	
	2021年	2022年	2021年	2022年
纺织业	53.41	59.08	44.99	49.78
纺织服装、服饰业	38.98	36.55	47.28	44.04
化学纤维制造业	7.61	4.37	7.73	6.18

资料来源：宁波市经济和信息化局、宁波市和统计局。

表2-16　2018—2022年宁波规上纺织服装细分行业利税比较

项目	同比增长（%）	2018年同比增长（%）	2019年同比增长（%）	2020年同比增长（%）	2021年同比增长（%）	2022年	
						数值（万元）	同比增长（%）
纺织业	利润总额	7.37	-7.14	6.37	18.34	279485	-3.17
	税金总额	9.20	-5.75	-2.65	-3.40	108337	17.54
	应交增值税	10.58	-8.78	-2.21	-3.94	87968	19.94
	利税总额	7.95	-7.46	3.61	12.17	387823	1.84
纺织服装、服饰业	利润总额	119.06	-49.19	-47.03	19.68	172899	-17.93
	税金总额	-9.17	-1.30	-9.86	12.28	170223	-10.20
	应交增值税	-4.80	-7.52	-9.19	15.83	135437	-11.09
	利税总额	58.86	-36.93	-33.29	16.10	343123	-14.27
化学纤维制造业	利润总额	-43.70	-67.01	55.71	不适用	20663	-49.78
	税金总额	-7.76	2.10	-8.46	-5.91	27462	13.17
	应交增值税	-11.10	-1.80	-9.10	-7.11	22399	17.88
	利税总额	-29.83	-36.09	14.27	不适用	48125	-26.42

资料来源：宁波市经济和信息化局、宁波市统计局。

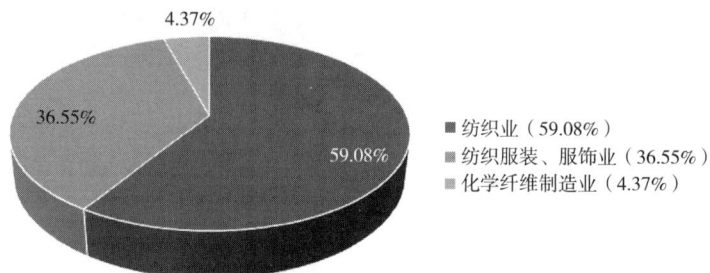

图 2-13　2022 年宁波规上纺织服装行业利润总额细分行业所占比重

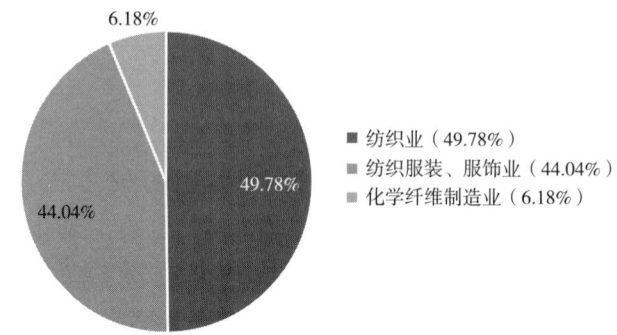

图 2-14　2022 年宁波规上纺织服装行业利税总额细分行业所占比重

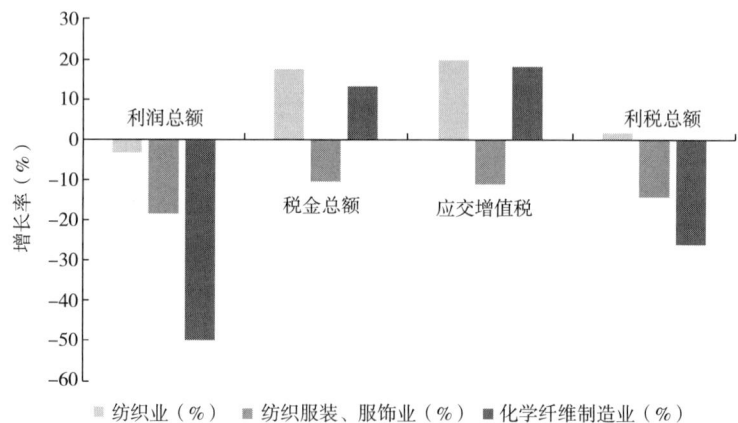

图 2-15　2022 年宁波规上纺织服装细分行业利润与税金增长率比较

（三）亏损面和亏损企业亏损额均大幅上升且大幅波动

2022 年，宁波规上纺织服装产业有企业 866 家，其中亏损企业 318 家，亏损面 37%，比 2021 年上升了 10%，亏损面高于全省纺织工业亏损面 26.6%。亏损企业亏损额为 12.90 亿元，同比上升 55.74%。从细分行业来看，纺织业和化学纤维制造业亏损企业数和亏损金额均大幅增加，亏损企业数增长分别为 87.50%、155.56%，亏损金额增长分别为 216.29%、165.99%，纺织服装、服饰业总体亏损面最大达 38%，但亏损金额同比下降了 15.72%，亏损面近五年大幅波动（表 2-17、表 2-18、图 2-16）。

表 2-17　2022 年宁波规上纺织服装细分行业亏损情况

指标名称	纺织业		纺织服装、服饰业		化学纤维制造业	
	数值	同比增长（%）	数值	同比增长（%）	数值	同比增长（%）
企业单位总数（户）	263	—	536	—	67	—
2022年亏损企业数（户）	90	87.50	205	18.50	23	155.56
2021年亏损企业数（户）	48	—	173	—	9	—
2022年亏损企业亏损金额（万元）	24483	216.29	44139	-15.72	60330	165.99

资料来源：宁波市经济和信息化局、宁波市统计局。

表 2-18　2018—2022 年宁波规上纺织服装细分行业企业亏损面比较

指标名称	纺织业亏损面（%）	纺织服装、服饰业亏损面（%）	化学纤维制造业亏损面（%）	合计
2018年	25	30	26	28
2019年	23	35	47	32
2020年	28	46	42	40
2021年	18	32	13	27
2022年	34	38	34	37

资料来源：宁波市经济和信息化局、宁波市统计局。

（四）研发投入增速放缓，新产品产值占比上升

2022 年，宁波规上纺织企业研发费用 17.72 亿元，同比增长 1.12%，研发投入增速放缓，增速低于全省纺织工业增速 7.9%。研发费用占营业收入比重 1.31%，同比增长 2.22%，增速放缓，研发费用占营业收入比重低于全省纺织工业 2.5%。2022 年共计完成新产品产值 397.68 亿元，同比上升 5.7%，低于宁波规上企业平

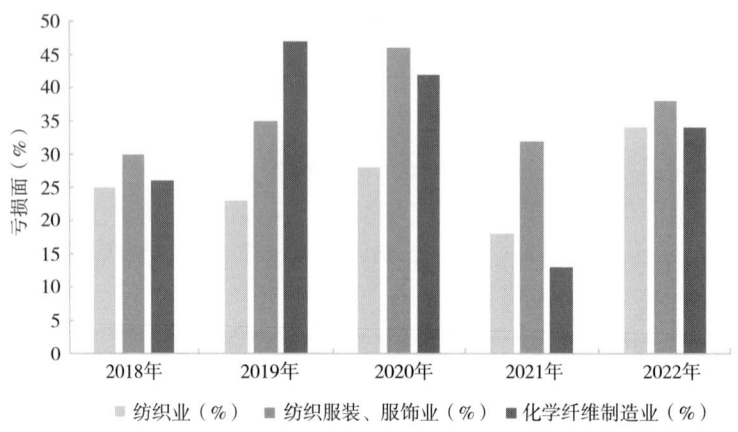

图 2-16 2018—2022 年宁波规上纺织服装细分行业亏损面比较

均增长 6.94%，但高于全省纺织工业增速 4%。新产品产值率 29.83%，同比上升 6.25%，低于全省纺织工业新产品产值率 41.4%（表 2-19，图 2-17）。

表 2-19 2018—2022 年宁波规上纺织服装行业研发费用比较

项目	2018年同比增长（%）	2019年同比增长（%）	2020年同比增长（%）	2021年同比增长（%）	2022年数值（亿元）	2022年同比增长（%）
研发费用	42.65	32.85	8.46	21.27	17.72	1.12
研发费用占营业收入比重	34.15	29.04	18.16	6.33	1.31	2.22

资料来源：宁波市经济和信息化局。

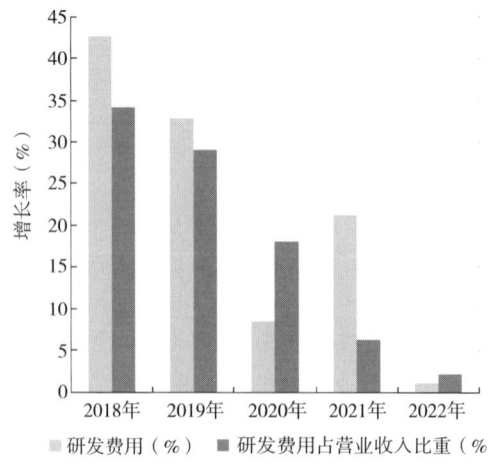

图 2-17 2018—2022 年宁波规上纺织服装行业企业研发费用变动比较

从细分行业来看，纺织业研发投入金额最大，研发费用占营业收入比重最高达2.52%；纺织服装、服饰业研发费用占营业收入比重最低，只有0.76%，但新产品产值率增长最快达10.07%；化学纤维制造业研发费用和研发费用占营业收入比重增幅最大，分别增长为11.87%和11.48%，但新产品产值率仅增长1.9%（表2-20）。

表2-20　2022年宁波纺织服装行业研发费用细分行业情况

项目	纺织业		纺织服装、服饰业		化学纤维制造业	
	数值（万元）	同比增长（%）	数值（万元）	同比增长（%）	数值（万元）	同比增长（%）
研发费用	88573	1.65	61052	-3.79	27607	11.87
研发费用占营业收入比重	2.52	8.38	0.76	-4.74	1.40	11.48
新产品产值率	31.92	1.86	29.04	10.07	29.39	1.90

资料来源：宁波市经济和信息化局、宁波市统计局。

（五）成本上升导致利润减少，投资收益大幅增加

2022年，如表2-21、图2-18所示，宁波纺织工业营业利润46.05亿元，利润总额47.30亿元，分别下滑9.93%、12.47%。从主要项目来看，营业收入下降1.07%，而营业成本上涨1.29%，成本率增加。销售费用下降5.84%，税金及附加和管理费用同比营业收入也小幅下降，而研发费用同比增加1.12%，财务费用在上年大幅减少22.81%的情况下继续大幅下滑125.26%，各年费用波动较大。

表2-21　2018—2022年宁波规上纺织服装行业利润构成主要项目变动比较

项目	2018年同比增长（%）	2019年同比增长（%）	2020年同比增长（%）	2021年同比增长（%）	2022年同比增长（%）
营业收入	6.34	2.95	-8.21	14.06	-1.07
营业成本	7.05	3.14	-9.22	14.34	1.29
税金及附加	-12.91	4.71	-9.23	-0.56	-1.79
销售费用	11.14	2.11	-4.04	20.86	-5.84
管理费用	9.80	2.25	-1.01	8.79	-1.78
研发费用	42.65	32.85	8.46	21.27	1.12
财务费用	-46.99	10.29	101.47	-22.81	-125.26

资料来源：宁波市经济和信息化局、宁波市统计局。

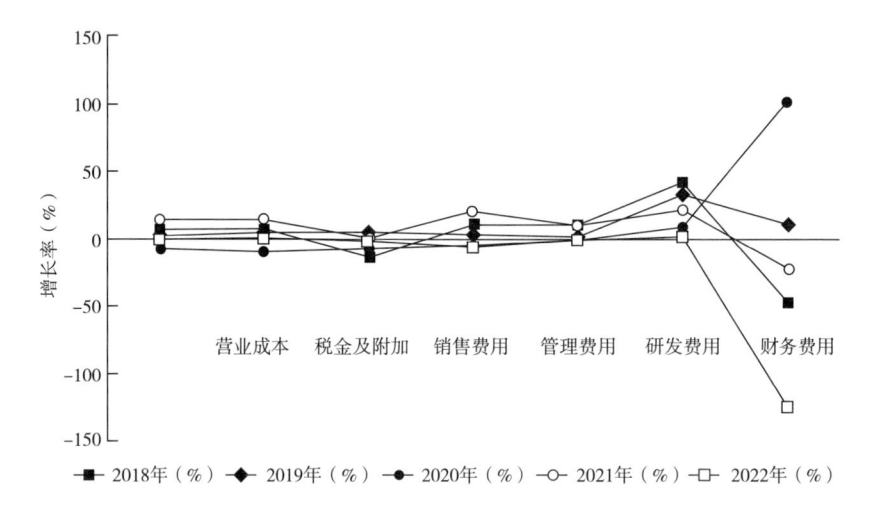

图 2-18　2018—2022 年纺织服装行业利润构成主要项目变动比较

细分行业发现，如表 2-22、表 2-23、图 2-19、图 2-20 所示，2022 年宁波规上纺织服装行业营业收入减少是纺织业营业收入减少 6.21% 导致，三个细分行业营业成本的增幅均大于营业收入的增幅，成本上升是导致利润大幅下降的主要原因。纺织业销售费用降幅较大，达到 24.51%。三个细分行业财务费用均大幅减少，其中纺织服装、服饰业降幅 193.01%，各年费用波动较大，纺织业和化学纤维制造业控费效果较好。另外，2022 年宁波规上纺织服装行业投资收益 24.53 亿元，占营业利润比重的 53.27%，占利润总额比重的 51.85%，经常性生产经营利润有待提高，利润质量有待提升。

表 2-22　2021—2022 年宁波规上纺织服装行业细分行业利润构成项目变动率比较

项目	纺织业		纺织服装、服饰业		化学纤维制造业	
	2021年	2022年	2021年	2022年	2021年	2022年
营业收入（%）	10.97	−6.21	14.32	0.99	19.56	0.34
营业成本（%）	10.17	−4.43	15.48	3.35	17.83	3.23
税金及附加（%）	−1.23	8.22	−0.07	−6.56	−1.43	−3.83
销售费用（%）	3.76	−24.51	25.84	−2.04	4.05	−5.26
管理费用（%）	2.32	−5.58	13.55	0.26	−0.79	−4.06
研发费用（%）	10.86	1.65	24.70	−3.79	74.95	11.87
财务费用（%）	5.65	−36.33	−34.32	−193.01	0.09	−5.89

资料来源：宁波市经济和信息化局、宁波市统计局。

表2-23　2022年宁波规上纺织服装行业细分行业利润构成项目比较

项目	纺织业		纺织服装、服饰业		化学纤维制造业		合计	
	数值（亿元）	同比增长（%）	数值（亿元）	同比增长（%）	数值（亿元）	同比增长（%）	数值（亿元）	同比增长（%）
营业收入	351.98	−6.21	805.39	0.99	196.78	0.34	1354.15	−1.07
营业成本	297.42	−4.43	718.64	3.35	186.12	3.23	1202.18	1.29
税金及附加	2.04	8.22	3.48	−6.56	0.51	−3.83	6.03	−1.79
销售费用	6.93	−24.51	43.95	−2.04	1.30	−5.26	52.18	−5.84
管理费用	16.57	−5.58	37.47	0.26	4.09	−4.06	58.13	−1.78
研发费用	8.86	1.65	6.11	−3.79	2.76	11.87	17.73	1.12
财务费用	2.01	−36.33	−7.37	−193.01	2.02	−5.89	−3.34	−125.26
投资收益	7.84	211.52	12.84	−24.64	3.85	不适用	24.53	25.60
营业利润	25.97	−0.40	16.12	−18.78	3.96	−23.94	46.05	−9.93
利润总额	27.95	−3.17	17.29	−17.93	2.07	−49.78	47.31	−12.47

资料来源：宁波市经济和信息化局、宁波市统计局。

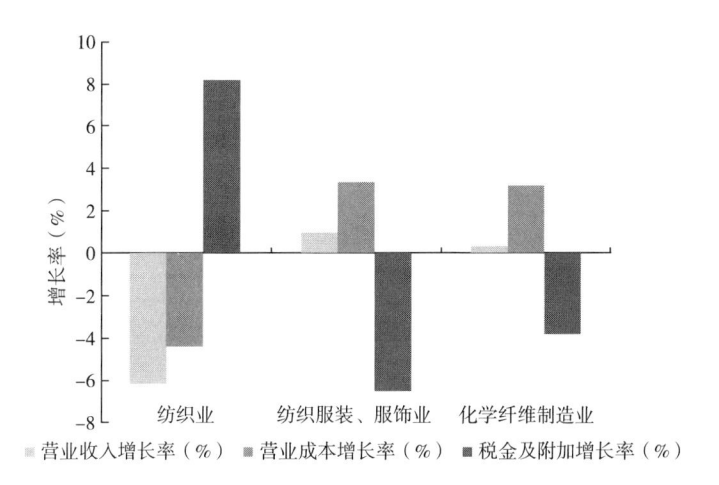

图2-19　2022年纺织服装细分行业营业收入成本及税金变动情况

（六）企业平均和人均利润和利税均大幅下滑，人均劳动报酬增速放缓

如表2-24，图2-21、图2-22所示，从企业平均经济指标来看，2022年宁波规上纺织服装行业企业平均资产、平均工业总产值、平均出口交货值、平均营业收入均小幅下滑，平均利润总额与平均利税总额在2021年大幅上升的情况下减少，平均税金持平。

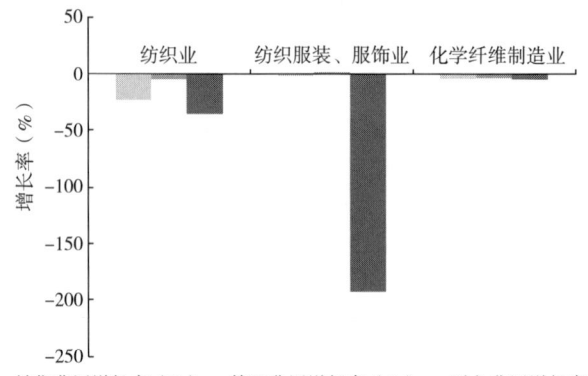

图 2-20　2022 年宁波规上纺织服装细分行业三费变动情况

表 2-24　2018—2022 年宁波规上纺织服装行业企业平均经济指标比较

项目	2018年同比增长（%）	2019年同比增长（%）	2020年同比增长（%）	2021年同比增长（%）	2022年数值（万元）	2022年同比增长（%）
企业平均资产总额	0.65	4.89	4.77	8.72	17475	-0.25
企业平均工业总产值	4.42	6.40	-9.97	13.36	15394	-0.51
企业平均出口交货值	0.72	-4.65	-11.94	10.72	3513	-2.31
企业平均营业收入	6.00	3.56	-8.21	14.06	15637	-1.07
企业平均利润总额	53.47	-36.31	-21.72	38.46	546	-12.47
企业平均税金总额	-3.16	-2.68	-7.33	5.31	353	0.01
企业平均利税总额	30.78	-27.10	-16.56	24.42	900	-7.96

资料来源：宁波市经济和信息化局、宁波市统计局。

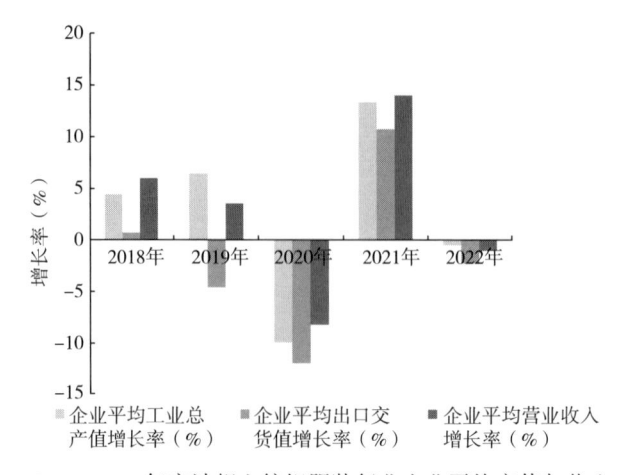

图 2-21　2018—2022 年宁波规上纺织服装行业企业平均产值与收入变动比较

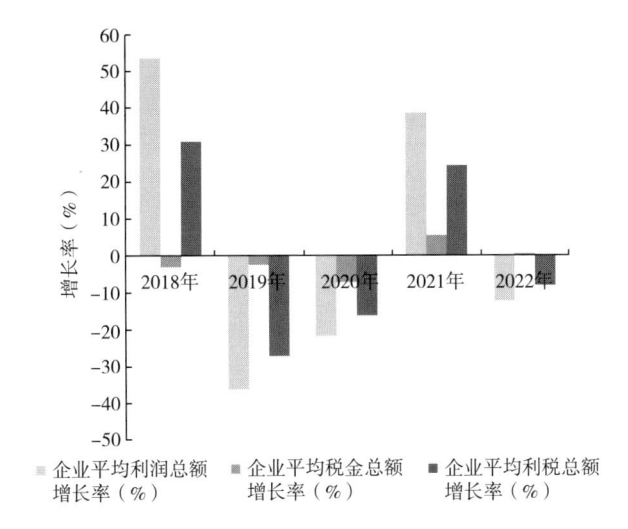

图 2-22　2018—2022 年宁波规上纺织服装行业企业平均利润与税金变动比较

如表 2-25，图 2-23、图 2-24 所示，从人均经济指标来看，2022 年人均工业总产值和出口交货值在上年较大幅度增长的情况下增幅放缓。2022 年人均劳动报酬 9.31 万元，增加 2.97%，2018—2022 年以来，人均劳动报酬持续增长但增幅放缓，企业人工成本持续上升。2022 年人均税金 1.83 万元，增长 3.02%，但人均利润和人均利税分别下降 9.84%、5.19%。行业劳动密集型特征明显。

表 2-25　2018—2022 年宁波规上纺织服装行业人均经济指标比较

项目	2018年 同比增长（%）	2019年 同比增长（%）	2020年 同比增长（%）	2021年 同比增长（%）	2022年 数值（万元）	2022年 同比增长（%）
人均工业总产值	13.30	11.51	-1.96	16.09	79.67	2.48
人均出口交货值	5.75	-0.07	-4.10	13.39	18.18	0.63
人均营业收入	11.29	8.53	-0.04	16.80	80.93	1.90
人均利润	61.13	-33.25	-14.76	41.80	2.83	-9.84
人均税金	1.67	1.99	0.91	7.85	1.83	3.02
人均利税	37.31	-23.60	-9.14	27.42	4.66	-5.19
人均劳动报酬	13.37	10.18	6.31	20.79	9.31	2.97

资料来源：宁波市经济和信息化局、宁波市统计局。

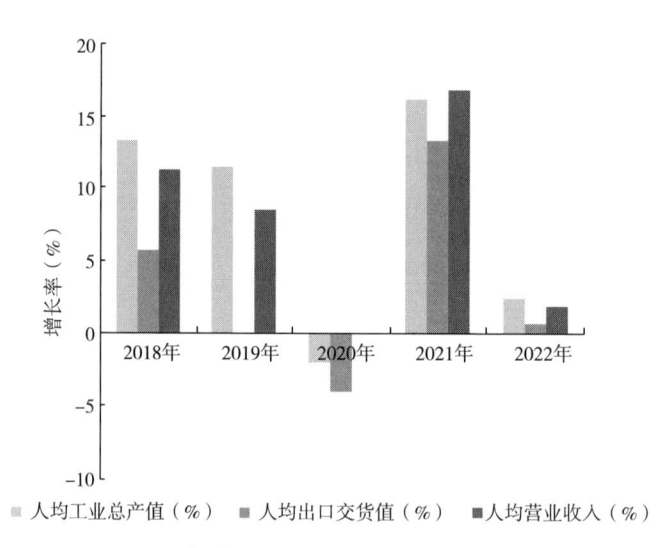

图 2-23　2018—2022 年宁波规上纺织服装行业人均产值与收入变动比较

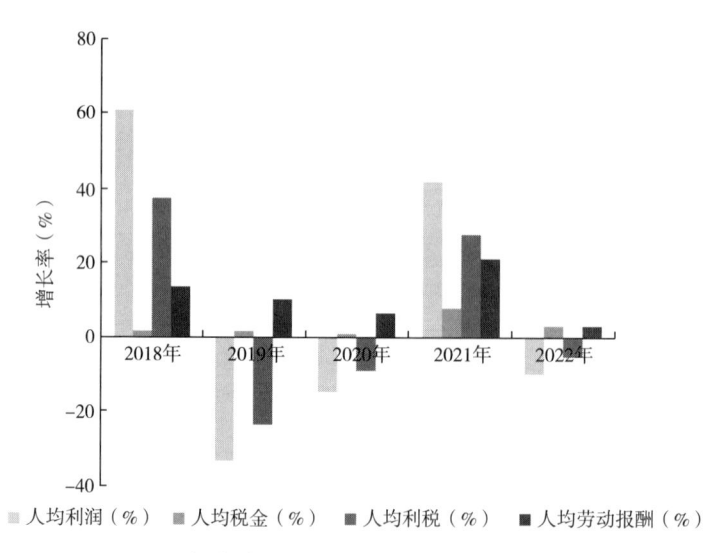

图 2-24　2018—2022 年宁波规上纺织服装行业人均利税与劳动报酬变动比较

细分行业看，如表 2-26，图 2-25 所示，企业平均产值和出口下滑系纺织业较大下滑所致，企业平均利润和利税以及人均利润和利税下滑主要系纺织服装、服饰业和化学纤维制造业大幅下滑所致，纺织业在人均产值和人均收入小幅下滑的情况下人均利润和利税均有所增长，说明成本费用控制相对较好。三大细分行业从业人员的年人均劳动报酬均有所增长，但增幅放缓。

表 2-26　2022 年宁波规上纺织服装细分行业企业平均与人均经济指标

指标名称	纺织业		纺织服装、服饰业		化学纤维制造业		合计	
	数值（万元）	同比增长（%）	数值（万元）	同比增长（%）	数值（万元）	同比增长（%）	数值（万元）	同比增长（%）
企业平均资产总额	18555	6.38	16331	-3.74	22386	0.72	17475	-0.25
企业平均工业总产值	13012	-5.61	14895	1.64	28728	0.32	15394	-0.51
企业平均出口交货值	2074	-8.82	4461	-0.92	1581	3.14	3513	-2.31
企业平均营业收入	13383	-6.21	15026	0.99	29371	0.34	15637	-1.07
企业平均利润总额	1063	-3.17	323	-17.93	308	-49.78	546	-12.47
企业平均税金总额	412	17.54	318	-10.20	410	13.17	353	0.01
企业平均利税总额	1475	1.84	640	-14.27	718	-26.42	900	-7.96
人均工业总产值	84.53	-0.78	67.79	4.12	212.56	1.23	79.67	2.48
人均出口交货值	13.47	-4.16	20.30	1.50	11.70	4.07	18.18	0.63
人均营业收入	86.94	-1.41	68.38	3.46	217.32	1.25	80.93	1.90
人均利润	6.90	1.78	1.47	-15.92	2.28	-49.32	2.83	-9.84
人均税金	2.68	23.55	1.45	-8.01	3.03	14.20	1.83	3.02
人均利税	9.58	7.05	2.91	-12.17	5.31	-25.76	4.66	-5.19
人均劳动报酬	9.75	5.24	9.19	2.31	8.81	1.44	9.31	2.97

资料来源：根据宁波市统计局数据计算取得。

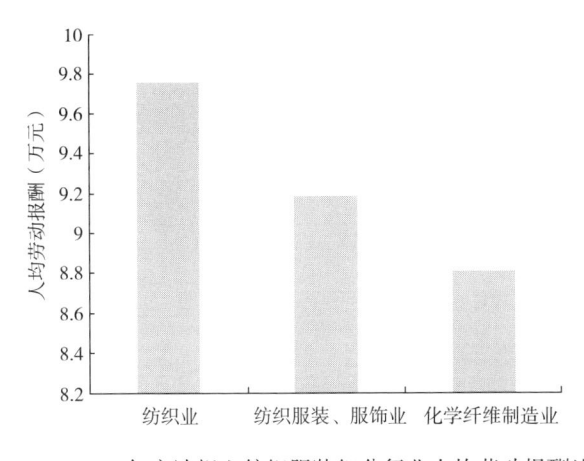

图 2-25　2022 年宁波规上纺织服装细分行业人均劳动报酬比较

（七）获利能力下降，化学纤维制造业降幅最大

2022年，纺织产业从销售和资产占用的角度来看，各利润率均出现较大下滑，如表2-27、图2-26、图2-27所示，销售利润率、总资产利润率、净资产利润率分别下降11.52%、12.26%、14.44%。从细分行业来看，纺织业的盈利能力相对较好，销售利润率小幅增长，三大利润率均大大高于纺织服装、服饰业和化学纤维制造业，而化学纤维制造业各利润率大幅下滑，销售利润率、总资产利润率、净资产利润率分别下降49.95%、50.13%、43.59%。

表2-27　2021—2022年宁波规上纺织服装行业获利指标比较

指标分析		纺织业	纺织服装、服饰业	化学纤维制造业	合计
销售利润率（%）	本年累计	7.94	2.15	1.05	3.49
	上年同期	7.69	2.64	2.10	3.95
	同比增长	3.24	−18.74	−49.95	−11.52
总资产利润率（%）	本年累计	5.73	1.98	1.38	3.13
	上年同期	6.29	2.32	2.76	3.56
	同比增长	−8.98	−14.74	−50.13	−12.26
净资产利润率（%）	本年累计	10.13	5.16	4.81	7.24
	上年同期	11.02	6.40	8.52	8.46
	同比增长	−8.14	−19.35	−43.59	−14.44

资料来源：宁波市经济和信息化局、宁波市统计局。

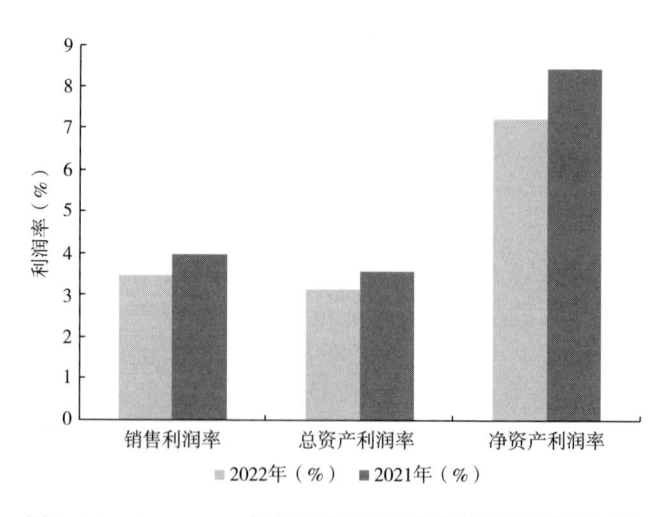

图2-26　2021—2022年宁波规上纺织服装行业盈利指标对比

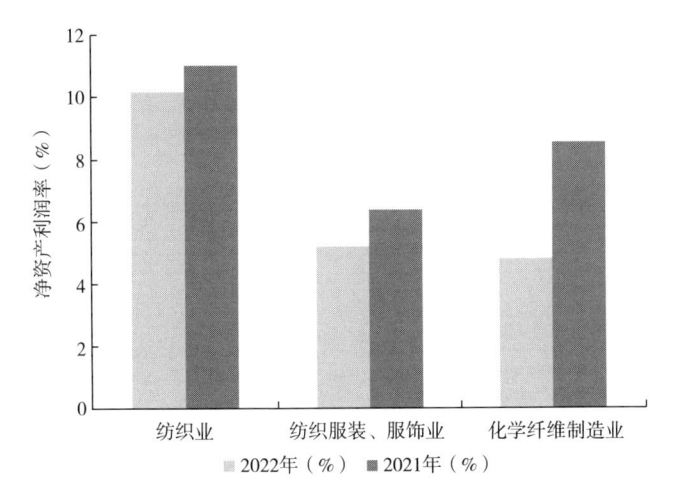

图 2-27　2021—2022 年宁波规上纺织服装细分行业净资产利润率对比

（八）资产总体运营效率基本持平，应收账款和存货周转速度加快

分析 2022 年资产经营效率指标，如表 2-28，图 2-28、图 2-29 所示，应收账款周转率和存货周转率有较大增长，分别提升 14.22%、5.54%，而流动资产周转率、总资产周转率基本持平，表明应收账款和存货外的其他资产运营效率有待提升。从细分行业来看，纺织业应收账款周转率大幅增长，达 34.46%，应收账款占流动资产比重大幅减少 12.05%，回款增强，但流动资产周转率、总资产周转率却同比下滑 14.23%、11.83%；化学纤维制造业应收账款周转率最大，达 12.67，但四项周转率均同比下滑；纺织服装、服饰业四项周转率均同比上升，资产运营效率较平稳。

表 2-28　2021—2022 年宁波规上纺织服装行业运营指标比较

指标分析		纺织业	纺织服装、服饰业	化学纤维制造业	合计
应收账款周转率	本年累计	5.23	4.15	12.67	4.89
	上年同期	3.89	3.82	13.23	4.28
	同比增长（%）	34.46	8.47	−4.26	14.22
存货周转率	本年累计	4.20	5.91	5.39	5.30
	上年同期	4.02	5.52	5.47	5.02
	同比增长（%）	4.54	7.11	−1.45	5.54

续表

指标分析		纺织业	纺织服装、服饰业	化学纤维制造业	合计
流动资产周转率	本年累计	1.11	1.25	2.10	1.28
	上年同期	1.30	1.16	2.21	1.28
	同比增长（%）	−14.23	7.83	−4.85	0.03
总资产周转率	本年累计	0.72	0.92	1.31	0.89
	上年同期	0.82	0.88	1.32	0.90
	同比增长（%）	−11.83	4.92	−0.37	−0.83

资料来源：宁波市经济和信息化局、宁波市统计局。

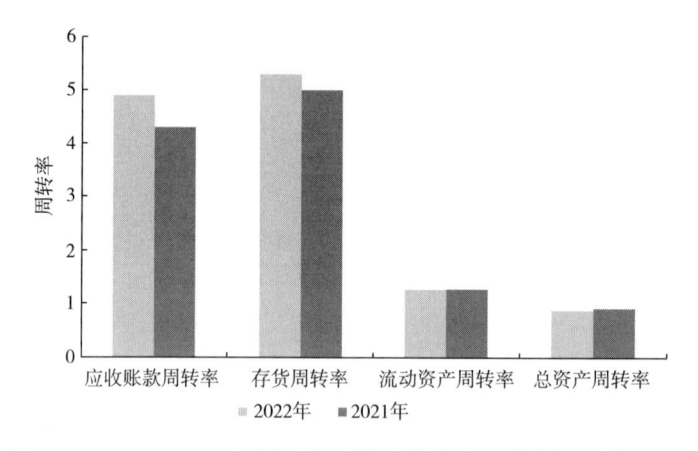

图 2-28　2021—2022 年宁波规上纺织服装行业运营指标及同比变动

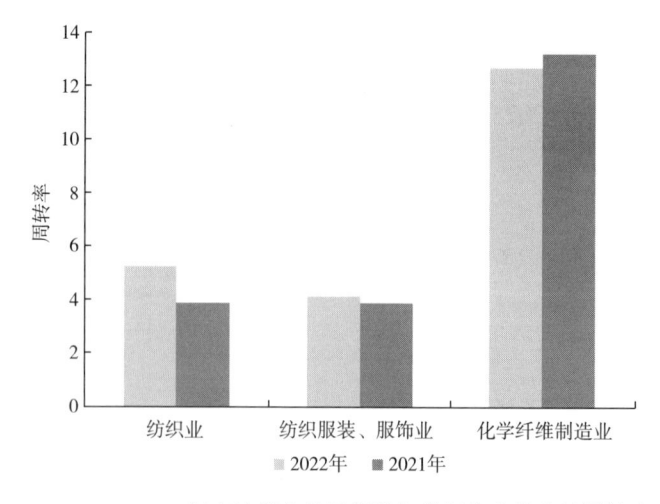

图 2-29　2021—2022 年宁波规上纺织服装细分行业应收账款周转率对比

（九）资本结构细分行业差异大，纺织业应收账款占比大幅下降

分析 2022 年的偿债能力和资本结构，如表 2-29，图 2-30～图 2-32 所示，宁波纺织产业资产负债率为 56.80%，比 2021 年下降 1.07%。其中化学纤维制造业资产负债率最高为 71.35% 且但比 2021 年增加了 3.76%，纺织业资产负债率最低，为 43.44%。负债中银行贷款占 32.56%，变化不大。流动资产占总资产比重为 69.77%，下降了 0.6%。应收账款占流动资产比重 26.22%，下降了 3.72%，应收账款占比较大但回款情况有所好转，尤其是纺织业应收账款占比大幅减少 12.05%，回款速度加快。产成品占流动资产比重 12.02%，各细分行业均略有上升，占比最高是化学纤维制造业，达 24.55%，且比 2021 年上升 1.25%，需加强存货管理，纺织业占比较低仅为 9.02%，细分行业差异明显。

表 2-29　2021—2022 年宁波规上纺织服装行业资产结构指标

指标分析		纺织业	纺织服装、服饰业	化学纤维制造业	合计
资产负债率（%）	本年累计	43.44	61.75	71.35	56.80
	上年同期	42.93	63.82	67.59	57.87
	增减	0.52	-2.07	3.76	-1.07
流动资产占总资产比重（%）	本年累计	64.90	73.75	62.39	69.77
	上年同期	63.14	75.79	59.58	70.37
	增减	1.76	-2.04	2.81	-0.60
应收账款占流动资产比重（%）	本年累计	21.23	30.07	16.60	26.22
	上年同期	33.28	30.25	16.71	29.95
	增减	-12.05	-0.18	-0.10	-3.72
产成品占流动资产比重（%）	本年累计	9.02	11.68	24.55	12.02
	上年同期	8.59	10.85	23.30	11.27
	增减	0.43	0.83	1.25	0.75
银行贷款占负债比重（%）	本年累计	33.66	30.23	42.16	32.56
	上年同期	37.37	29.33	41.37	32.51
	增减	-3.70	0.90	0.79	0.05

资料来源：宁波市经济和信息化局、宁波市统计局。

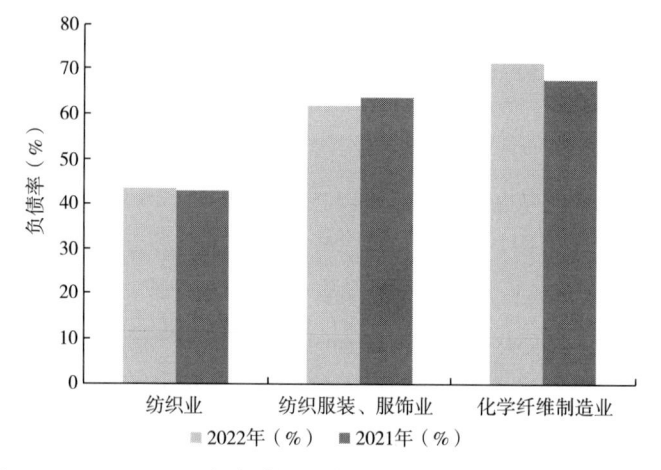

图 2-30　2021—2022 年宁波规上纺织服装细分行业资产负债率对比

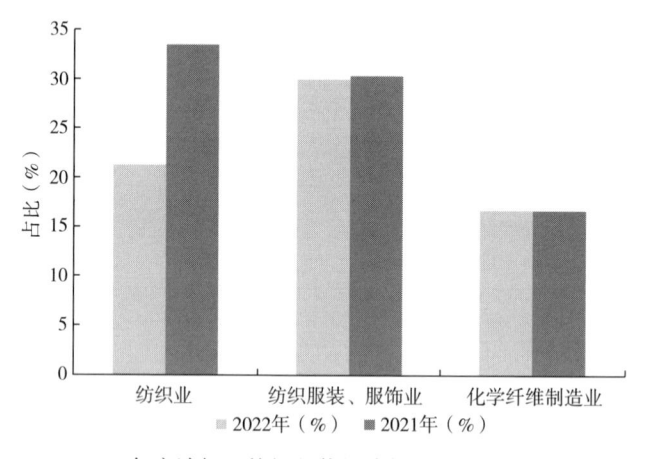

图 2-31　2021—2022 年宁波规上纺织服装细分行业应收账款占流动资产比重对比

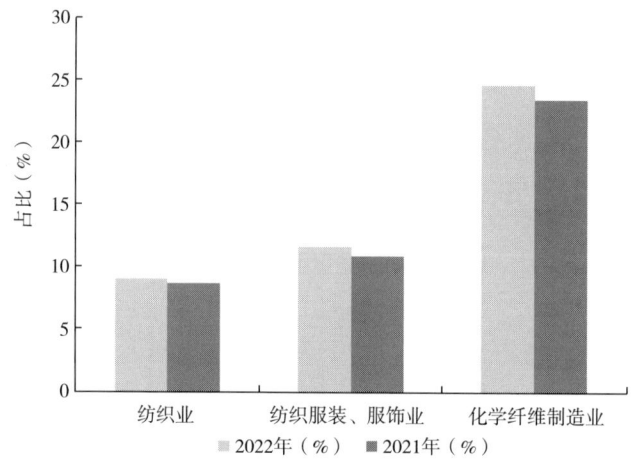

图 2-32　2021—2022 年宁波规上纺织服装细分行业产成品占流动资产比重对比

三、龙头骨干企业特色

根据宁波市经济和信息化局数据显示，宁波纺织服装产业运行纳入重点监测企业共有25家，总体运行良好，其中雅戈尔、申洲国际、康赛妮等企业增长形势突出，现对龙头骨干企业简要分析如下。

（一）雅戈尔

雅戈尔集团是全国纺织服装行业龙头企业，经过四十多年发展，已形成YOUNGOR、MAYOR、Hart Schaffner Marx、HANP、CEO等立体化品牌体系，围绕转型升级、科技创新，确立了高档品牌服饰的行业龙头地位，品牌价值位列中国纺织服装类企业第一，建立了从原料、面料、成衣到销售等环节的垂直产业链，即"全产业链模式"。公司产品主销国内市场，与诺悠翩雅（LORO PIANA）、切瑞蒂1881（CERRUTI 1881）、阿鲁姆（ALUMO）、阿尔贝尼（ALBINI）等五大国际面料商建立战略合作联盟，布局海外市场，以"一带一路"和东南亚为重点进行国际化营销探索，致力于打造中国自主高端男装品牌。其服装智能工厂入选"2020中国标杆智能工厂百强榜"。

2022年，公司实现营业收入148.21亿元，同比增长8.92%；实现归属于上市公司股东的净利润50.68亿元；实现归属于上市公司股东的扣除非经常性损益的净利润47.12亿元，同比增长6.02%。公司核心主业是以品牌服装为主体的时尚产业，时尚板块完成营业收入63.17亿元，实现归属于上市公司股东的净利润6.20亿元。2022年雅戈尔对第六个五年发展规划进行了修订，确定了时尚产业的发展方向，明确了产业投资的基本策略。2023年，雅戈尔将通过加快集团运营机制改革，加大时尚和投资产业以及创新科技的投入，加强企业文化和制度建设，加大力度引进专业人才。

（二）申洲国际

申洲国际是亚洲规模最大的服装代工厂，主要客户包括耐克、阿迪达斯、彪马和优衣库等。一般来说，代工附加值低，利润也相对较低。但申洲国际作为代工厂，从2017年到2022年，净利率基本维持在20%~25%，几乎是耐克的两倍。

2022年，申洲国际实现销售收入277.81亿元，同比上升约16.5%，创历史新高；实现母公司拥有人应占利润约45.63亿元，同比增长35.3%。2023年重点规划建立长期产业链核心竞争优势，一是生产周期更短、反应速度快，匹配当前行业需求趋势；二是产业链对外依赖程度小、稳定性更高；三是节约成本，盈利丰厚。

（三）百隆东方

百隆东方股份有限公司是一家集研发、生产、销售色纺纱于一体的股份制企业，作为百隆总部，企业强化总部管理，包括集团统一采购、统一财务筹划、统一销售运营、统一计划生产，实现规模化效益。

2022年，百隆东方营业总收入为69.89亿元，比2021年同期下滑10.1%；归属于上市公司股东的净利润为15.95亿元，比2021年同期增长16.36%。2022年，全球经济下行压力增大，消费端需求疲弱。受此影响，公司销售数量同比下滑，全年营业总收入较2021年同期下降10.1%。未来，公司的利润分配政策将继续保持连续性和稳定性，利润分配会充分重视对投资者的合理投资回报，同时兼顾公司长远利益、可持续发展及全体股东的整体利益。

（四）太平鸟

太平鸟集团是国内中档休闲服饰行业的时尚领军企业，是一家以新零售为导向的多品牌时尚服饰企业，全国服装行业销售收入和利润双百强单位、全国服装类电商产值第一，是中国大众时尚界的一面旗帜。集团不断创新营销模式，以联名与粉丝经济聚流量，以创新营销方式全面渗透年轻消费者，拥有优选IP、商品企划、运营、评估的完整联名机制，进一步针对跨界理念进行创意联动。2021年积极探索私域与直播等新零售运营模式，领先于同行复苏，2022年凭借积累的直播经验成为抖音电商直播标杆。

2022年，太平鸟实现营收86.02亿元，同比下滑21.24%；净利润1.85亿元，同比下滑72.73%；扣非净利润-2684.09万元，同比下滑105.16%，为上市后首次出现亏损。分品牌来看，2022年太平鸟各品牌营收均出现下滑。其中PEACEBIRD女装和PEACEBIRD男装分别实现营收32.74亿元和29.22亿元，分别同比下滑26.99%、13.27%；毛利率分别为49.21%、50.23%，分别减少6.66%、3.09%。LEDiN少女装和Mini Peace童装营收额分别为10.03亿元和10.97亿元，分别下滑28.25%、13.87%，毛利率分别为44.19%、49.89%，分别减少4.62%、1.38%。

受新型冠状病毒感染疫情等因素影响，公司零售业绩出现下滑，销售毛利同比下降。同时，店铺租金、员工薪酬等固定性费用较大，导致扣非净利润出现亏损。为优化资源配置，更好地满足业务发展需求，2022年12月底，太平鸟从组织架构调整等方面着手进行了改革，将原有的六大独立事业部（女装、男装、乐町、童装、鸟巢、物流)和线上运营平台,转化为三大职能中心(产品研发中心、供应链管理中心、零售运营中心),借此从研发、供应链、零售等职能出发,实现品牌间资源协同,带动公司效率提升,加强资源协同、降本增效。

(五) 康赛妮

康赛妮高端羊绒纱线智能工厂入选 2021 年度浙江省"未来工厂"名单,康赛妮集团入选省创新型领军培育企业,是国家制造业单项冠军示范企业、绿色工厂、浙江省亩均效益领跑者。

2023 年,企业大规模参加国外展会,加大展会广告投入;同时集团会继续引进绿色设计理念,开展产品全生命周期管理;探索节能节水技术,做行业节水领跑者;创建绿色智能工厂,探索纺织印染未来工厂,力求最大限度降低资源消耗和污染物排放,同时大幅提升生产效率,缩短交货周期。

(六) 博洋

博洋控股集团是一家大型综合性时尚产业集团,创立于 1958 年,已形成家纺、服饰、商旅(含博电)三大实业集团,空间、工业、金融、创服、物产五大产业板块的经营格局,业务涉足产业投资、旅游、跨境贸易等领域,努力拓展博洋"幸福家生活"理念的外延价值,以生活度假为切入的外延产品。公司旗下自主品牌 30 余个,创业团队 100 余个,零售终端 5000 余家,国内主要综合型 B2C、C2C 平台及社交类新零售店铺 300 余家,同时运营创客 157、博洋智谷、前洋 26 等产业园,以及多个正在筹建的主题产业园。公司多次入围浙江省百强企业、中国民营企业 500 强、中国制造企业 500 强,主力品牌"博洋"和"唐狮"多次入选"中国 500 最具价值品牌"。

未来,家纺行业趋势是体验式、服务式、舒适化、个性化的。在服务升级的今天,博洋家纺通过服务附加值增强消费者对于品牌的忠诚度和黏性,同时增加品牌议价能力。另外,做好产品品质把控,致力于维护和打造消费者舒适的睡眠环境。

(七) 大发化纤

余姚大发化纤有限公司建有 6 条生产线,专"吃"废旧聚酯,年吞吐量超 10 万吨,生产再生低熔点复合短纤维,成为生产仿丝棉、隔音板、床垫、汽车内饰等产品的原材料。每一道工艺都引入绿色生态理念,从设计、采购、运输、储存、消耗、产出的全过程，控制产品全生命周期对资源环境的影响。目前，公司年产涤纶短纤维超 22 万吨，实现销售收入近 20 亿元、税收近 3000 万元。以年吞吐 10 万吨废旧聚酯计算，公司每年相当于节约 60 万吨石油资源，减少二氧化碳排放 32 万吨。2022 年被工业和信息化部授予 2022 年度绿色制造企业"绿色工厂"称号。2023 年，大发化纤目标营收达到 3 亿元，其中出口额达到 1.1 亿元。为了实现这一目标，公司在 2023 年春节期间，对重点设备大改造、大升级，预计全年产能至少可以提升 10%。同时，公司还主动出击，在全球各地寻商机、抢订单，在抓好生产要素配置的同时，全面推动企业高质量发展。

综上所述，从龙头骨干企业发展来看，我们得到的启示是对于传统型纺织服装产业，着力创新营销模式，提升创意设计水平，促进产业向时尚产业的方向升级，推进工业化、信息化、智能化、高端化是产业发展的有效途径。

1. 运营数字化

通过数字化建设构建消费者需求洞察和深度链接平台，以提高设计和营销的精准度；构建供应链运营效率提升平台，提升供应链的智能化决策和运营水平，从而提高供应链的速度和效率。例如，太平鸟与华为签署数字化转型变革项目合作协议，在商品研发、品牌战略、市场营销等方面展开深度合作，共同推进品牌和产业的数字化转型，并启动 IBM 数字化转型蓝图规划，致力于转型成为一家科技时尚公司。

2. 信息技术实现降本增效

服装制造以"5G+ 工业互联网"为基础，运营人工智能、大数据、数字孪生等新一代信息技术，打造出可视化、透明化、可预测、自适应的异地一体化管理平台，为企业降本增效。通过 5G 工业互联网的数字化改造，企业实现了智能化生产、网络化协同、个性化定制、服务化延伸等一系列数字化"新模式"，以及降本增效、小单快反的新型生产模式。例如，雅戈尔的高级定制生产周期从 7 天缩短到 5 天，批量订单生产周期从 45 天缩短到 32 天，工位在制品从 20 件缩短到 10 件，物料库存周期缩短约 15%，订单交付周期缩短约 10%，生产效率提升约 25%。

3. 面料研发与持续设备技改

以申洲国际为例，企业有专业的面料研发中心，该中心拥有专门用于开发优质面料的设备，与外部科研机构建立了广泛的合作关系，在提升面料传统质量指标基础上，一直致力于突出面料的科技含量，开发系列在功能性、环保性等方面具有差异化优势的新颖面料。在面料研发上的持续投入，使企业具备高于同行业的面料研发能力，拥有大量专利技术。通过加大研发、设计的投入实现全面专业化，为客户提供从概念设计到成品出运的全过程服务，成为客户的首选合作伙伴。

四、行业发展主要特点

2022年，受国内外市场需求持续低迷、国内新型冠状病毒感染疫情散发多发等因素影响，宁波时尚纺织服装行业经济运行承受压力，生产规模出现下降的情况。内销市场承压明显，出口增速逐步放缓，企业盈利压力持续加大。面对复杂严峻的国内外形势，宁波时尚纺织服装产业顶住多重超预期因素冲击，随着新型冠状病毒感染疫情防控形势逐渐趋于平稳，企业产销逐步恢复，行业景气度逐步回升。2022年宁波时尚纺织服装产业运行主要特点有以下几个方面。

（一）出口增速逐步放缓，盈利压力持续加大

2022年受国内新型冠状病毒感染疫情反弹、国际政治经济环境更趋复杂等因素影响，纺织服装行业先后面临局部地区阶段性停工停产、物流运转不畅、原材料价格高位上涨等风险挑战，宁波时尚纺织服装产业生产经营情况有所波动。新型冠状病毒感染疫情周期中的过度采购，以及全球通胀引发的库存积压、订单减少依旧存在。而宁波大多数服装企业仍依赖OEM（原始设备制造商）、ODM（原始设计制造商）模式，因此困境仍然存在。

2022年，宁波时尚纺织服装行业工业总产值和利润总额都有所下滑。2022年宁波规上纺织服装企业累计实现工业总产值1333.1亿元，较2021年同比下降0.51%，占宁波全市工业总产值的5.48%。工业总产值在2021年较快增长的情况下小幅下滑，低于宁波全市增长率7.60%。2022年宁波规上纺织服装企业累计实现利润总额47.3亿元，利税总额77.91亿元，分别下滑12.47%、7.96%，利润和利税总额在2021年大幅增长的情况下下滑。

（二）补齐内贸短板，大力开发新模式、发掘新价值

宁波多数纺织服装企业长期以来坚持出口导向战略，转向"国内国外双循环"需要一个过程。宁波时尚纺织服装企业以创新为抓手，加强研发设计，借助订单回流热潮加速培育和转化新客户，形成更加稳定、持久的合作关系。

受益于产业与数字经济的深度融合，宁波纺织服装企业在新场景、新模式、新业态中不断发掘自身新的价值。直播间的"网红带货"激发"新零售"活力，成

为产业模式创新最活跃的地带,同时品牌创新和品牌价值的塑造给客户带来更好的体验感和认同感。如博洋家纺着力倡导"文化自信""产品自信""品牌自信",大力融合创新,开启跨界合作、融合国学与家居美学,依托家纺行业流行趋势中心,及时洞察相关行业的流行趋势,力求用产品引领行业潮流。太平鸟通过 TOC (面向企业)模式,将大数据、人工智能技术应用在商品生命周期预估、顾客画像等领域,持续打造快速柔性的生产供应模式,融合实体店、传统电商、社交电商等渠道的全网新零售,充分利用公域和私域流量,不断提升消费者的时尚体验。产业需积极运用两个市场、两种资源,向产品议价权、技术、品牌、渠道等价值链高端"上溯",才能找到在新发展格局中的位置。

(三)产业大脑逐步完善,持续支撑时尚纺织服装产业模式变革

2022 年度,宁波上线"服装产业大脑",这是全省首批揭榜挂帅的产业大脑平台之一。产业大脑可以弥补宁波时尚纺织服装产业在设计端、制造端、供应链端的弱势。政府部门可实现时尚服装行业的产业链图谱、运行分析、风险预警、产业地图等功能,提高政府资源配置效率,精准扶持产业发展。

在企业侧的设计端,产业大脑将引入全国优质的企业设计资源和设计师资源,形成一个设计交易平台,并利用区块链技术对平台上的版权数据进行保护。在制造端,产业大脑实现了对人、机、料、法、环等全要素的重构,能以低成本、易复制、能见效赋能服装企业数字化转型,从而降低复杂性和制造成本,有效提升企业整体利润率和竞争力。特别是服装产业大脑打造的云上工厂,通过建立小批量、多批次、快生产的新型工业服装生产模式,成为拉动产业高质量发展的新增长极。在供应链端,服装产业大脑通过与绍兴的面料产业大脑、兰溪的印染产业大脑联动,并引入搜布、壹布互联等交易平台,实现了面辅料的线上对接交易,服装供应链资源进一步盘活。

(四)智能制造持续赋能,引领产业迈向高质量发展

在网红经济、国货崛起、贸易摩擦等多重因素影响下,纺织服装产业面临巨大变局。生产制造原本是宁波的强项,但由于劳动力和土地成本迅速上升,智能制造成为目前宁波纺织服装产业走向高质量发展的出路。

宁波已有一批龙头企业开始全面布局自动化、智能化改造。如雅戈尔的 5G 全连接智能工厂是引领型"头雁工厂",康赛妮的全行业首家智能"黑灯"数字化无人工厂是单项冠军型"链主工厂"。但相比龙头企业,宁波不少中小企业转型的

步伐仍然较慢。如何引导中小企业加码智能制造，如何通过产业大脑统筹产业发展，如何应用新技术、新理念抢占新风口，将是未来宁波时尚纺织服装产业转型的重中之重。

（五）利用RCEP提升产业链、供应链合作水平，出口总额再创新高

作为纺织服装外贸大市，2022年度宁波纺织服装产业保持外贸优势，充分利用《区域全面经济伙伴关系协定》（RCEP）提升产业链、供应链合作水平。全市纺织服装出口1018.2亿元，增长5.1%；欧盟、美国和东盟为前三大贸易伙伴。其中，宁波口岸对RCEP其他成员国出口纺织服装551.2亿元，增长59.3%，占总出口额的18%。

RCEP将增强国际国内两个市场、两种资源的联通性，有助于宁波发挥制造业基础雄厚、民营资本充裕等优势，通过降低企业"走出去"成本和高水平"引进来"，推动宁波产业链、供应链、价值链、创新链全球布局，进一步提升区域内产业链、供应链的韧性，全面增强宁波企业在国际国内市场的竞争力。如宁波纺织企业百隆东方，60%的产能来自其在越南的生产基地，在RCEP生效后，充分利用越南原材料和劳动力带来的成本优势，稳固其在国际竞争中的优势地位。此外，申洲国际、雅戈尔也在越南、柬埔寨等地方建有生产工厂，并在当地有不少合作商，RCEP生效提升了这些企业在国际市场的竞争能力。

五、面临的主要问题

2022年在全球经济下行、贸易摩擦加剧、新型冠状病毒感染疫情多点散发、国内外市场需求低迷等多重因素影响下，纺织服装产业先后面临产能转移、局部地区阶段性停工停产、物流运转不畅、原材料价格高位上涨等风险挑战，生产经营情况有所波动。随着新型冠状病毒感染疫情防控形势逐渐趋于平稳，企业产销逐步恢复，行业景气度逐步回升。在此背景下，虽然宁波时尚纺织服装产业保有较强发展基础优势，但对标建设制造业高质量发展的新要求，对标行业标杆，仍存在短板并暴露以下亟待解决的突出问题。

（一）需求走弱，外贸内销面临多重压力

2022年，宁波市纺织服装出口呈现"前高后低，波动中小幅下滑"的特征。受

全球经济衰退风险加剧、通胀高企、国外品牌去库存化等多重因素影响，欧美等海外主要经济体需求走弱。加之全球代工竞争加剧态势延续造成订单回流，纺织服装出口于后期探底冲高后持续走低。同时，宁波市纺织服装产业在深度参与国际合作竞争和扩大服装外贸出口方面依旧面临较大压力。此外，原材料价格波动、成本高企、库存高位现象加重致使产销持续承压。国潮经济的蓬勃发展叠加消费升级，对宁波纺织服装产业如何挖掘新的消费增长点以开拓内销市场提出了更高的要求。

（二）产业链、创新链协同不完善，数字化融合进程受阻

2022年，宁波持续有序推进时尚服装产业链培育，"产业大脑""未来工厂"等数智化转型举措成效显著，雅戈尔服装"5G+数字孪生"项目更入选工信部"5G+工业互联网"内网改造集成创新应用项目。但目前仍未能充分发挥雅戈尔、博洋、申洲国际、狮丹努等代表性龙头企业及单项冠军、专精特新企业等产业链亮点资源在助推创新协同方面的作用。实现产业集群的进一步完善对以往企业在物理空间集聚的常规性做法提出挑战，并对构建数字化深度融合的产业生态联盟提出要求。2022年宁波规上纺织服装企业因面临成本上涨、产品积压等问题，利润下滑，盈利水平下降，研发投入增速放缓。对技术研发投入资金有限的中小型企业而言，数字化转型升级更是面临严峻挑战，阻碍产业数字化技术改造延伸拓展和深度应用。

（三）专业人才缺乏，掣肘创意设计能力提升

当前，宁波纺织服装产业集群呈现龙头企业引领，众多中小型企业共同支撑的格局，但专业人才匮乏造成相当数量的纺织服装企业依旧难以找到合适的智力支撑，因此在高性能、高附加值纺织纤维及面料、时尚服装服饰、高新家纺品、产业用纺织品和智能制造装备等领域的研发与原创设计力量较为薄弱。一方面，企业所需的高级创意设计人才、现代企业管理人才和高级技术人才存在"引进难、留住难"的问题，宁波市国家级服装设计师和制版师仅有2人和6人，工艺技师等高技能人才只能满足需求的56%。另一方面，宁波当地专业院校所培养和培训的专业人才数量有限且校企合作长期不够深入，进一步导致复合型人才和跨界人才紧缺，阻碍产业实现时尚化、数字化和智能化的全面升级和创新发展。

（四）产业支撑平台载体能级不高，制约集群内共振效应发挥

截至2022年，宁波已拥有5个国家级纺织服装创意设计试点园区（平台），

在为行业企业提供全方位服务方面表现突出，有助于破解纺织服装企业要素资源分散、产业链协同性不强的现状，并进一步引领全市纺织服装产业集群化发展。但当前泛平台化的产业生态尚未构建，缺少兼具引领性与标志性，并能共享与产业集群规模匹配的专业信息、资源和服务的时尚纺织服装产业支撑联合体，互动弱化制约集群内协同共振效应发挥。现有的工业互联网平台、产业创意平台、服务平台、公共技术平台等亟待实现协同发展，加速形成规模集聚效应，充分发挥其在促进时尚纺织服装产业底层逻辑、创意设计、制作工艺流程与数字智能的深度融合以及培育具有示范性的融合型企业方面的作用。

六、发展建议

（一）以稳中有进为总基调，巩固产业发展基本盘

1. 面对国际环境与地缘政治的变化，做好风险监测和预警

鼓励宁波企业深入参与国际分工与布局，保障全球产业链、供应链安全。做好风险监测和预警，努力消化和缓解原材料等要素价格波动与供应问题。充分发挥宁波男装产业的规模优势、配套优势和领域先发优势，在关系供应链安全的关键领域，补短板、锻长板、筑底板，不断提升产业基础能力和产业链现代化水平。

2. 推动产业集约化发展，支持企业做大做强

加快培育"链主"企业、龙头企业、单项冠军和专精特新"小巨人"企业，不断提升企业的创新能力和经营效益。优化行业中小企业公共服务，完善大中小融通、上下游协同的产业生态。深化产融合作，拓宽企业融资渠道，积极引导优质要素资源向企业集聚，解决企业融资难、融资贵的问题。

（二）以扩大内需为首要任务，打造产业发展的新循环

1. 面对消费升级的大趋势，深入实施"三品"战略

把恢复和扩大国内消费规模摆在优先位置，推动企业"增品种、提品质、创品牌"，从而增加高品质产品供给。着力打造宁波男装具有国际竞争力的区域品牌，支持企业完善质量管理体系建设，鼓励企业参与或主导行业标准的制修订，全面打造品质口碑，更好地满足多层次、个性化消费需求。持续发挥宁波时尚节等行业展会以及时尚领域知名机构、知名赛事赋能产业、营造生态的作用，推动商品

和要素循环，提高行业在国际国内时尚界的活跃度和影响力。丰富消费场景，推进行业企业线上线下多渠道融合，新模式、新业态规范发展。通过"甬尚优品"直销行等活动促进产业营销服务模式加快升级，同时深耕县域、农村等下沉市场，挖掘消费新空间。

2. *围绕构建新发展格局，增强国内大循环内生动力和可靠性，提升国际循环质量和水平*

通过优化国际贸易渠道，建立新型国际化营销体系，提高产品及价格竞争力。鼓励骨干纺织企业到中东欧国家建设研发中心、设计中心、面料加工厂等享受中东欧国家政府积极的政策支持。鼓励宁波纺织企业在 RCEP 成员国开展海外仓建设，扩大欧美市场海外仓布局，推进海外仓服务功能系统集成。鼓励纺织企业在东南亚投资兴办纺织厂，利用廉价的劳动力，节约生产成本。鼓励具备优势的宁波纺织工贸企业跨国并购，与欧美国家纺织业跨国公司和采购集团建立战略联盟，按照规模化、国际化经营模式，逐步形成一批能直接进入国际一线市场、具有自己的名牌产品的国际性企业集团，使之成为宁波纺织出口的主力军。

（三）以创新引领为方向，加快建设现代化产业体系

1. *优化创新创业生态体系*

持续支持企业加强研发投入，注重基础研究和原始创新。建设创新载体，组建创新联合体，完善协同创新机制。进一步引导鼓励企业、高校、社会机构等主体整合产、学、研等资源，不断构建具有创意设计、成果转化、人才培养等功能的创意设计开放式平台，加快国家级纺织服装创意设计试点园区（平台）建设。

2. *加强关键核心技术攻关*

推动有条件的企业、高校、科研院所开展关键核心技术攻关，围绕"卡脖子"关键核心技术，聚焦产业前瞻技术开发及成果转化，突破一批纤维新材料、先进纺织品、制造装备等领域的关键技术，加快高水平数码印花、植物染、功能性面料整理等重点技术攻关与产业化应用。

3. *全面推进行业数字化转型*

全力推进数字经济超常规发展，实施规上工业企业数字化改造、重点（细分）行业数字化改造和企业上云"三个全覆盖"计划，深化 5G、人工智能、大数据、数字孪生等数字技术应用，加快建设数字生产线、数字化车间、智能工厂、未来工厂，推动行业企业数字化转型和智能化升级。深化工业互联网创新发展，在行业龙头企业中开展"5G+工业互联网"试点，推进 supOS 工业互联网平台体系推广

应用,以"标杆建设、示范带动、行业推广"为模式加大市场推广力度。争创国家智能制造先行区、国家"5G+工业互联网"融合应用先导区。深化数字经济系统建设,加强产业大脑建设,加快汇聚产业数据和能力组件,鼓励企业上脑用脑。

(四)以产业布局为重点,推进区域协调发展

1. 持续推动产业集群建设,引导各类要素向集群合理流动和高效集聚

大力培育浙江省先进制造业集群,打造标志性产业链,创建省级特色产业集群核心区和协同区。以海曙区、鄞州区及奉化区产业集聚区为核心,重点发展时尚服装服饰产品,深耕高新家纺产品,创新终端渠道模式,推动高端定制、柔性化规模化定制快速发展。

2. 以产业振兴服务乡村振兴,充分挖掘乡村多元价值

聚焦县域经济循序渐进、稳扎稳打,培养选树新的纺织产业集群,向一二三产业融合发展要效益,补链条、兴业态、树品牌。充分挖掘民族资源、非物质文化遗产(以下简称"非遗")资源等,因地制宜发展特色产业,在推动传统产业集群发展的同时,强化与新材料、数字经济、大健康等领域的跨界融合与协同创新,构筑具有更高附加值、更具引领力的新型产业集群。

3. 充分发挥区域比较优势,引导产业科学有序转移

充分发挥区域比较优势,搭建产业互动平台,引导中西部地区有序承接、高起点承接宁波产业转移。出台相关政策,引导宁波纺织产业有序转移,实现地区产业结构调整和升级建立园区。围绕城市群生态布局行业活动,引导优质产业资源要素从中心城市向周边城市圈加速转移,以产业发展促进城市和城镇联动发展,培育世界级产业集群。引导行业更好地融入双循环发展格局,充分用好共建"一带一路"、RCEP等协议带来的战略机遇,强化与东盟、非洲、阿拉伯等国家和地区的投资与商贸合作。

下篇

产业发展专题

专题一　宁波时尚产业数字化发展研究

打造时尚城市是宁波城市建设的发展目标,宁波是国内时尚产业的先行军,拥有众多自主时尚品牌,具有发展核心时尚产业的雄厚基础:宁波服装服饰产业集群效应突出;家电产业集聚格局初步形成;汽车产业链配套完善,文体用品产业服务体系趋于完善。时尚产业对宁波工业经济贡献十分显著,是宁波经济发展的强势驱动力。

近年来受全球新型冠状病毒感染疫情、贸易摩擦等外部环境影响,以及国内消费潜力释放不及预期等因素制约,宁波时尚产业作为优势产业发展面临诸多瓶颈。本专题梳理了数字经济对时尚产业发展的影响,分析了宁波时尚产业数字化发展现状,并从加强数字基础设施建设、增加数字创新要素、加快数字融合应用、完善数字政策环境和推动数字贸易发展等方面提出了宁波时尚产业数字化发展的路径。本专题依据规上企业数据对宁波时尚企业规模和结构进行分析。

一、时尚产业数字化发展的概念、分类和作用

(一)时尚产业的概念

时尚渗透在社会生活的多个方面,与城市的众多产业存在交互关系。如图 1-1 所示,时尚涉及的范畴包括以服装、鞋帽、箱包、配饰、化妆品为代表的传统时尚核心层,以家纺、家具、文具、小家电、汽车、数码电子产品为代表的具有时尚开发潜力的时尚次核层,以动漫、美容、美发、影视、餐饮、传媒、旅游、健康养生为代表的提供时尚文娱休闲服务的时尚衍生层。因此,从时尚涉及的范畴可知,一个城市的时尚化既涵盖其经济产业的时尚化,又涵盖城市居民社会生活的时尚化。

时尚产业是通过工业和商业化方式进行的时尚产品和时尚服务的设计、采购、制造、推广、销售、使用、消费、收藏等一系列经营性活动的总称,是随着社会历史进步和生产力水平不断提高,在新的历史条件下与生产要素相互融合所产生的一种全新的产业概念和形态。

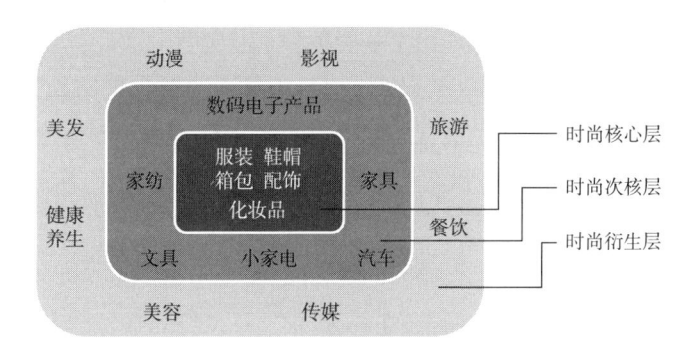

图 1-1　时尚涉及的范畴

（二）时尚产业的分类

据法国时尚学院（IFM）和巴黎高等商学院（HEC Paris）定义，时尚产业主要包括纺织品、服装、皮草、香水、化妆品、珠宝、钟表、眼镜和餐具等行业。根据《中国城市统计年鉴》的规上工业行业分类，本专题将纺织业，纺织服装、服饰业，皮革、毛皮、羽毛及其制品和制鞋业，家具制造业，文教、工美、体育和娱乐用品制造业，汽车制造业 6 个列入官方统计的行业汇总为城市时尚产业，以此为基础进行研究。

（三）数字经济的概念

作为经济学概念的数字经济是人类通过大数据（数字化的知识与信息）的识别—选择—过滤—存储—使用，引导、实现资源的快速优化配置与再生，实现经济高质量发展的经济形态。作为一个内涵比较宽泛的概念，凡是直接或间接利用数据引导资源发挥作用，推动生产力发展的经济形态都可以纳入其范畴。在技术层面，包括大数据、云计算、物联网、区块链、人工智能、5G 通信等新兴技术。在应用层面，"新零售""新制造"等都是其典型代表。

（四）数字化发展对时尚产业的作用

当今世界正在经历新一轮科技革命和产业变革，数字经济已成为世界经济发展的重要方向。2020 年，中国数字产业化规模达到 7.5 万亿元，产业数字化规模达到 31.7 万亿元，电子商务交易额达到 37.21 万亿元，电子商务服务业营业收入达到 5.45 万亿元。2021 年，"数字经济"在"十四五"规划中被明确认定为未来推动中国经济发展的重要手段，数字经济一词也成为多地规划文件中的关键词。

2020年4月7日，国家发展和改革委员会、中央网络安全和信息化委员会办公室印发《关于推进"上云用数赋智"行动　培育新经济发展实施方案》，要求各地发展改革、网信部门要高度重视，国家数字经济创新发展试验区要积极行动，大胆探索，结合推进疫情防控和经济社会发展工作，拿出硬招、实招、新招，积极推进传统产业数字化转型，培育以数字经济为代表的新经济发展，及时总结和宣传推广一批好经验好做法。后续，国家发展和改革委员会将进一步商谈相关部门，统筹组织实施试点示范、专项工程等工作。

2021年11月11日，党的十九届六中全会通过的《中共中央关于党的百年奋斗重大成就和历史经验的决议》指出"加快发展现代产业体系，壮大实体经济，发展数字经济"。在数字经济范式下，时尚产业数字化的过程也是创新发展的过程，基于数字技术的制造技术、产品、模式、业态、组织等方面的创新层出不穷，时尚产业能因此实现从技术创新到产品创新、模式创新，再到业态创新，最后到组织创新的过程，时尚产业数字化转型将为培育经济增长新动能提供重要引擎，有助于实现内生性的经济增长。

1. 提高时尚产业成本优势

时尚产业的综合成本包括多种成本，配备人工智能技术的制造生产设备在起始的一次性投入之后，能不停地为企业制造产品、检测最终产品质量，其替代了人工，抑制了单位劳动成本的上涨，同时提高了生产效率；人工智能（AI）算法系统能预防企业生产过剩，自动调配货品数量，减少对有形资源、能源的浪费。时尚企业能够通过扁平化的网络和大数据，获取更多匹配的供应商信息，降低了合作沟通的信息成本，使广泛的、低成本的企业间合作成为可能；也能与网络端点另一端的消费者直接沟通交易，减少交易环节的中间商，提高企业的成本优势和效益。

2. 提高时尚产业创新能力

数字经济服务于时尚产业，通过数字化研发投入在生产、制造和销售等重点环节增加创新资本要素。随着时尚消费者需求的变化和时尚趋势的快速转变，数字经济能快速缩短企业产品与服务的更新周期，为时尚企业创造更高的效益；能使时尚企业根据用户订单或预测数据协调整个供应链的生产活动，制定新形势下的战略并加以实施和调整，提高时尚企业的生产效率和创新能力。

3. 提高时尚产业定制化水平

在传统经济中，商品或服务的多样性（richness）与到达的范围（reached range）是一对矛盾。在数字经济背景下，现代信息网络可用光速传输信息，对生产过程、供应链和产品运行、消费者使用过程中的海量数据以接近于实时的速度收集、处理和应用；灵活、柔性的数字化生产系统能够自动提供定制化、多样化的增值服务；通过数字化分析系统区分消费者不同的偏好，有针对性地提供全渠道营销和个性化定制产品推送服务，实现大规模量身定制，提高广告投放效率和产品销量，在满足消费者多元化时尚需求的同时，推动时尚企业由生产型制造向服务型制造转型，这也意味着整个时尚产业生产形态的转变，即从大规模生产转向个性化定制，整个生产过程更加柔性化、个性化、定制化。

4. 提高时尚产业链韧性

目前，数字经济成为重构传统时尚产业竞争优势的重要力量，给竞争战略、组织结构和企业文化的管理实践带来了重大变革，跨企业合作完成资源整合和风险分担成为必然选择。能够使时尚企业快速整合与顾客、上下游供应商、合作伙伴相关的商业生态信息和从研发设计到品牌营销所有流程所需的数据、信息系统、物流和客户服务等方面的产品全生命周期信息。也能够通过5G通信网络、实时采集的生产销售数据、数字化的决策系统等快速了解企业内部与市场的状况，加强对本地工厂和供应商信息的掌握，无形中提高整个时尚产业链韧性。

二、宁波时尚产业发展现状

（一）宁波时尚产业规模增长基本保持稳定

近年来，受到新型冠状病毒感染疫情和全球贸易环境的影响，宁波时尚产业受到较大冲击，但依然保持着产业规模基本稳定增长。图1-2列出了2016—2020年，宁波规上时尚产业的企业个数、工业总产值和营业收入。宁波时尚产业的企业个数从2016年的1803个增加到2020年的1908个，在此期间有小幅波动；宁波时尚企业的工业总产值在2016—2019年持续增长，2019—2020年有小幅下降；宁波时尚产业的营业收入在2016—2020年持续增长，走势良好。

（二）时尚产业内部结构逐步优化

从2016—2020年宁波规上时尚企业各行业总产值情况来看，如图1-3所示，宁波市时尚产业中的6个产业总体发展趋势良好，几大主要产业总产值在2017年和2020年有所波动；汽车制造业一直是时尚产业的主体，占总产值的60%左右，占比稳定。

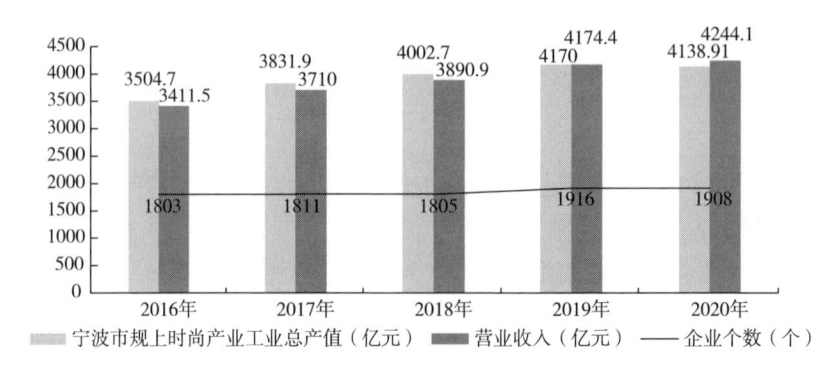

图 1-2 宁波规上时尚产业总产值规模情况

资料来源：宁波市统计局。

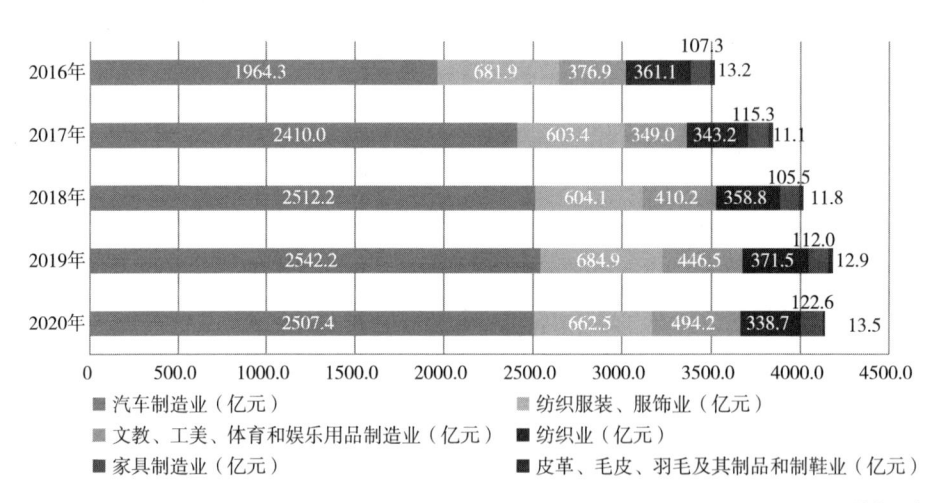

图 1-3 2016—2020 年宁波规上时尚企业内部结构

单位：亿元

年份	汽车制造业	纺织服装、服饰业	文教、工美、体育和娱乐用品制造业	纺织业	家具制造业	皮革、毛皮、羽毛及其制品和制鞋业
2020	2507.4	662.5	494.2	338.7	122.6	13.5
2019	2542.2	684.9	446.5	371.5	112.0	12.9
2018	2512.2	604.1	410.2	358.8	105.5	11.8
2017	2410.0	603.4	349.0	343.2	115.3	11.1
2016	1964.3	681.9	376.9	361.1	107.3	13.2

数据来源：宁波市统计局。

从 2020 年总产值占比来看，排在第一位的是汽车制造业，其 2020 年的总产值为 2507.4 亿元，占时尚产业总产值的 60.58%；排在第二位的是纺织服装、服饰业，其 2020 年的总产值为 662.5 亿元，占时尚产业总产值的 16.00%；排在第三位的是文教、工美、体育和娱乐用品制造业，其2020年的总产值为494.2亿元，占时尚产业总产值的11.94%。排名前三位的时尚产业总产值占宁波时尚产业总产值的88.53%；其他三个产业的总产值只占宁波时尚产业总产值的11.47%。

（三）时尚产业盈利水平基本稳定

从2016—2020年宁波时尚产业利润总额和增长率来看，如图1-4所示，宁波时尚产业利润总额从2016年的290.34亿元增长到2020年的472.7亿元，在2019年出现小幅下降，2019—2020年的增长率为18%。从2020年利润总额来看，汽车制造业，文教、工美、体育和娱乐用品制造业，纺织业的利润总额排在前三位。

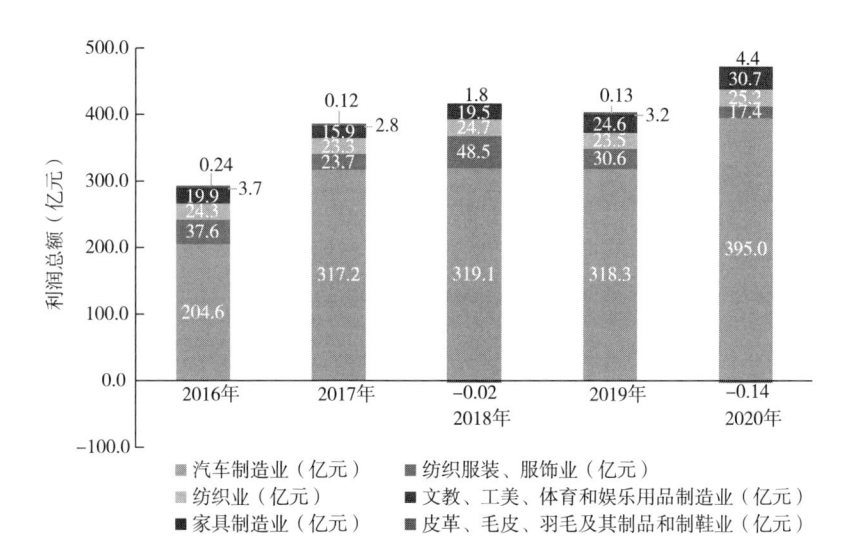

单位：亿元

年份	汽车制造业	纺织服装、服饰业	纺织业	文教、工美、体育和娱乐用品制造业	家具制造业	皮革、毛皮、羽毛及其制品和制鞋业
2016	204.6	37.6	24.3	19.9	3.7	0.24
2017	317.2	23.7	23.3	15.9	2.8	0.12
2018	319.1	48.5	24.7	19.5	1.8	-0.02
2019	318.3	30.6	23.5	24.6	3.2	0.13
2020	395	17.4	25.2	30.7	4.4	-0.14

图1-4　宁波规上时尚产业利润总额

资料来源：宁波市统计局。

同时，从2016—2020年宁波时尚产业利润总额增长率来看，如表1-1所示，汽车制造业，文教、工美、体育和娱乐用品制造业和家具制造业的利润总额增长

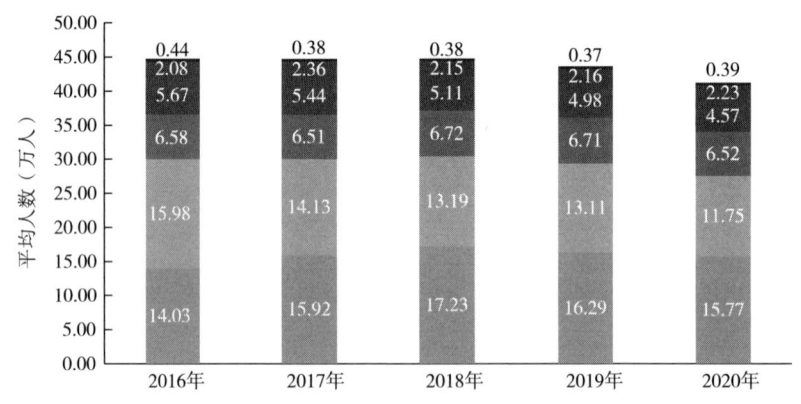

率相对较高，表现出迅猛的增长势头。

表1-1 宁波市规上时尚产业利润总额增长率

年份	行业名称						
	汽车制造业（%）	纺织服装、服饰业（%）	纺织业（%）	文教、工美、体育和娱乐用品制造业（%）	家具制造业（%）	皮革、毛皮、羽毛及其制品和制鞋业（%）	合计（%）
2016—2017	55	−37	−4	−20	−25	−48	32
2017—2018	1	105	6	23	−37	−117	8
2018—2019	0	−37	−5	27	80	−723	−3
2019—2020	24	−43	7	25	37	−208	18

资料来源：宁波市统计局。

（四）时尚产业就业容纳水平持续波动

从2016—2020年宁波规上时尚产业从业人员平均人数来看，如图1-5所示，

单位：万人

年份	汽车制造业	纺织服装、服饰业	文教、工美、体育和娱乐用品制造业	纺织业	家具制造业	皮革、毛皮、羽毛及其制品和制鞋业
2016	14.03	15.98	6.58	5.67	2.08	0.44
2017	15.92	14.13	6.51	5.44	2.36	0.38
2018	17.23	13.19	6.72	5.11	2.15	0.38
2019	16.29	13.11	6.71	4.98	2.16	0.37
2020	15.77	11.75	6.52	4.57	2.23	0.39

图1-5 宁波规上时尚产业从业人员平均人数

资料来源：宁波市统计局。

宁波时尚产业从业人员平均人数从 2016 年的 44.78 万人减少到 2020 年的 41.23 万人，就业容纳水平持续波动，2016—2017 年出现小幅下降，2017—2018 年小幅回升，2018—2020 年持续下降。

从 2020 年宁波规上时尚产业各行业从业人员平均人数来看，汽车制造业从业平均人数为 15.77 万人，占宁波时尚企业从业人员平均人数的 38.25%，纺织服装、服饰业和文教、工美、体育和娱乐用品制造业从业人员平均人数分别以 11.75 万人和 6.52 万人排在第二位和第三位，前三位时尚产业从业人员平均人数占时尚产业总人数的 82.56%。表 1-2 列出了 2016—2020 年宁波规上时尚产业从业人员平均人数增长率，可以看出，除皮革、毛皮、羽毛及其制品和制鞋业和家具制造业外，其他时尚产业从业人员平均人数均在 2019—2020 年呈现负增长。

表 1-2　宁波规上时尚产业从业人员平均人数增长率

年份	行业名称						
	汽车制造业（%）	纺织服装、服饰业（%）	文教、工美、体育和娱乐用品制造业（%）	纺织业（%）	家具制造业（%）	皮革、毛皮、羽毛及其制品和制鞋业（%）	合计（%）
2016—2017	13.5	−11.6	−1.0	−4.1	13.3	−13.5	−0.1
2017—2018	8.2	−6.7	3.3	−6.1	−8.8	−0.3	0.1
2018—2019	−5.4	−0.6	−0.3	−2.6	0.6	−1.7	−2.6
2019—2020	−3.2	−10.4	−2.8	−8.1	3.1	4.5	−5.5

资料来源：宁波市统计局。

（五）时尚产业科技投入水平持续波动

从 2016—2020 年宁波规上时尚产业科技投入情况来看，如表 1-3 所示，宁波市时尚产业研究与试验发展（R&D）经费支出从 2016 年的 46.97 亿元增加到 2018 年的 69.24 亿元，之后持续小幅下降至 2020 年的 64.44 亿元；宁波时尚产业投入强度从 2016 年的 1.38% 增加到 2018 年的 1.78%，之后持续小幅下降至 2020 年的 1.52%。

从 2016—2020 年宁波规上时尚产业 R&D 人员情况来看，如表 1-4 所示，宁波规上时尚产业 R&D 人员数量从 2016 年的 2.14 万人增加到 2018 年的 2.83 万人，之后持续小幅下降至 2020 年的 2.63 万人；宁波规上时尚产业 R&D 人员折合全时当量从 2016 年的 1.68 万人增加到 2018 年的 2.18 万人，之后持续小幅下降至 2020 年的 2.12 万人。

表 1-3 宁波市规上时尚产业科技投入情况

年份	R&D经费支出（亿元）	营业收入（亿元）	投入强度（R&D经费支出/营业收入）（%）
2016	46.97	3411.52	1.38
2017	56.45	3710.01	1.52
2018	69.24	3890.97	1.78
2019	68.66	4174.38	1.64
2020	64.44	4244.10	1.52

资料来源：宁波市统计局。

表 1-4 宁波规上时尚产业 R&D 人员情况

年份	R&D人员合计（万人）	R&D人员增长率（%）	R&D人员折合全时当量合计（万人）	R&D人员折合全时当量增长率（%）
2016	2.14	—	1.68	—
2017	2.31	8.31	1.76	4.49
2018	2.83	22.27	2.18	24.21
2019	2.77	-1.94	2.25	3.23
2020	2.63	-5.07	2.12	-5.91

资料来源：宁波市统计局。

三、宁波时尚产业数字化发展面临的问题

（一）产业数字化发展规划不足

宁波作为"中国制造2025"首个试点示范城市，正在全面实施数字经济"一号工程"，为时尚产业的数字化发展提供了机遇，同时也为产业转型升级提供了契机。但目前宁波时尚产业数字化的发展仍停留在萌芽阶段，针对时尚产业的数字化扶持政策尚未完全铺开，数字化转型企业相对较少。时尚企业数字化转型的目的尚不清晰，产业发展规划尚未完全向数字经济靠拢。

（二）数字化监管与知识产权保护存在困难

宁波尚未出台相关监督时尚产业数字化发展的管理体系，时尚产业数字化发展存在与个人隐私信息相关的安全隐患；数字经济背景下，针对克服时尚产业内部侵权行为的体制机制设计不够完善。知识产权申报在线完成的渠道使不法分子更容易抢注，增加时尚创作者知识产权保护难度。同时，宁波较多的时尚企业尚无知识产权专职人员，且缺乏懂法、懂行业的复合型人才来判断设计是否涉嫌抄袭。

（三）数字化定制水平有待提高

宁波多数时尚产业数字化定制生产或者个性化生产的能力不够突出，处于高端时尚制造业的龙头企业为数不多，仅雅戈尔、吉利汽车等龙头企业的制造业定制水平尚可，对数字化的认识较为清晰，中小时尚企业的定制化水平有待进一步提高。企业能实现数字化的定制应用较少，数字化对零售、渠道、商品、财务、人力、物流等环节的渗透不足，缺少企业内部先进的流程化管理体系。

（四）数字化新技术应用能力较低

宁波时尚产业大多从传统制造业转型而来，制造水平的数字化程度不高，核心技术自主研发能力不足，无法建立系统化的数字化平台，制约时尚产业数字化创新发展的步伐。尤其是一些中小时尚企业，在生产设备更新等方面资金短缺，人工智能、信息技术等方面学习、了解和运用不足，导致制造优势无法大量转化为"智造"优势。

（五）产业数字化协同能力较低

目前，宁波时尚产业协同化发展水平较低，工业互联网有待完善。虽然目前宁波时尚产业已经形成了较大规模的产业集群，但在集群内部缺少内在联系，产业协作机制不够，产业链的上下游企业的资源、信息的数字化共享存在困难。宁波工业互联网平台在时尚产业的应用不足，时尚企业上云上平台较少，尚未形成系统的产业数据系统。

（六）数字化发展环境有待完善

宁波时尚产业数字化人才培养体系不够完善，科教智力资源相对薄弱，数字化人才比较短缺。2020年宁波人才总量为228.5万，与杭州相差48.2万；其中，从事数字化基础研究、应用研究和试验发展活动的人员数量较少，高端科研人才稀缺，"产、学、研"协同的数字化人才输送机制有待完善。宁波的时尚企业在数字化转型过程中，政府的配套政策支持力度不足，投资机制不够完善，为时尚企业配备的专业化服务体系不够健全，数字化发展环境亟须进一步改善。

四、国内典型城市时尚产业数字化经典案例

（一）北京：以创新资源激发时尚产业数字化活力

北京依托政策、区位优势，着力打造数字经济新生态，成为时尚产业数字化方案输出地。通过政策引导、资金支持、优化服务、营造生态等手段，强化工业互联网高端供给，打造国家级工业互联网发展高地。

北京天梯一号文化发展有限公司以数字渠道和社交思维，为时尚品牌提供切实可行的创意方案，逐渐构建起新时代的时尚媒介平台。其在中国国际时装周组委会的支持下，2019年年初，联合北京中纺永景投资有限公司创建运营时尚IP项目，旨在突破设计师品牌发布形式，为品牌提供更国际化、多元化的"展示+传播+交易"平台；2021年年初，联合新浪时尚共同开启了发现全球极具设计创意的设计师品牌项目，迅速获得国内外众多时尚机构和设计师平台的关注、参与和支持，截至2021年10月，已经成功举办6季，共有16个国内外城市的设计师参与，70余位中外设计师进行线上线下作品发布，500余家媒体全渠道传播，内容累计传达1.2亿人次，形成巨大国际影响力。

（二）深圳：推动工业互联网时尚产业生态培育+应用模式建设

深圳不断完善时尚产业工业互联网的政策体系，加快推进工业互联网建设，在时尚产业生态培育和应用模式建设方面效果显著。在时尚产业生态培育上，深圳一方面建立了深圳市工业互联网专家委员会，着力为时尚产业工业互联网发展提供智力支撑；另一方面积极推动龙头企业联合成立深圳市工业互联网联盟，合力促进时尚产业行业资源对接和应用推广。同时，开展"工业互联网大会"等活动，大力推广时尚企业数字化转型的经验做法。形成以专家智库为支撑，产业联盟为载体，产业集群为依托的"体系作战"的强大优势。在应用模式建设上，不断推进时尚产业工业互联网创新探索，新模式、新业态不断涌现，呈现融合应用逐

渐丰富、应用生态日趋成熟的良好发展态势。速加网、衣全球等一批"网络工厂"，创新了"总部（深圳）+工厂（珠三角）"跨地域生产制造的新模式、新业态。

速加网构建了一站式机械零部件协同制造云平台，打破时间、空间的约束，通过互联网络，使整个供应链上的企业和合作伙伴共享加工资源与信息，从而最大限度地缩短生产周期，快速响应客户需求，提高生产的柔性、成本的可控性。

衣全球时尚生态圈打造时尚全产业链生态平台模式，平台集结了国内外的优秀设计师，为其提供产业链、资金、培训教育等支持，并以设计师为中心，整合买手、面辅料供应商、成衣生产企业、消费者等产业链参与者，形成"自有设计师团队+设计师云创平台+线上线下零售批发渠道+时尚产业供应链管理+明星设计师孵化+设计师学院"的闭环运营模式。

（三）上海：以独特的科技生态系统和人才优势打造国际数字时尚之都

上海依托数字融合应用与人才结构优势，储备大量时尚产业数字创新要素，长期致力于推动新技术与传统产业融合。上海的时尚产业重视产业链的数字化和与消费者之间的数字化链接。

在新型冠状病毒感染疫情背景下，数字化节奏快速提升，2020年上海联合天猫举办全球范围内第一场"云上时装周"，被外媒评为时装周数字化转型的典范，通过数字化的手段，使整个产业结构更加扁平化、高效化。同时，随着当代"元宇宙"概念的兴起，上海的时尚产业也开始关注虚拟世界的构建。2022年5月28日，由上海交通大学、国际设计科学学会、上海艺术专业学位研究生教育指导委员会联合主办的第八届东方设计论坛暨2022元宇宙与创新设计国际研讨会于线上举行，上海交通大学设计学院周武忠教授表示，元宇宙不是简单地将现实虚拟化，而是"数字化"。数字世界不是仅对物理世界进行数字化，也不是仅在虚拟世界中完成数字化，而是虚拟和现实共融的一个新世界，通过数字化为这个共融的新世界升维，从而在更高维度上创造并产生价值，占领未来虚拟世界的数字化高地。

（四）广州：数产融合应用打造"定制之都"

广州在国际消费中心城市培育和粤港澳大湾区建设的重大战略机遇下，发布《广州市工业和信息化局关于印发〈广州市深化工业互联网赋能 改造提升五大传统特色产业集群的若干措施〉的通知》，以"数字经济+消费经济"为抓手，推动四大优势时尚产业（纺织服装、美妆日化、箱包皮具、珠宝首饰）转型升级，打造时尚潮流发布高地。

广州红棉中大门实现了从传统批发市场到产业运营服务生态平台的蜕变，孵化"广州·设界"类智慧供应链服务平台、支持举办制版师技能竞赛、深度参与"红棉国际时装周"，秉持"应用新技术、拓展新渠道、打造新平台、引领纺织服装新模式"的宗旨，大力支持纺织服装企业应用工业互联网技术实现产业数字化发展，打造一个集"高端商贸+数字供应+时尚社区"于一体的多元商业主体协同运营的价值网络。致力于以设计研发为引领，打造面料总部基地、设计师品牌中心、供应链中心、制版中心，形成以"一基地三中心"为核心的圈层辐射、结构稳定的供应链体系和强大的产业链配套能力，构建链条完整、数产融合、功能复合的纺织服装时尚生态港。

五、宁波时尚产业数字化发展路径

（一）完善时尚产业数字基础支撑

1. 推动宁波时尚产业 5G+ 工业互联网建设

加快推进 5G 网络和光纤宽带"双千兆"等新型基础设施的建设，推动传统基础设施数字化转型升级。发挥宁波工业互联网研究院的带动作用，积极推动吉利、雅戈尔等龙头时尚企业联合成立"宁波市时尚产业 5G+ 工业互联网联盟"，打造时尚产业跨行业 5G+ 工业互联网平台。在新型冠状病毒感染疫情背景下，通过 5G+ 工业互联网完成时尚产业需求信息、资源的对接和应用推广，进行企业的生产过程管控和设备资产管理，以保障时尚企业在人力不足的情况下复工复产；利用 5G+ 工业互联网平台的智能化工具，实现远程管控、预排产和产品智能调配，提高时尚企业生产效率。

2. 改善宁波时尚产业 5G+ 工业互联网发展生态

开展"时尚产业 5G+ 工业互联网大会"等活动，大力推广时尚企业数字化转型成功的经验做法，在广泛调研的基础上，通过制定指南、标准以及协同行业共享经验、解决方案、产品等方式降低时尚企业探索、试错成本以及合规成本，推动传统制造向智能化方向迈进。建设数字经济园区，利用龙头时尚企业的数字化基础优势，在 5G+ 工业互联网平台开放与中小时尚企业的产业资源匹配和对接，实现产业内部的产能共享协作与协同创新，构建稳定高效、自主可控的时尚产业链，加速全产业链数字化转型升级，打造良好的时尚产业 5G+ 工业互联网发展生态。

（二）加快时尚产业数字创新要素发展

1. 提高时尚产业数字人力资本优势

全力落实国家及省市各项科技新政，支持时尚产业高层次、数字化人才发展政策，推动出台促进科技成果转化的条例。以先进的理念和优质的科创氛围汇聚数字经济高层次紧缺的复合型时尚人才，释放出更多相关岗位需求，帮助求职者开拓更多就业机会，为时尚产业新业态发展提供智力支撑。

2. 加快建设时尚产业高能级科创平台

以国家重大战略任务实施为牵引，加快构建宁波时尚产业科技创新共同体，注重浙江省内科研创新资源的整合利用，积极投入对数字化治理各领域产品和解决方案的研发和创新，提升跨行业联合解决方案和创新成果孵化，加强与需求侧的交流合作，全面激活创新要素资源，实现科技创新要素的自由流动，提高科技产出效率，打造良性的产业发展生态。积极投入建设、创设科技孵化平台、新型实验室、重大科技基础设施群、高水平研究型大学、企业科创平台等高能级科创平台，吸引创新要素集聚，为时尚产业数字化发展提供有效支撑。

（三）提高时尚产业数字融合应用

注重数字经济赋能传统时尚产业，推动宁波制造向智能制造转型与升级，建设"云上宁波"并作为实施数字经济"一号工程"的重要组成部分，把"企业上云"作为推动时尚企业数字化转型的切入点，制定相关激励政策。积极推进"上云用数赋智"行动，开展数字化转型促进中心和专业生产性服务平台建设，支持工业园区、物流基地、高新技术产业园等产业集群载体在建设改造过程中同步开展产业云基础设施建设和创新中心部署，增强时尚产业跨行业、跨领域平台服务能力。鼓励时尚龙头企业加强与产业的云跨界合作，牵头开展数字化应用技术创新和试点示范，积极探索应用模式创新，促进时尚产业链上下游企业全渠道、全链路供需调配和精准对接，提高时尚企业个性化定制和按需制造的柔性制造水平，提高商业变现水平，逐步构建良性循环的商业生态体系。

（四）优化时尚产业数字政策环境

1. 强化时尚产业数字化政策支持

随着大数据、云计算、5G、工业互联网、产业数字化转型等领域的政策不断完善，通过丰富的政策领域、多元的政策客体、多样的政策手段为时尚产业数字化发展保驾护航，营造良好发展环境。追随《浙江省人民政府关于进一步加快电子商务发展的若干意见》《浙江省跨境电子商务实施方案》《中国制造2025浙江行动纲要》等政策，以数字经济"一号工程"为牵引，构建较完备的数字经济政策体系。支持时尚企业数字化治理相关的法律法规、制度标准、合规案例、合规实务、合规产业信息等相关公共资讯服务平台的建设，制定时尚产业数字化相关的知识产权、资金、税收、安全保障、补贴激励等政策措施，协助时尚企业健康、有效开展数字化治理和转型。

2. **加强产业数据安全监管和知识产权保护**

加强针对公共数据开放与安全管理的规范和文件的制定，建立产业数据安全标准体系，防止产业公共数据和消费者信息被非法获取、篡改和泄露；组织推进专项治理和监督，打击违法、违规行为，保障消费者和企业用户权益；开展协同共治，与公安网信部门协同配合，全面推进产业信息和数据保护。健全数字化背景下时尚知识产权保护综合管理体系，围绕知识产权创造、运用、保护、管理和服务建立知识产权信用公示制度和纠纷预警机制，建立时尚产业知识产权快速维权中心，通过知识产权保护工作数字化改革，解决知识产权保护中确权和维权的难题，营造安全、可靠的时尚产业发展环境。

（五）推动时尚产业数字贸易发展

积极推进时尚产业集群与电子商务融合发展，挖掘本地时尚数字化消费需求，加快建设淘宝村、淘宝镇，培育互联网金融、共享经济等新业态。随着全国第二批跨境电商综合试验区建设，加快构建一体化智能物流体系，加速电商重点项目建设，以优化时尚产业电商发展环境，健全数字化消费政策体系，实施数字消费全过程监管，营造良好的消费环境。发挥宁波作为中国—中东欧国家经贸合作示范区的优势，围绕与"一带一路"沿线国家和地区在时尚产业数字化领域的交流合作，建设时尚国际经贸合作信息化平台，强化与中东欧国家信息互联互通的枢纽功能。在国际国内双循环的新发展格局下，引导宁波时尚产业塑造新的产品优势和产业核心竞争力，深入融入全球产业链。

专题二　宁波时尚消费集聚区优化提升研究

当前，我国经济已转向高质量发展阶段，时尚产业生产方式和商业模式不断创新，催生出消费新业态、新模式。与此同时，时尚消费品供给质量不断提升，提质扩容促新型消费高质量发展已成为稳定经济增长的新动能。作为以创意、设计、创新、品牌为核心，融合文化、科技、艺术等要素，引领消费流行趋势的市重点培育的六大千亿级产业之一，宁波时尚产业对宁波经济社会发展具有重要支撑作用，并逐渐向技术高端化、创意多元化、产品时尚化、品牌国际化的方向发展。自2022年提出打造"东方滨海时尚之都"重要目标以来，宁波紧抓供给侧结构性改革和消费升级机遇，加快推进服装、皮具、美妆日化、珠宝首饰等时尚产业高质量发展，全力打造产业与消费良性互促、国内国际双循环的综合性国际消费中心城市。

本专题围绕宁波时尚消费集聚区优化提升这一主题，在分析时尚产业加速向时尚经济转型和新一轮消费升级背景下国内外新型时尚消费趋势的基础上，对宁波时尚经济发展现状进行梳理，同时选取国内先进城市打造优化时尚消费聚集区的典型案例进行对比分析，总结宁波在推进时尚消费集聚区优化提升的主要阻碍和亟待破解的难题，为宁波今后践行体验创新模式，打造和优化时尚消费聚集区，以及加速形成体验业态提出有针对性的决策参考。

一、体验经济背景下国内外新型时尚消费趋势洞察

时尚消费既是一种消费行为，也是一种流行的生活方式。在消费活动中体现出大众对某种物质或非物质对象的追随和模仿，进而通过时尚产业的创新和跨界驱动发展，创造出大市场的商业价值。2021年中国时尚产业消费研究报告将时尚消费分为六大领域，包括服饰与流行、美容美妆、文化旅游、家居装饰、汽车出行和珠宝腕表。当前，不论是米兰、纽约、伦敦、巴黎等传统时尚之都，还是上海、北京等国内时尚新秀都在重点发展时尚产业，以带动体验经济培育。"体验经济"大范围崛起的背景下，未来被个人品位和大众审美共同塑造的时尚内涵将得到进一步拓展和丰富。随着大众消费偏好从"物质消费"向"精神消费"的阶段转变，时尚消费不仅体现因个人消费爱好给消费活动带来的时尚张扬，更主要的是体现

了一个人的价值观念和审美心理等内涵。当前，主要呈现出以下四个趋势。

（一）虚拟时尚热度攀升，数字科技推动时尚消费创新融合

近年来，随着人工智能（AI）、增强现实（AR）、虚拟现实（VR）等技术不断进步，非同质化代币（NFT）、Web3元宇宙概念越加火热，"虚拟时尚"正在席卷全球时尚领域。这一行业革新不仅将重塑时尚品牌营销模式，也将进一步丰富时尚消费体验。以元宇宙为例，知名时尚品牌相继布局时尚领域。2021年11月，一线运动品牌阿迪达斯（Adidas）联合NFTBAYC与PUNKS发布Adidas Originals NFT系列虚拟服装产品。2022年，博伯利（Burberry）、纪梵希（Givenchy）等品牌也相继推出本品牌的虚拟时尚单品。同年5月，时尚奢侈品牌古驰（Gucci）与游戏平台罗布乐思（Roblox）推出虚拟空间"Gucci Town"，用户可以在其中进行展览、购物和游戏体验，图2-1即为数字空间宣传海报。

图2-1 数字空间"Gucci Town"宣传海报

此外，虚拟数字人在时尚秀场和电商直播等场景的应用尝试，开辟了消费者线上观展、选款、试穿、快速定制的时尚体验和消费新模式。实体服装和元宇宙空间中的虚拟服饰的有机结合，能够同时满足消费者在文化艺术和现实虚拟融合领域的空间需求，D2A营销模式（Direct-to-Avatar）直接面向虚拟化身销售将进一步推动时尚消费创新融合，成为时尚经济实现高质量发展的下一个风口。

（二）"Z世代"成为消费主力军，更关注细分化场景化时尚消费体验

随着消费升级和潮流文化的盛行，圈层消费趋势日益突显，以"Z世代"为代表的新青年群体迅速崛起并成为消费主力。截至2022年6月，中国"Z世代"群

体规模高达 3.42 亿，约占总人口的 24%，如图 2-2 所示。"Z 世代"目前以学生身份的潮流新生代和初入职场的新锐白领为主，重体验、为悦己、重视"自我意识"表达且热衷社交媒体是这一人群的显著特征。电通中国发布的《2022 解码 Z 世代》报告显示，"Z 世代"在时尚领域的消费金额贡献逐年增大，"90 后""95 后""00 后"潮流市场的消费规模占比达到八成。体验经济背景下，"Z 世代"正在构建新的流量中心，其带来的消费影响力不仅体现在消费规模上，更体现在消费观念上。"90 后"新精致主义风潮下时尚品质人群越加理性成熟，追求产品和服务细节更加精致的同时注重实用性和个性化适配，消费理念逐渐向个人内心满足和生活主张融合的方向延伸。时尚企业开始探索"体验升级"，通过营造具有参与性、趣味性、体验性的"社交+"场景，增加品牌黏性，提升消费频次。如 2021 年 5 月，爱马仕（Hermès）于成都开启全球首站 HermèsFit 健身馆，馆内呈现了品牌标志性的"爱马仕橙"，内有爱马仕定制杠铃、壶铃的器械墙、拳击台和攀岩墙等运动场景。此外，作为社交媒体重度用户，"Z 世代"热衷网红地标打卡和尝新求鲜，容易被沉浸式、体验式、个性化的消费场景吸引，这些元素为时尚产业跃迁升级和新型消费热点培育都带来了新机遇。

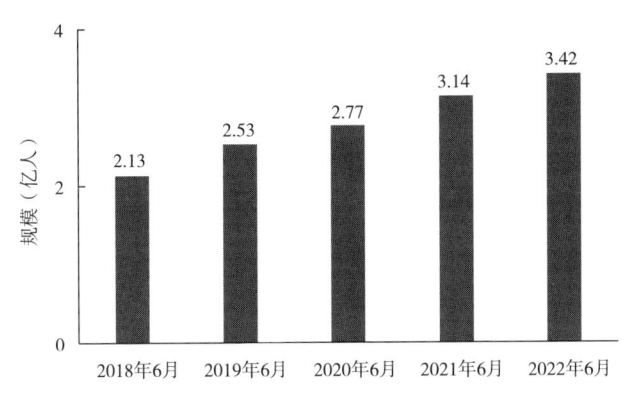

图 2-2 中国"Z 世代"群体规模变化趋势

数据来源：QuestMobile 研究院。

（三）"国潮"蓬勃发展，追求品牌文化价值认同和个性表达

在以国内大循环为主体、国内国际双循环相互促进的新发展格局下，我国市场规模潜力进一步激发，时尚产业链供应链资源不断向国产品牌倾斜，"新国潮""新国货"消费迎来发展契机，成为消费提质扩容的新动向、新趋势。紧跟"国货之光"李宁、安踏的步伐，本土时尚品牌加速迭代焕新，传统老字号通过对中国

传统文化的创新挖掘与再创造，逐渐形成一股独特且能引发大众共鸣的时尚消费潮流，形成了特色鲜明的喜欢 IP 的"Z 世代"人群，如图 2-3 所示。中国社会科学院 2022 年 5 月发布的报告显示，九成消费者看好国货品牌的未来发展。国际管理咨询公司麦肯锡发布的消费者调查报告中也指出，随着国货在品质、性能和价值的逐年提升，近 1/3 的消费者在高端产品上会选择中国品牌。此外，融合科技、国风等元素的新锐时尚品牌迅速崛起，并逐渐从实物消费领域向文创 IP、国漫、综艺、电影等数字内容消费领域延伸。2022 年《FASHION IP 100》榜单中，入榜的中国时尚 IP 数量达到了 24 个，是 2021 年入榜数量的 2 倍。国潮的迅猛发展不仅彰显了我国消费者不断提升的文化自信，同时也体现出年轻消费群体在追求品牌文化价值认同和个性表达方面日益增长的需求。

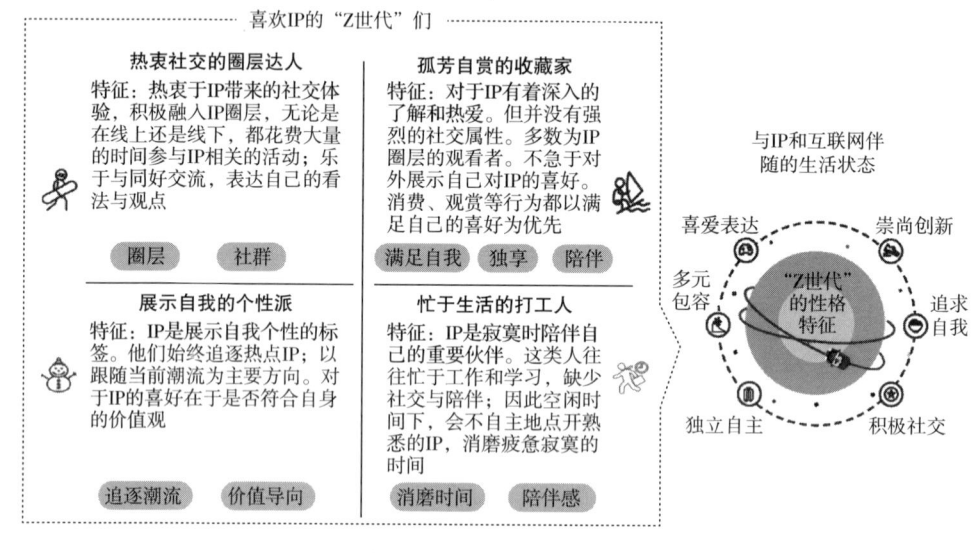

图 2-3　IP 爱好者人群画像

资料来源：艺恩数据《2022"Z 世代"IP 兴趣报告》。

二、时尚消费视角下宁波时尚经济发展特征

宁波作为我国东南沿海重要的港口城市，素享"东方商埠、时尚水都"之美誉。作为誉满全球的"红帮裁缝"之乡，宁波开创了中国近现代服装工业的先河，并在纺织服装行业取得了卓越成就，奠定了宁波服装名城地位。近年来，宁波积极响应东方滨海时尚之都打造战略，紧抓供给侧结构性改革和消费升级机遇，加

快推进服装、皮具、美妆日化、珠宝首饰等时尚产业高质量发展，全力打造产业与消费良性互促、国内国际双循环的综合性国际消费中心城市。当前，宁波时尚经济表现出强劲的增长态势，主要呈现以下特征。

（一）时尚产业根基稳固

以时尚纺织服装产业为例，2022年宁波规上纺织服装行业已完成工业总产值1333.1亿元。作为宁波重点打造的十大标志性优势产业之一，宁波时尚纺织服装产业自"十三五"以来坚持实施品牌培育战略，积极响应高质量发展号召，探索品牌价值提升、品牌时尚升级之路，品牌建设成效显著。在2022年11月工业和信息化部公布的重点培育纺织服装百家品牌名单中，雅戈尔、博洋等7个消费品牌以及申洲针织、康赛妮、百隆东方3个制造品牌，共计10家宁波企业入选，占全省总量的一半，数量仅次于江苏、山东，居计划单列市首位。此外，宁波重视时尚新业态培育与创新，正在加快文化创意、工业设计、时尚家纺家居、户外运动等新兴时尚产业布局，持续深化文教体旅融合发展。

（二）居民时尚消费实力强劲

2022年宁波GDP超1.5万亿元，稳居全国第12名，经济增量达620亿元，人均GDP超过杭州成为全省第一。2022年，全市实现社会消费品零售总额4896.7亿元，同比增长5.3%，增速排名连续3个月位居全省第1，全年第2；限上商品销售总额4.1万亿元，增长11.8%，约占全省限上商品销售额比重的34.1%，规模排名继续保持全省第1位。根据新一线城市研究所联合中国连锁经营协会（CCFA）发布"时尚消费力指数"榜单，宁波"时尚消费力"在全国位居第15。在单项指标上，宁波新消费可塑性排名第12位。根据《2022胡润财富报告》显示，宁波千万人民币资产"高净值家庭"数量从186万户波动性上升至211万户，高净值人群偏好高品质、高性能产品和服务，消费潜力巨大。同时，针对特殊消费群体的"她经济""Z世代""一老一小"等消费潜力突出。根据和义大道、杉井奥特莱斯提供的数据显示，在其会员体系中，女性顾客的占比超过60%；此外，全市常住人口中，0~14岁和60岁以上的人口分别占12.3%、18.1%，不同层次、不同年龄段的人群在时尚消费方面的需求和特点日趋多样化，亲子服务、亲子娱乐等儿童消费市场以及养老服务、老年文娱等"银发消费"也随之受到更多关注。

（三）时尚文化魅力有待提升

宁波素以商帮文化和浓厚的商业氛围闻名，古来有"走遍天下，不如宁波江厦"之美誉。近年来，宁波稳步推进以城市时尚综合体为定位的时尚文化创意中心建设，并初获成效。2021年11月，外滩时尚文化创意中心在宁波江北老外滩正式揭牌成立。立足于文化和艺术的融合，聚焦高端、瞄准时尚的外滩时尚文化创意中心一举成为宁波国际时尚街区的闪亮标志。尽管如此，宁波在时尚文化地标的打造和特色时尚文化品牌IP的培育方面还具有较大的提升空间。此外，宁波的城市形象潮流度和知名度不高，在网红经济蓬勃发展的背景下尚未形成与重庆、成都、长沙、杭州等旅游城市规模相当的网红打卡引流效应。2022年，宁波挤入2022中国网红城市20强评选名单，时尚吸引力与排名靠前的城市相比仍有较大差距。从旅游人口来看，2022年宁波接待境内、入境旅游人数分别为5083.6万人次、3.2万人次，远低于杭州、青岛、南京、武汉等副省级城市，在吸引国内外消费客流集聚能力上存在明显短板。

（四）时尚商业潜力日渐增大

近年来，宁波商业载体日益扩大，初步构建了品质商圈、特色街区、社区商业三级消费平台体系。即"2815"商业体系（2个市级商圈、8个区级商圈和15个副区级商圈），如表2-1所示；"1+3+29"的商业特色街区构架（1个国家级步行街改造升级试点、3条省级步行街和29条区级步行街）。目前，市六区共有大型商业网点95个，总营业面积达471.9万平方米，人均大型零售商业网点面积1.0平方米，如表2-2所示，虽然低于上海（1.5平方米/人）、天津（1.7平方米/人）、广州（1.6平方米/人）等城市，但已达到国际参照值（1~1.5平方米/人），总体属于中等水平。宁波还拥有日本阪急百货的海外首家直营店、主打"文化地标+新消费"组合的浙江省首家新世界K11艺术商业中心、定位"城市新贵生活中心"的龙湖宁波鄞州天街等相对具有吸引力的商业综合体。2023年年初，宁波政府办公厅发布的《宁波打造国际开放枢纽之都行动纲要（2022—2026年）》提出将围绕中山路，高品质打造东部新城商圈和"泛三江口"商圈。在政策利好下，宁波核心商圈的消费能级将进一步提升。此外，宁波大力招引"首店经济"，吸引全球高端时尚消费资源集聚。截至2022年，累计签约引进包括德国设计师服装品牌吉尔·桑达（JIL SANDER）、法国顶级珠宝品牌斐登（FRED）、英国豪车品牌莲花路特斯（LOTUS NYO）在内的首店品牌302个，通过提升首店品牌级次进一步增强了城市的时尚商业吸引力。

表2-1 "2815"商业体系

级别	商圈	范围	商业面积（万平方米）
市级商业商圈（2个）	泛三江口商圈	以环城北路—庆丰桥—通途路—曙光路—新典东路—南苑街—三支街—长春路—永丰北路围合而成的区域	80.1
	东部新城商圈	以世纪大道—宁东路—河清北路—百丈东路围合而成的区域	41.8
区级商圈（8个）	鄞州万达商圈	以鄞州万达为中心形成的商业集聚区	37.4
	鄞州印象城商圈	以宝龙广场、印象城为中心形成的商业集聚区	22.5
	海曙西商圈	以杉井奥特莱斯、华润万家等大型商业设施形成的商业集聚区	19
	江北万达商圈	以江北万达、世纪联华等形成的商业集聚区	37
	镇海新城北区商圈	以吾悦广场、银泰百货、欧尚超市等形成的商业集聚区	13
	北仑核心区商圈	以富邦广场、银泰城、博地影秀城等形成的商业集聚区	33.7
	东部滨海商圈	依托大嵩江、梅山湾两个服务中心建设形成以保税物流、进出口商品展示销售为特色的商业集聚区	—
	奉化核心区商圈	以奉化银泰城、奉化万达等形成的商业集聚区	22.8
副区级商圈（15个）	高鑫广场、海曙恒一广场、轻纺城、天伦广场、世纪东方、环球银泰城、高新区南片区、东钱湖新城、姚江新城、洪塘商圈、慈城商圈、庄桥机场、镇海新城南区、镇海老城、奉化中交未来城等15个商圈		

资料来源：宁波市商务局。

表2-2 宁波大型零售商业网点情况

行政区	个数	商业网点面积（万平方米）	常住人口（万人）	人均商业面积（平方米）
海曙	33	108.3	97	1.1
鄞州	34	205.9	142.9	1.4
江北	12	73.69	41.1	1.8

续表

行政区	个数	商业网点面积（万平方米）	常住人口（万人）	人均商业面积（平方米）
镇海	8	37.8	47	0.8
北仑	5	33.8	75.5	0.4
奉化	3	12.4	51.6	0.2
市六区合计	95	471.9	455.1	1.0

资料来源：宁波市商务局。

综上，当前宁波时尚产业基础和时尚消费潜力展现出较大优势，但在时尚文化魅力提升方面相对滞后，主要体现在居民消费外流现象突出且时尚消费占比较低，城市形象潮流度和知名度不高。虽然2022年宁波GDP增长表现稳健，但同年宁波社零总量、人均社零分列全国城市排名第18位、第19位，远低于GDP排名6个位，且社消总额仅占GDP的31.18%，对比同期长三角地区几大万亿GDP城市（南京46.32%、上海36.82%、苏州37.61%、杭州38.90%、南通34.77%）宁波仍有提升空间。此外，宁波居民边际消费倾向（居民消费支出/可支配收入）长时间维持在0.6左右，低于全国平均水平（0.7），消费倾向整体偏低。随着促消费稳增长"21条"政策和"双促双旺"各项举措落地显效提振消费，宁波亟须挖掘新的时尚经济增长点并加快打造能够进一步引领和扩大消费、促进产业结构升级、拉动时尚经济增长的新载体和新引擎。其中，持续优化和拓展时尚消费空间，促进技术研发、创意设计、优质品牌、特色文化和服务等核心资源不断聚集，不仅有助于宁波实现城市经济实力向商业潜力转化，有效控制消费外流，也是宁波加快形成时尚文化与产品研发、设计、制造、品牌、营销和服务等经济活动一体化融合发展格局的关键举措。

三、国内先进城市打造时尚消费集聚区的经验借鉴

（一）时尚消费集聚区的内涵

当前，通过文献和资料检索并未查阅到有关时尚消费集聚区明确定义的相关内容。因此，本研究报告参考并结合了"时尚消费""消费集聚区"等概念，将时尚

消费集聚区定义为汇聚商旅文、购、娱等方面优质时尚资源，品牌集聚度高，时尚消费引领性强，首发活动密集且稳定持续，能够提供消费便利性和体验感的特色功能片区，聚焦城市核心商圈，涵盖购物中心、特色商业街区、创意产业园和时尚消费新地标等。下文围绕宁波时尚消费区优化提升开展的系列研究也依照这一定义，后续将不再单独说明。

（二）国内先进时尚城市典型案例

近年来，我国积极推进时尚都市圈培育重点工程和国际消费中心城市建设，依托时尚小镇及时尚都市建设，以时尚文化为特色，布局发展时尚链、创意链、产业链，加快科技、文化、人才、媒介等时尚要素汇集与创新，提升时尚消费能力和水平，打造一批富有国际影响力的时尚都市和时尚文化新地标。《中国服装行业"十四五"发展指导意见和2035年远景目标》指出，力争在"双循环"发展格局下大幅度加快消费升级的步伐，系统把握消费新需求，为时尚产业发展注入市场扩容和变革的新动力。国内先发省市积极响应，注重顶层设计，强化政策赋能，在整合聚集时尚资源要素、培育创新时尚业态、打造时尚消费新载体、做强首发经济、强化时尚消费引领等方面形成了大量可供宁波学习和借鉴的典型案例和宝贵经验。

1. 北京：打造彰显活力和创新力的国际时尚之城

近年来，北京时尚产业政策环境不断完善，市委、市政府出台系列文件鼓励和扶持自主设计的服装、服饰、配饰等高端时尚产业发展，培育时尚设计、时尚消费、时尚休闲、时尚会展、时尚商圈等新业态，延长时尚产业链，加块构建时尚产业生态圈，如表2-3所示。2021年9月，北京出台《北京培育建设国际消费中心城市实施方案（2021—2025年）》，力争通过5年时间将北京建设成具有全球影响力、竞争力和美誉度的国际消费中心城市。主要做法如下。

表2-3　2020—2022年北京时尚消费相关政策

发布时间	政策名称	主要政策内容
2022年8月	《关于加快引导时尚类零售企业在京发展的指导意见（2022—2025年）》	通过增强品牌集聚力，打造"一周一节四中心"时尚潮流风向标，提升创意设计能力，打通产业链创新链，基本建成彰显时尚的购物之城
2022年3月	《促进首店首发经济高质量发展若干措施（3.0版）》	"三新增"一是新增服装类新品通关支持，提升时尚消费品牌新品通关速度；二是新增商业品牌行业示范总部支持；三是新增对品牌创新概念店的支持，符合条件的创新概念店最高可获支持100万元

续表

发布时间	政策名称	主要政策内容
2021年9月	《北京培育建设国际消费中心城市实施方案（2021—2025年）》	办好中国国际时装周，打造集设计、发布、展示、销售于一体的时尚消费创新培育平台
2020年4月	《北京市推进全国文化中心建设中长期规划（2019—2035年）》	培育时尚设计、时尚消费等新业态，延长时尚产业链，构建时尚产业生态圈，强化科技对智慧型文化新业态的支撑功能

资料来源：根据公开信息整理。

（1）强化政策引导，优化时尚产业政策环境。相继出台《北京市推进全国文化中心建设中长期规划（2019—2035年）》《促进首店首发经济高质量发展若干措施（3.0版）》《关于加快引导时尚类零售企业在京发展的指导意见（2022—2025年）》等涉及时尚消费的系列政策措施，包括引导时尚消费理念、激发时尚消费需求、提升时尚消费供给、拓展时尚消费空间及营造时尚消费环境等。通过培育时尚创意、研发设计、总部管理等高价值产业环节，逐步完善人才培育、产业布局、公共服务等支撑体系，建设具有国际竞争力的时尚消费品牌矩阵、首发中心和总部高地。

（2）打造时尚消费升级平台，提升平台能级。鼓励支持时尚消费类的新业态、新模式、新场景发展，举办时尚消费类新品发布活动，大力推广新落地首店和新品首发活动。2022年上半年，北京全市新开设首店、旗舰店、创新概念店393家，北京时装周、北京时尚消费月等时尚类活动并落地重点商圈，借助"一带一路"国际合作高峰论坛、冬奥会（冬季奥林匹克运动会）、世园会（世界园艺博览会）等重大活动契机做好服装、服饰等时尚展示工作，整合"国货"品牌等核心时尚资源，加速打造"国潮"概念特色标签。

2. 上海：聚焦"时尚八品"，建设引领时尚、定义潮流的"时尚之都"

2022年年底，上海经济和信息化委员会等六部门发布《上海市时尚消费品产业高质量发展行动计划（2022—2025年）》，提出聚焦服饰尚品、化妆美品、精致食品、运动优品等"时尚八品"，实施"十个行动"，到2025年确立上海引领时尚、定义潮流的"时尚之都"地位，打造具有示范引领作用的时尚消费品万亿级消费市场，打响一批领军级名企名品，形成一批融合性消费场景，布局一批示范性产业名园，集聚一批国际化时尚人才，使上海成为时尚出品地、潮流集聚地、创新策源地、消费引领地。相关政策如表2-4所示，关键举措如下。

表 2-4　2020—2022 年上海时尚消费相关政策

发布时间	政策名称	主要政策内容
2022年12月	《上海市时尚消费品产业高质量发展行动计划（2022—2025年）》	①到2025年，上海要实现时尚消费品产业规模超5200亿元，年均增速5%； ②供需对接数字融合：把握数字时尚消费崛起趋势，推动数字技术在制造端和消费端场景应用，建设10个时尚消费品产业智慧工厂，100个时尚消费品产业特色数字化应用场景，1000个时尚消费品与购物、服务、文化融合场景； ③布局优化集聚成势：打造国家级行业特色区域和产业集群，建设3~5家时尚消费品特色产业园区，发展以"产业上楼""前店后厂"为特征的市级精品园区、时尚创意示范空间、特色消费街区等新型产业集聚模式
2021年8月	《上海市建设国际消费中心城市实施方案》	打造全球新品首发地，支持国际品牌、本土品牌和潮牌来沪开展新品首发、首秀、首展等活动
2021年1月	《上海市国民经济和社会发展第十四个五年规划和二〇三五年远景目标纲要》	首次将时尚消费产业列入支撑未来上海发展的六大重点产业之一

资料来源：根据公开信息整理。

（1）重视顶层设计。上海围绕时尚消费发展，在产业规划和政策引导方面出台一系列重要的政策举措，尤其是《上海市国民经济和社会发展第十四个五年规划和二〇三五年远景目标纲要》明确提出打造"3+6"产业体系，将时尚消费产业首次列入支撑未来上海发展的重点产业之一；《上海市服务业发展"十四五"规划》中提出培育壮大专业研发设计服务企业，持续提升时尚消费产业设计环节；《上海市建设国际消费中心城市实施方案》提出，要打造全球新品首发地，支持国际品牌、本土品牌和潮牌来沪开展新品首发、首秀、首展等活动。

（2）提升时尚活动国际影响力。成立于2003年的上海时装周通过搭建全球新品的发布平台、打造亚洲最大服装服饰新品订货季、形成时尚产业新生态，比肩国际四大时装周，被国际时装行业评价为"全球最具活力"的时装周，时尚消费引领作用不断增强。在与新经济、新产业的融合中已经逐步成为区域消费迭代和城市发展的重要推动力。

（3）做强首发经济释放消费活力。上海通过出台支持首发经济发展政策，推动各类首秀、首映、首展、首演，建设全球新品首发地示范区，并打造集新品发布、展示、交易于一体的首发经济生态链，国际品牌集聚度位居全球城市第2；吸引国际中高端品牌来沪首发，开设能级高、品类多样、品牌影响大的首店、旗舰店，建设国际品牌集聚地。2022年，上海时尚消费品的工业产值占全市规上工业总产值的15.8%，新增各类首店1073家，其中全球首店或亚洲首店10家，全国首店130家，规模和质量继续保持全国城市首位；大力发展时尚消费品产业集群，重振老字号品牌，推出国潮新品、新店、新平台，建设本土品牌策源地。目前已拥有GRACE CHEN等国际高定品牌，马克华菲、之禾、地素、林清轩、喜时、回力等时尚品牌；此外，创办"五五购物节"，打响了"上海购物"品牌。

3. 深圳：建设国际时尚消费中心

当前，深圳已成为国内行业门类齐全、原创品牌集中、产业配套完善、规模集聚效应显著的时尚产业基地之一。2020年以来，深圳相继出台《深圳市培育发展现代时尚产业集群行动计划（2022—2025年）》《深圳市时尚产业发展规划（2021—2025年）》《深圳市时尚产业高质量发展行动计划（2020—2024年）》等行动计划，做大时尚消费电子、服装、家居、钟表、首饰、美容美发美妆、皮革、眼镜、其他时尚产品等产业规模，建设具有国际竞争力和市场影响力的现代时尚产业集群，如表2-5所示。主要做法如下。

表2-5 2020—2022年深圳时尚消费相关政策

发布时间	政策名称	主要政策内容
2022年6月	《深圳市培育发展现代时尚产业集群行动计划（2022—2025年）》	①搭建国际化推介平台。支持举办深圳时装周、深圳国际工业设计大展、家居设计周、时间文化周、深圳国际珠宝展、全国设计师大会等时尚产业重大活动，搭建国际化一流推介平台，推动时尚产业与科技、文化、艺术等跨界融合； ②加强展会与消费联动，推动会文商旅融合创新发展。搭建会议展览宣传推广平台，加强国内外宣传推广，提升深圳会展业整体形象
2021年6月	《深圳市时尚产业发展规划（2021—2025年）》	聚焦关键功能环节，聚力实施七大任务，即"建设世界级时尚产业集群、打造国际时尚消费中心、提升创意设计国际影响力、促进时尚品牌全球化发展、推进时尚与科技创新融合、提升国际化经营管理能力、完善产业发展支撑体系"
2020年3月	《深圳市时尚产业高质量发展行动计划（2020—2024年）》	①通过时尚产业发展，宣扬倡导绿色、健康、品质的现代时尚消费理念，发展文艺演出、艺术鉴赏收藏等时尚文化消费，激发高品质时尚消费潜力； ②繁荣夜间经济，打造夜间消费网红打卡点，拓展时尚消费时间和空间

资料来源：根据公开信息整理。

（1）培育时尚消费新业态、新模式。加快建设国际消费中心城市，打造世界级口岸经济带、地标性商圈和高端时尚消费街区；汇聚高端时尚品牌资源，导入免税购物中心、体验店、旗舰店、品牌店、概念店等，鼓励实体商业大力发展直播经济、无人经济等新业态，通过社交营销开启"云逛街"等新模式，激发时尚消费潜力。

（2）打造活力时尚消费新载体。深圳着力打造活力时尚特色街区，依托大浪时尚小镇等，加快地标式商圈、特色商业街、旗舰店、工厂店等多层次商业消费空间建设，推进国内设计品牌、全球时尚品牌、轻奢时尚品牌聚集。对标全球一流水准，优化福田中心商业区、后海超级商业区等片区建设，打造世界级时尚消费地标性商圈；依托前海片区、深圳湾超级总部基地片区、香蜜湖片区等，打造"文化+金融+商业"的高端消费商圈；加快推动东门步行街改造，打造兼具时尚潮流、消费创新和湾区人文特色的步行街。

4. 广州：建设全球"定制之都"消费体验中心

广州依托深厚的都市消费工业根基，培育形成服装、皮具、美妆日化、珠宝首饰、灯光音响、定制家居六大板块，以及涵盖文体用品和食品饮料等领域的时尚产业集群。2022年广州市社会消费品零售总额达10298.15亿元，形成时尚定制、美妆日化、文旅体娱等特色消费体系。近年相关政策如表2-6所示，关键举措如下。

表2-6　2020—2022年广州时尚消费相关政策

发布时间	政策名称	政策内容
2022年5月	《广州市商务发展"十四五"规划》	打造时尚产业集群、提升创新设计能力、培育本土时尚品牌、打造时尚展示平台、推动时尚消费升级，全力打造"时尚花城"城市品牌
2022年8月	《广州市时尚产业集群高质量发展三年行动计划》	加快推进广州市服装、皮具、美妆日化、珠宝首饰、灯光音响、定制家居等时尚产业高质量发展，打造产业与消费良性互促、国内国际双向循环的综合性国际消费中心城市
2023年6月	《广州市重点商业功能区发展规划》	①提出构建三级商圈体系，在此前提出的建设5个世界级商圈、2个具有世界影响力的岭南特色商圈、4个枢纽型国际特色商圈的基础上，明确构建22个"一区一特色"区域级都市特色商圈，打造"5+2+4+22"共33个重点商圈的格局； ②提升"老商圈"品质、丰富"熟商圈"业态、加快"新商圈"建设，高品质打造新消费空间新场景

资料来源：根据公开信息整理。

（1）构建产业型、流量型、服务型消费体系。广州以纺织服饰、美妆日化、珠宝首饰、箱包皮具等特色产业为时尚消费基础，打造"服饰＋美妆＋珠宝＋箱包"全时尚消费链条。依托花都区狮岭（国际）皮革皮具城、白云美博城、番禺珠宝小镇等现有基础，持续提升产业规模、扩大消费影响力，打造"生产＋营销＋消费＋服务"的产业消费集聚区，形成"花都皮具珠宝—白云美妆定制—海珠纺织面料—番禺服饰珠宝—黄埔美妆日化"全市时尚消费产业空间。引导标杆企业及品牌商家入驻体验中心，建设定制服装、定制皮具、定制家居、定制化妆品等主题消费体验馆，形成线上引流、线下体验互动的个性化定制消费体验空间，实现"广州展示"向"广州定制"延伸发展。

（2）打造特色化差异化新消费场景。广州结合片区的消费能级、产业基础等因素，从数字消费、国潮体验等角度，明确各类特色消费场景的重点发展区域和提升路径。注重打造数字消费新场景，新国潮新国货线下体验场景，无接触式、无人驾驶、无人配送体验场景和免税购物消费新场景等；打造国际时尚首发经济示范区和国潮时尚首发经济示范区；打造"1+4+X"的夜间经济空间布局体系，以珠江中心城区段为轴线，打造珠江前、后、西航道世界级夜游文旅体验带。

四、宁波时尚消费集聚区优化提升现状

（一）宁波打造时尚消费集聚区的探索实践

近年来，宁波通过不断努力和探索，时尚消费集聚区建设已初显成效。随着城市经济实力的逐年增强，宁波商业载体日益扩大并已初步建立"2815"商业体系和"1+3+29"的商业特色街区构架，展现出较为强劲的时尚商业潜力。根据第一财经·新一线城市研究所发布的《2023城市商业魅力排行榜》显示，宁波继2020年由于GDP下滑短暂离开全国新一线城市行列后于今年再次回归。榜单以商业资源集聚度、城市枢纽性、城市人活跃度、生活方式多样性、未来可塑性五大维度评估城市的发展水平，宁波位居第14，如图2-4和表2-7所示，商业魅力表现较为可观。

为加快实现打造国际化消费中心城市的目标，2019年以来，宁波陆续出台相关政策并发布系列方案，持续激发城市商业活力和升级商业格局，如表2-8所示，关键举措如下。

2023 城市商业魅力排行榜

- 商业资源集聚度 × 0.22
- 城市枢纽性 × 0.19
- 城市人群活跃度 × 0.20
- 生活方式多样性 × 0.17
- 未来可塑性 × 0.22

城市商业魅力指数

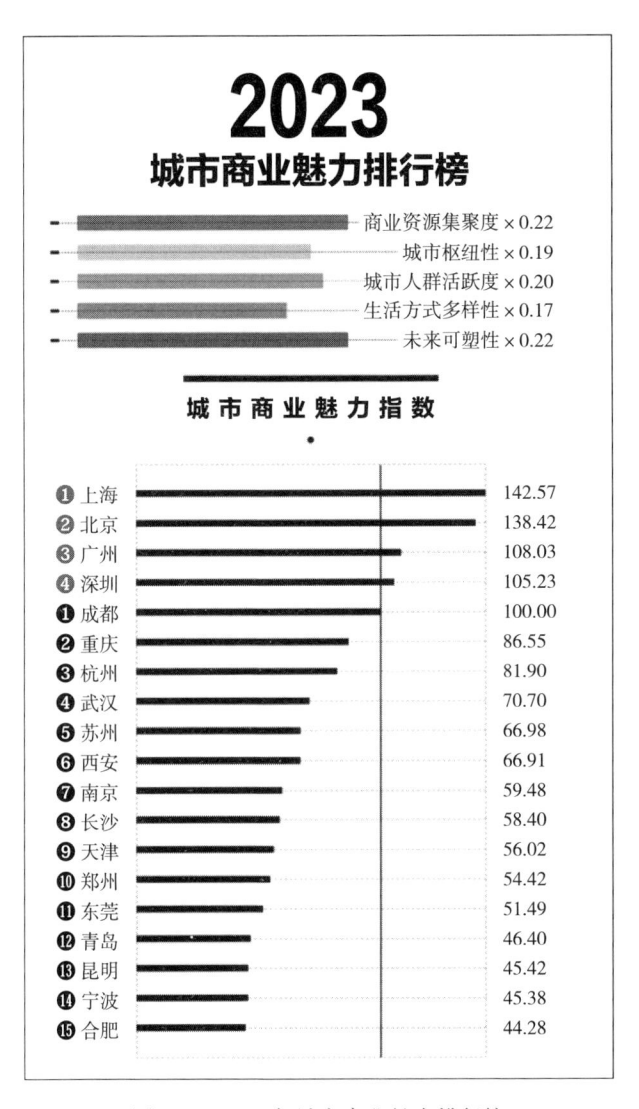

排名	城市	指数
❶	上海	142.57
❷	北京	138.42
❸	广州	108.03
❹	深圳	105.23
❶	成都	100.00
❷	重庆	86.55
❸	杭州	81.90
❹	武汉	70.70
❺	苏州	66.98
❻	西安	66.91
❼	南京	59.48
❽	长沙	58.40
❾	天津	56.02
❿	郑州	54.42
⓫	东莞	51.49
⓬	青岛	46.40
⓭	昆明	45.42
⓮	宁波	45.38
⓯	合肥	44.28

图 2-4　2023 年城市商业魅力排行榜

资料来源：第一财经·新一线城市研究所。

表 2-7　宁波五维度得分排名情况

一级维度	排名	二级维度	排名
城市资源聚集度	17	大品牌青睐指数	14
		商业核心指数	20
		基础商业指数	20

续表

一级维度	排名	二级维度	排名
城市枢纽性	29	城际交通基础设施指数	34
		交通联系度指数	44
		物流通达度指数	14
		商业资源区域中心度指数	29
城市人群活跃度	16	消费活跃度指数	10
		社交活跃度指数	27
		夜间活跃度指数	15
生活方式多样性	16	出门新鲜度指数	16
		消费多样性指数	14
		休闲丰富度指数	17
未来可塑性	19	创新氛围指数	14
		人才吸引力指数	24
		消费潜力指数	22
		城市规模与增长指数	17

资料来源：根据第一财经·新一线城市研究所数据整理。

表2-8　2020—2022年宁波时尚消费相关政策

发布时间	政策名称	政策内容
2020年6月	《宁波市加快发展夜间经济实施方案的通知》	①优化三大空间布局。到2021年，建成具有较高知名度的夜间经济地标商圈5个、特色街区10个、15分钟商贸便民服务圈40个； ②打造一批夜间经济IP品牌，推进"建风情街区"工程。推进老外滩改造提升，创建国家级步行街，完善步行交通系统，争取设立免税店，打造中东欧风情特色街区，建设时尚宁波品牌发布中心。鼓励各区县（市）推出一批独具特色、环境友好的异域风情街

续表

发布时间	政策名称	政策内容
2021年6月	《宁波市商务发展"十四五"规划》	①构筑消费空间新格局。合理布局高品质商圈、"高颜值"步行街，塑造若干标志性商业地标，构建层次多元、特色浓郁、接轨国际的新型消费空间； ②大力培育新型消费。支持实体商业转型升级，推动百货店、大型超市向消费体验中心、休闲娱乐中心、文化时尚中心等新型载体转型，发展体验式、沉浸式、互动式消费。发展"首发经济"和"首店经济"，支持国内外知名品牌在甬设立全球性、全国性和区域性的品牌首店、旗舰店、体验店，培育全球时尚新品首发地
2023年1月	《宁波打造国际开放枢纽之都行动纲要（2022—2026年）》	①开展国际消费城市提升行动。完善"2815"商业体系，加快创建老外滩国家级示范步行街，打造一批省级高品质步行街。到2026年，全市社会消费品零售总额突破6200亿元，初步建成区域性国际消费中心城市； ②促进新型消费发展。支持发展推广直播电商、新零售等无接触型、少接触型消费新业态新模式。支持发展"首店经济"，引进全球、全国知名品牌在宁波设立区域性法人首店（旗舰店）
2023年2月	《"双促双旺"促消费稳增长实施方案》	①开展平台设施提升行动。深化高品质步行街建设，推进文创主题街区发展时尚摄影、漫画制作等业态。全年打造特色街区20个； ②开展消费环境提升行为。优化商事审批流程。简化商贸营销和节庆活动安全许可报批程序，探索实施文化、会展、娱乐等大型活动安全许可"一网通办"

资料来源：根据公开信息整理。

（1）加快打造优质商圈。目前宁波正围绕中山路高品质打造"泛三江口商圈"和"东部商圈"两大商圈，加速形成以"泛三江口"东部新城为双中心的"哑铃状"商圈带。其中，天一·和义商圈于2021年销售额突破100亿元，成为宁波唯一一个"百亿级商圈"。

（2）积极建设宁波时尚街区、消费新地标和网红时尚打卡地。以斐戈·云裳谷、南部商务区水街、北岸星街坊音乐广场、北仑茶马花街等为代表的时尚创意街区热度持续攀升。

（3）大力开展老街区改造。加快建设鼓楼、南塘老街、老外滩步行街等一批特色鲜明的高品质商业街并打造夜间经济地标,其中南塘老街入选第二批国家级夜间文化和旅游消费集聚区。

(4)以"泛时尚"为引领打造"产、学、研、展、商"一体的时尚产业集聚地、时尚文化交流地、时尚人才培养地、时尚趋势发布地、时尚商业策源地成果显著。NFCC宁波时尚创意中心的建成将助力"产城融合",赋能全市。

(5)大力招引"首店经济",吸引时尚消费资源集聚。近年来,宁波多个区(县、市)出台"首店"扶持政策。海曙区自2021年以来鼓励国内外知名零售、餐饮品牌"首店"以独立法人形式在海曙注册落地(含已有门店升级的且由非法人转为法人公司的),经认定,按"宁波首店""浙江首店""全国首店"分别给予引进商业运营主体10万元、20万元、50万元奖励。2021年以来,宁波累计签约引进首店品牌221个,其中全国首店13个、华东首店3个、浙江首店72个。同时,加快发展"品牌经济",全市拥有国际一线品牌超120个,国际知名品牌近400个,90%以上国际知名美妆品牌已入驻宁波。据联商网零售研究中心不完全统计,2022年全国共开出361个"中国首店",主要分布在上海、杭州、成都、北京、深圳、南京、宁波等32个城市。宁波以引入4家"中国首店"(文墨wénmò、蛙鸡叫、野森领土和遥月)居于第13位。从位次和数量来看,宁波本轮表现居中。但在品牌"含金量"方面宁波和国内先进城市相比差距尚存,有较大提升空间。

(6)宁波商业攻坚瞄准"城市首店",放大"首店"规模化集聚效应。以泛三江口商圈为例,2022年引入"宁波首店"31家,其中天一广场引入24家,和义大道购物中心引入6家,月湖盛园引入1家,包括真力时(ZENITH)、安德森·贝尔(NO ONE ELSE)、梦倍路(MONTBELL)、利蜂(LOUIS ROYER)等时尚零售品牌。东部商圈代表商业宁波阪急百货2022年引入"宁波首店"3家、"浙江首店"1家;南部商务区商圈代表印象城2022年引入"宁波首店"15家、"浙江首店"1家、"华东首店"1家,万象汇引入"宁波首店"14家;宁波万象城2022年引入"宁波首店"15家,"浙江首店"1家,"华东首店"1家,同属江北万象城商圈的来福士广场2022年引入"宁波首店"6家。

(二)宁波优化时尚消费集聚区的困难瓶颈

宁波围绕培育建设国际消费中心城市的目标,依托其稳固的时尚产业根基、强劲的时尚消费实力和日渐突显的商业潜力,在建设辐射全城的现代化时尚消费集聚地、国际化大都市活力商业核心区方面的实践成果颇为亮眼。然而,不论是与米兰、纽约、伦敦、巴黎、东京、柏林等世界传统十大时尚之都相比，还是对标新加坡、东京等亚洲时尚新秀城市，或是与上海、北京这些国内时尚城市相比，宁波的城市知名度和城市底蕴都尚有提升空间。本研究通过公开资料检索、实地调研、消费者访谈与问卷调查等方式对宁波市民的时尚消费行为以及进行时尚消费过程中遇到的困难和问题开展研究，线上线下有效发放并回收问卷495份。其中，"您对宁波市时尚消费集聚区的优化提升有何其他建议？"这一开放式问题的填写情况如表2-9所示。此外，借助SPSS数据分析软件对其余原始数据进行频率分析，得出宁波时尚消费集聚区目前仍存在时尚消费场景培育滞后、优质时尚资源稀缺、时尚宣传力度不足等短板，亟须推进宁波时尚消费聚集区优化提升，进一步激发时尚消费活力，助推宁波时尚经济的高质量发展。

表2-9 部分市民对优化宁波时尚消费集聚区的相关建议

开放式问题内容	您对宁波市时尚消费集聚区的优化提升有何其他建议？	
受访者回答情况	1	引入更多时尚品牌
	2	提升本土时尚品牌的创意
	3	扩大规模，需要更具独特性
	4	店铺种类和数量有待增加
	5	提升店铺档次
	6	重点关注店铺留存率
	7	环境有待提高
	8	完善基础设施，如增加健身设施
	9	不收停车费
	10	加强管理
	11	加大智能化力度
	12	服务质量有待提高，配套设备需要完善
	13	加大宣传力度，提升知名度
	14	多举办促销活动，多发放消费券
	15	多增加些年轻人会喜欢的品牌或活动，考虑二次元或者韩娱之类的圈层的需求
	16	多开展唱跳等年轻人喜欢的文娱活动

1. 时尚消费场景培育滞后，消费空间层次有待提升

当前宁波商圈除五大核心商圈外仍以"大而全"的传统业态为主，对体验消费、数字时尚、文旅IP、社交营销等融合创新业态和模式的前瞻谋划布局不强，实体商业尚未完全实现转型升级，缺乏兼具影响力和标志性特色的新型商圈。"时尚+"融合性消费场景培育短板凸显，全市文旅资源分布相对零散且缺乏特色文旅大IP，商旅文体、游购娱融合有待深化，城市时尚吸引力较弱，在吸引国内外消费客流集聚能力上存在明显短板。开发模式相对单一，现有时尚街区潮流度和知名度不高，新兴非标商业样本较少，在网红经济蓬勃发展的背景下尚未形成与重庆、成都、长沙、杭州等旅游城市规模相当的网红打卡引流效应，新型时尚消费发展空间有待进一步拓展。

2. 优质时尚资源短缺，品牌效应有待加强

宁波现有时尚消费集聚区在招引优质时尚要素和挖掘本土时尚资源方面仍有较大提升空间。相较于北京"三里屯太古里"、上海"南京东路和西路"、香港"铜锣湾"、广州"天河路"商圈、南京"新街口"商圈，宁波核心商圈的能级有待提升。部分商圈定位不清晰，难以吸引国际高端时尚奢侈品品牌进驻，导致宁波高端商圈相对稀缺，难以充分发挥消费集聚示范作用。"首店效应"需要持续放大，目前宁波共有13家全国首店品牌，多以本土品牌和小众品牌为主，中古店、时尚体验店、快闪店等近年流行类型较少，数量和质量上与上海（132家）、北京（43家）、杭州（40家）差距较大，难以满足本地消费者多样化、高品质的时尚需求。此外，自主时尚消费品牌培育滞后，标志性不强。对海丝文化、红帮文化、宋韵民俗文化等彰显宁波特质的优质文旅资源挖掘不够，"品牌经济"的发展规模仍需扩大。

3. 时尚宣传力度不足，时尚发布传播体系有待完善

当前宁波对时尚街区、时尚消费主题活动和时尚品牌的宣传推广不论是在频率上，还是在质量上，都具有优化提升空间。传播资源尚未实现完全整合，本市官媒或权威媒体开设的时尚潮流、时尚理念、时尚消费类专栏专刊数量较少，在年轻消费群体使用频率较高的主流新媒体平台（如抖音、小红书、微博等）上也未系统搭建时尚传播矩阵，使时尚新品发布、品牌推介、时尚展会及特色促消费活动的宣传力度受限。以"种草打卡"文化盛行的小红书平台为例，搜索"宁波打卡""宁波时尚"等关键字后，热度排名靠前的笔记发布者大多是潮流达人、关键意见领袖（KOL）等自媒体账号，内容同质化严重。展示、演示载体较为单一，目前宁波规模较大且具有时尚影响力的展会仅有宁波时尚节，缺少专业化的"线上+线下"联动平台来整合时尚设计力量、传播时尚资讯和国际时尚消费潮流，市民了解相关信息的渠道有限且参与时尚体验的门槛较高,很大程度上抑制了消费热情。

五、多维度推进宁波时尚消费聚集区优化提升的对策建议

为进一步激发时尚消费活力并提升城市时尚感,一方面,宁波亟须推进商贸消费升级和商圈能级提升,全面提升核心商圈时尚集聚度。另一方面,政企学研协同创新,合力打造新型时尚消费集聚区。通过逐步完善顶层设计,聚焦时尚消费空间拓展创新,时尚消费品牌招引培育,多元时尚传媒体系构建以满足市民更多样化、个性化、高品质的时尚消费需求,丰富消费体验,聚力打造更多激发消费活力的"时尚引擎",构建以新布局、新场景、新消费、新模式、新活动、新品牌为核心的"六新"消费新生态,为宁波时尚经济高质量发展提供澎湃新动能。

(一)优化和拓展时尚消费空间,打造新兴非标商业样本

对标国内一流城市,坚持高标准规划、高品位建设市区级商圈。邀请专业时尚人才参与设计规划、邀请时尚设计院校提供人才支持和智库支撑,在借鉴国内外时尚商圈成功经验的基础上,彰显宁波特色。重点推动泛三江口国际一流商圈、东部新城高端奢侈品商圈等商圈的改造提升,业态互补、错位发展,着力打造若干现代时尚、名品聚集、服务优质的国际化区域性高端时尚产品消费聚集区;坚持"一街区一特色"推进商业步行街提档升级。推动设施改造、业态互补、错位发展,融入十里红妆、红帮传奇、时尚东方等宁波元素,打造系列化、小而美、足够潮的商旅文融合街区和时尚消费新地标;鼓励实体商业借助直播电商资源优势探索线上线下融合创新营销模式,促进传统百货店、购物中心向消费体验中心、文化时尚中心等新型发展载体转变,建设一批智慧购物示范场景,拓宽消费功能;吸纳小众、新锐品牌和工作室,建设带梦胡同(DEMOHOOD)青年创意社区模式的新兴非标商业样本,创造多元化的购物空间,通过增加场景、文化、自然生态等概念,构建专属时尚IP,激发时尚消费活力。

(二)加强时尚品牌招引和培育,营造多层次富有特色的首店生态

政企合力加持,加快优化宁波首店经济发展环境。出台首店经济扶持政策,建立首店品牌大数据平台并开设首店服务"绿色通道",吸引国内外高能级品牌首

店、旗舰店、概念店入驻。效仿深圳对各大品牌企业举办"首发""首秀"活动，开设"首店"、旗舰店给予补贴；实施标志性自主时尚消费品牌培育战略，支持企业加强自有品牌建设，培育更多个性化、细分化、专业化品牌体系，促进产品向高性价比优势及智能、健康转变。指导和扶植本土创新的首创商店，并重点关注其生命周期、风险管控和价值贡献，促使品牌价值与区域资源实现最优耦合，形成示范效应，推动"首店经济"不断焕新。

（三）构建多元化时尚传媒体系，厚植时尚文化氛围

加强政府引导，构建"主流媒体＋专业媒体＋新兴媒体"的时尚传播矩阵，加快布局抖音、小红书、微博、微信公众号等新媒体平台，增加时尚传播内容深度、广度，打造国际时尚消费的风向标。整合宁波时尚传播资源，培育本土时尚媒体平台，开设时尚潮流、时尚理念、时尚消费专栏、专刊，同时引进国内外知名时尚媒体、时尚杂志、优质多渠道网络（MCN）机构，及时发布和更新时尚资讯。依托本市官媒，充分利用市民广场、会展中心、图书馆、机场、车站、港口等公共区域，建设时尚展示演示载体，营造浓郁的时尚文化氛围。利用融媒体直播进行宣传推广，加强对我市时尚品牌和时尚类活动的整体宣传，定期组织举办国际时尚消费趋势等专题发布会，引导市民形成多元化、现代化的时尚消费观念，引领消费升级。

（四）扩大政策覆盖面，强化时尚消费环境保障

由政府牵头，健全长效机制，加强宁波时尚消费基础设施建设。加强商圈核心功能区和周边整体环境美化改造，推进"智慧停车"、母婴室、无障碍设施、5G覆盖等配套设施建设，加快智慧商业转型，提升市民消费体验；加大政策扶持力度，推进全市放心消费商圈建设，不断提升消费者权益保护效能，全力打造"宁波样板"。健全市场监管和消费维权体系，畅通消费投诉举报渠道，加强商品质量、市场秩序综合监管及治理，建立消费者满意度调查评估机制，及时发布消费者满意度指数、重点商圈购物诚信指数等；坚持"政府搭台、协会主办、企业唱戏"的市场化主体原则，以"赋能高品质时尚消费新生态"为主题，着力打造贯通全年、多元融合、模式创新、涵盖全域，符合宁波实际的常态化消费促进机制，做到"每季有主题、每月有活动、每周有促销、全年可持续"。

专题三 宁波纺织服装产业新模式、新业态发展探析

近年来,随着新经济形式不断涌现和数字经济飞速发展,各种新模式、新业态如雨后春笋般涌现,这些新的模式和业态打破了传统行业的规矩,形成了全新的商业生态。所谓的新模式,是指在产业链上重新组织、整合资源和创新商业模式的新形态;所谓的新业态,是指借助数字化和互联网技术改进传统产业或开创新领域的产业形态。新模式和新业态改变了产业竞争格局和商业生态,推动了产业结构升级和经济发展,自然也深刻地影响着中国纺织服装行业。

2022年,面对多重不利因素的影响,宁波纺织服装行业、企业积极应对,不断探索新模式、新业态,积聚新力量、新动能,展现新潜力、新趋势,让"宁波装"迈入发展新时代。本专题选取典型代表企业样本数据,展示和分析了宁波纺织服装行业的科技赋能创新模式、平台赋能融通模式、园区赋能孵化模式、智能制造转型升级模式和中国传统文化赋能服装模式,同时,提出进一步完善这些新模式新业态的相关建议,希望能对未来宁波乃至全省、全国的时尚服装纺织产业的发展产生积极影响和启示作用。

一、新模式、新业态下纺织服装产业的变革与挑战

新模式和新业态的增长,迎来纺织服装行业发展的新机遇。首先,新模式和新业态为纺织服装行业带来了新的支撑点,促进了消费升级和投资机会。其次,新模式和新业态推动了纺织服装产业结构的优化和转型,引领了新一轮产业变革。最后,新业态和新模式实现了信息和商业的跨界融合,形成了新的商业生态和商业模式。

但是,新业态和新模式的兴起,也为传统纺织服装企业带来了巨大的压力和考验。首先,传统企业需要面对数百倍的竞争对手,并在不断变化的市场环境下保持敏捷。其次,传统企业需要重新思考商业模式和经营方式,进行生产流程和组织结构的变革和调整。最后,传统企业需要及时掌握新技术和新趋势,积极寻求与新业态和新模式之间的联动和合作。

二、宁波纺织服装产业新模式、新业态背景与特征

宁波是全国最重要的服装产业基地，时尚纺织服装是宁波重点发展的六大千亿级产业之一，为宁波的经济社会发展提供了强大的支撑力量。近年来，从全球经济下行到国内经济增速放缓，从竞争格局重组、成本上升到贸易摩擦加剧，再到受新型冠状病毒感染冲击，纺织服装产业经受了前所未有的考验。面对考验与挑战，宁波纺织服装企业不断探索新模式、新业态，本专题通过案例分析，归纳了宁波纺织服装产业呈现出的 5 种典型新模式、新业态，具体分析如下。

（一）科技赋能创新模式

科技引领发展，创新赢得未来。宁波纺织服装企业始终坚持向科技创新要活力，不断加大科技研发经费投入，全面提升科技创新能力，以此来凸显自身的优势，增强企业的核心竞争力，助力服装企业高质量发展。

1. 用科技定义服装，拇指衣橱成为行业黑马

拇指衣橱（浙江）服装科技有限公司（以下简称"拇指衣橱"和"拇指白小T"）不仅是做 T 恤，更是做未来；不仅要在品质上与国际品牌争高下，更要在科技创新上打好国货品牌的翻身仗。所以，拇指衣橱与宁波地方政府成立了国家级重点实验室。

国内 T 恤市场竞争激烈，在拇指白小 T 诞生前，高达 2000 亿元的 T 恤市场里，几乎没有耳熟能详的头部品牌。就在大家把重心花在 T 恤的设计与款式时，拇指衣橱却把材料科学应用在纺织领域，进行二次研发，实现上游材料端的改造升级，真正开始用科技重新定义服装。2021 年，拇指白小 T 推出新一代水光魔术 T 恤，加入了"防水、防污、防油"荷叶膜技术，仅从科技工艺入手，真正做到了抖一抖就干净，更舒适、更优质的纯棉好 T 恤。同年，拇指衣橱在冬装上跳出鸭绒、鹅绒，研发空气宇航马甲。产品选择了更轻、更保暖的气凝胶作为主要填充物。气凝胶是一种密度极低的固体，能够耐受 1000℃高温，也能扛得住 –130℃的低温，强悍的隔热耐寒性能也使其成为航空领域的"香饽饽"。通过 3D 打印工艺，将气凝胶附着在棉纤维上，从而有效锁住人体所散发的温度，轻松抵御寒冷。除了很好的保温、保暖效果，空气宇航马甲还能提供舒适、安全的背部支撑，如果不慎落水，还可以起到救生衣的作用。就这样，拇指衣橱以一款航天科技材料"气凝胶"开创了一个全新的细分品类，号称"做中国老百姓的第一件宇航服"。2022 年，拇指衣橱又接连推出清爽舒适的速干衣、抗菌衣、"一件抵六件"的防晒衣等。拇指白小

T是新一代T恤,但它又不只是T恤,更是用科技(Technology)新材料带来的T恤品质与功能的重塑,是建立在用户体验与产品品质上的发展,因此赢得了广大消费者的青睐。

据公开资料显示,拇指白小T在初登场的2020年,全网曝光5亿次,成交额(GMV)1.36亿元;2021年拇指白小T成为抖音、头条、京东男装T恤品类第一,同时也创下天猫T恤品类单日第一,不仅如此,拇指白小T的年度综合复购率已经超过20%。虽然拇指衣橱成立于2019年,算是宁波服装大家族中的新成员,但是3年时间里,拇指衣橱从2020年的1.36亿元成交额到2021年的7.8亿元成交额,再到2022年的10.2亿元成交额,仅靠一件基础款白T恤,就打造出了差异化的品牌路径。用科技赋能服装,不仅使拇指衣橱弯道超车,而且将注定企业将来会走得更加稳健、更加遥远。

2. 科研创新抢机遇,大发化纤变废为宝创效益

纺织类企业产生的边角料、废旧聚酯等,数量相当庞大,而且处理这些废品异常困难,如果让其自然降解则需要上千年的时间。而宁波的余姚大发化纤有限公司(以下简称"大发化纤")将资源进行绿色转化,利用废旧聚酯生产出具有低熔点的复合纤维,作为仿丝棉、隔音板、床垫、汽车内饰等用品的原材料,完成了聚酯纺织产业链的最后一环。废品利用的每一道工艺都切实贯彻绿色生态理念,从设计到采购、运输、储存、消耗、产出再到使用,都能有效控制产品全生命周期对资源环境的影响。数据显示,每利用1吨废旧聚酯,相当于节约6吨石油资源,减少3.2吨二氧化碳排放。大发化纤"专吃"废旧聚酯,年吞吐量超10万吨,相当于公司一年节省60万吨以上的石油资源,减少32万余吨的二氧化碳排放,是名副其实的变废为宝的绿色企业。同时,公司实现年销售收入近20亿元、税收近3000万元,创造了可观的经济效益。

大发化纤之所以能够变废为宝,其秘诀是科技创新。自2013年公司成立之日起,大发化纤就以绿色生产、循环经济为理念,相继引进了浙江理工大学、上海大学研发团队,设立了企业院士科技创新中心和企业工程(技术)中心,成立了再生低熔点复合短纤维循环经济研发创新团队,抢抓双碳战略机遇,持续增加研发经费投入。最近三年,大发化纤投入的研发经费近1.8亿元,年平均研发费用占销售总额的3.5%,以保证公司投入的新产品,其技术标准达到国际先进水平。目前,大发化纤拥有有效发明专利15项,参与起草国家和行业标准6项,并将中国标准在全球推广,建立起上下游可追溯的绿色供应链。2022年,大发化纤申报的"废弃聚酯高效绿色循环利用关键技术研究及复合短纤维开发"被列入市科技局双碳科技专项，获得 300 万元专项科技经费支持。同年，公司又荣登国家工业和信息化部绿色制造企业"绿色工厂"榜单。

（二）平台赋能融通模式

在"互联网+"背景下，宁波纺织服装企业纷纷建立开放式赋能平台，共享市场、品牌、技术、设计等资源，实现融通发展。

1. "B2B+O2O"，搜布开启面料买卖新模式

纺织服装产业是宁波的重要产业，也是我国的优势产业之一，但因为布料不是按照国家颁布的统一的行业标准和规格制造的产品，所以服装企业在找布料和买布料的过程中往往存在信息不对称、低效冗杂、环节繁多、层层加价等问题，导致服装厂找布料难、买布料烦。为了找布料，宁波的服装企业不仅要跑到广州中大布匹市场、绍兴中国轻纺城去，而且经过两三个环节的流转，到企业手里，其溢价已是 30% 以上。针对这一行业痛点，宁波搜布信息科技有限公司（以下简称"搜布"）创新设计了"搜布 App"移动互联网找面料平台，做起了"互联网+"的大生意，一跃成为国内面料撮合交易的领军者。

与传统互联网面料展示交易平台不同，"搜布 App"是由服装企业发布需求信息，由面料供应商接受信息，消除了服装企业找面料过程中信息不匹配的困扰，增强了交易的主动性、活跃度，扩大了选择面，减少了布料流通到买家手里的环节，降低了交易成本，交易成功率和效率得到提升。针对服装企业 B2B 在线交易的最大问题，即无法亲身感受面料的质地、手感、色差等，单凭几张图片也很难马上决定是否完成最后的交易，搜布建立了线下布料体验服务管理中心，在宁波、绍兴、湖州、广州等地建立了办事机构，帮助供求双方提升体验感，开启了国内纺织服装业首个"B2B+O2O"的创新模式。成衣厂家和设计师都可以发布需求，待供货商对接确认后，就可以亲自前往管理中心，现场体验新款面料的质地等，从而解决了布料交易过程中这个最后环节的困扰。只要面料需求者发布需求，就会有供应商跟他对接，一般 5 分钟内就会有响应，即使是在深夜也会有供应商对接需求。目前，"搜布 App"已经云集了几十万家面料供求企业，搜布也成为全国纺织服装领域面料撮合交易的冠军企业。

2. "服装产业大脑"，提升产业链全生命周期

2022 年 3 月，由宁波市政府和中国联通宁波市分公司等共同打造的产业大脑平台——"服装产业大脑"正式亮相，该平台以宁波时尚纺织服装产业优势和产业集群特色为依托，广泛整合时尚纺织服装企业和各类服务资源，打通时尚纺

织服装企业的产业链、创新链、供应链、贸易流通等数据，利用信息化技术，实现"千人千面"，帮助企业精准对接产业链上下游，有效破解了设计人才匮乏、高端面料研发生产能力弱、内贸市场销售能力不足等宁波纺织服装产业发展所面临的许多瓶颈。

以服装设计为例，"服装产业大脑"与纺织印染供应链平台"纺链"合作，汇聚全国优质的企业设计资源和设计师、打版师资源，形成一个设计交易平台，为"服装产业大脑"用户提供设计、打版服务，从而缓解了宁波服饰设计研发能力弱和优质打版师资源紧缺的问题。同时，利用 3D 量体技术和元宇宙技术，设计师的方案能快速在元宇宙世界呈现；通过虚拟现实技术，服装企业可以在虚拟世界开展一场场走秀，让"宁波装"从设计到定版的时间大大缩短。例如，通过该平台的设计服务，宁波伟楷服饰有限公司完成十几款服装的在线设计，产品研发周期下降 9 成。

另外，"服装产业大脑"的统一订单管理平台，可把成百上千商家的订单资源直接精准匹配到宁波服装生产企业，还能帮助服装生产企业分析款式、面料、颜色等多维度趋势，使其更精准地把握客户的选择意愿。

"服装产业大脑"的工业软件还可以有效地把控服装的生产工序，至少提高 15% 的生产效率，同时降低 20% 成本。总之，"服装产业大脑"平台可实现资源共享、优势互补，为一件衣服从设计、生产、供应到营销的全产业链赋能，对服装产业的全生命周期进行提升，助力宁波乃至全省、全国的纺织服装产业迈向高质量发展。

3. 元宇宙 +NFT，数字设计交易平台赋能纺织服装

宁波元尚出品数字科技有限公司（以下简称"元尚"）尝试打造了纺织服装产业元宇宙项目，并将其命名为"出品"。通过打造 NFT 数字服装版权交易平台，可从设计资产的数字化切入，形成从交易到登记的双边市场，进而使原材料状态、加工产能和设计协同贯穿在线，让离散型设计、制造成为可能。

所谓的 NFT，是一种基于区块链的非同质代币，标志着独一无二的数字资产。NFT 为数字版权提供了确权机制，完善了知识产权保护，将"让设计师活得更有尊严"。不仅如此，有了元宇宙的加持，数字服装有望打破"次元壁"，实现千人千面专属定制。例如，时下年轻人热衷于《王者荣耀》这款游戏，角色身上的"皮肤"可以由太平鸟提供；GXG 的新款服装可以在虚拟世界预售，方便商家准备库存，面料商可以模拟各种花纹材质组合。

目前，出品构想的元宇宙场景，已实现数字作品的登记和保护，接入了流行趋势平台赋能设计师，并为宁波"服装产业大脑"提供配套。作为一项长期工程，未来虚拟世界的面料材质会更逼真，实时交互的参与感会更强。随着技术进步，人、货、场都在变化，在短视频时代，用户从淘宝到抖音就是"场"的转变。到了元宇宙时代，人们可以畅想"场""货"的巨大变革。在新的"场"中，人人都是设计师，不仅可以"卖衣服"，还可以"卖像素"。

元宇宙并不等同于大家熟知的AR、VR、虚拟人物等技术载体，而是一个生态联盟。它能够汇集产业链上下游的玩家，且每个参与者都要认同统一的游戏规则。在宁波，打造纺织服装产业元宇宙，有着得天独厚的产业基础：宁波是中国男装之都，拥有800余家规上服装企业，不乏雅戈尔、太平鸟、申洲国际等产业龙头。希望元宇宙带来的价值，不是把平面变成3D、把实体搬上云端，而是让行业的本质发生变革。未来，服装设计师将通过NFT，从版权交易中共享销售收益；广大品牌商也将不再拘泥于价格战，而是拓展精神文化追求，做生产数字服装的工厂。

（三）园区赋能孵化模式

近年来，宁波积极推进时尚服装产业链的发展，呈现了产业园区赋能培育孵化、协作共创的模式。例如，博洋控股集团前洋26创业园的内部孵化融通模式，通过建立双创激励机制，孵化内部创业团队；又如，宁波云裳谷纺织服装时尚科技产业园的生态圈融通模式，通过投资孵化、资源赋能、引企育企，构建产业生态，助力生态圈中小微企业提质升级、加速成长。

1. 内部孵化，裂变创新，开启多品牌经营新时代

宁波博洋控股集团是一家集品牌营运、产业营运、资本营运为一体的大型集团，已形成家纺、服饰、商旅、家电四大集团，空间、金融、创服、工业、物产等五大板块的组织架构。博洋控股集团前洋26创业园（以下简称"园区"）位于浙江前洋经济开发区，是由博洋控股集团全资控股的企业孵化园区，总投资超3亿元，面积达40000平方米。园区本着"时尚、创新、科技、赋能"的理念，依托博洋控股集团的资源优势，通过内部孵化融通模式，对产业进行多元化整合。通过梳理大中小企业产业链，推动资源共享，并以金融为纽带，联合各大投资机构、咨询公司和创业导师团，从实践的需求出发，促进与资金、技术、人才、项目、信息等资源对接，为企业提供咨询、培训、诊断、政策等专业服务，以及包括工商、税务、行政、财务、法务等一系列基础服务。此外，与国内各大高校建立长期合作关系，为入驻园区内的企业提供高校对接。由此，园区培育了众多创业团队，孵化了众多品牌，如博洋生活、博洋七星、博洋家居、别样时光、博洋美好生活馆、博洋新媒体学院等。

（1）以平台为载体，建立和拓展大中小企业服务链。以全国纺织服装企业领先者——"博洋家纺"总部为龙头，以纺织服装、家居家电、文创设计、电子商务、"互联网+应用"、教育培训六大主题为主要孵化项目和产业引进方向，园区引入中小型产业链企业，对产业进行多元化整合，促进了产业链上下游的合作与对接。一是不定期举办论坛、讲座、沙龙、异业联盟等活动，有效地建立了企业之间高质量的沟通交流平台，促进了产业技术的交融与发展。如园区举办的企业座谈会加强了园区与企业、企业与企业的交流与沟通，推动了园区服务与管理的提升。二是园区协助企业开展相关推广活动，如市集活动、新媒体宣传等，更进一步地帮助企业搭建起了产业平台和资源对接平台；通过一系列的活动推荐优质企业进入前洋产业赋能中心，结合各企业优势产品共同打造"时尚生活集合店"品牌，并通过独立店的形式从更多维度为园区企业提供了品牌输出的窗口。

（2）以创新为驱动，推动产业技术有效发展。一是园区聚焦企业核心诉求，助力企业在技术领域的研发与创新，促进龙头企业平台化服务，为各个企业的产品设计提供大数据测试、分析等服务。二是不断挖掘创意设计的重要性，依托博洋家纺优势技术不断发展、整合技术资源和创意能力，现已获评"中国纺织行业工业设计中心""家纺（床上用品）流行趋势研究中心"等殊荣。博洋家纺专业打样间的配备更在企业新型产品孵化的过程中为其提供了有力的支持，同时园区还配置了国家级检验检测中心——博洋家纺集团检测中心，时刻为入驻企业提供最专业、最前沿的检验检测服务。三是在对接设计师与品牌合作的过程中，园区集中组织优秀作品、产品开展展览展示活动，积极推荐相关优秀产品参加创业活动，直接增加企业及其优势产品的市场曝光量，有效促进了企业产品的快速成长和迭代。

（3）以人才为核心，提升队伍战斗力。一是开展校企合作，园区聚焦青年人才和专业人才的发展，与宁波各大高校和国内知名院校建立了长期合作关系，为入驻园区的企业提供高校人才对接与输送，深入挖掘企业价值与产业发展的可能性。例如，与浙江纺织服装职业技术学院合作，进行"博洋集团直播营销项目人才培养"项目的专项技术培训。二是推动人才共享共用，园区建立专项人才培养基地——博洋新媒体学院。学院以博洋集团内部各电商直播团队为基础，汇集人才，开发具有普适性、理论化、实操强的电商直播培训课程，携手各电商平台、龙头企业、高等院校等，基于品牌思维，以赋能行业、培养创业创新型人才为己任，促进电商直播人才的可持续培养与发展。

（4）以金融为纽带，优化大中小企业资金链。园区为不同企业量身定制专属入驻扶持政策，通过集团"裂变"以及"招、领、引、评"等多种手段甄选优秀企业和项目，并为之提供相应的优惠政策，如为进驻的优质企业免租期，为通过评审的企业根据不同等级提供2万~20万元初始启动资金、5万~50万元种子基金及50万~300万元天使基金。与此同时，园区与永鑫小额贷款、海纳投资集团等金融公司达成专项投融资合作，为企业提供贴息贷款、担保贷款服务，有效推动了优质企业的高效快速发展。

（5）以市场为导向，延伸大中小企业供应链。品牌的竞争不仅是制度和设计能力的竞争，同时也是供应链的竞争，博洋集团具有优势的供应链，拥有坯布、印染及生产加工整体产业链。针对国内面辅料供应商及成衣厂商的优势特点，建立了一套有效的供应商管理机制，实现了供应商、生产商和品牌发展的良性互动。在集团平台的协助下，园区推动供应链供需对接，结合自身的资源优势，有效解决了中小企业在供应链拓展和产业发展过程中的核心问题，降低了企业成本和风险，提高了企业产品成长的成功率。园区践行博洋控股的"裂变文化"，结合产业链的融合打通，不断实现创新裂变。目前，"博洋控股"总共裂变出20余家营收超千万元的公司。以博洋家纺为例，其现已裂变出16家子公司。目前，博洋家纺与博洋生活双品牌已在全国拥有1000多家门店，其中博洋生活自品牌立项一年来已开出超400家实体门店。2022年，宁波博洋家纺集团有限公司累计实现工业总产值10.46亿元，未来，家纺行业趋势是体验式、服务式、舒适化、个性化。在服务升级的今天，博洋集团注重产品研发和技术创新，博洋家纺通过服务附加值增强消费者对于品牌的忠诚度跟黏性，同时增加品牌议价能力，例如，与相关研发机构如杜邦、3M、山宁泰、兰精等进行技术合作研发，引进德国、瑞士等前沿技术与材料，逐步开发出新型科技类产品，如速干、抗菌、发热等其他实用型科技，计划应用在各品牌全品类产品中，目前公司共拥有12项外观专利，14项实用新型专利，4项发明专利。

综上所述，园区赋能孵化模式呈现出以下三个创新点。一是建立有利于激发创新活力的体制机制，让公司"裂变"。博洋控股集团调整了体制机制，实行"三个市场化"战略，即产权市场化、人才市场化、资源配置市场化。目前，博洋集团各个板块共有7000多名员工，正是通过体制机制调整，得以让有能力的人有热情、有途径跳出来去创业、创新，并实行"以总经理为核心的企业文化"，让子公司更有生命力地发展。二是围绕核心产业进行"裂变"，找到足够长的跑道。博洋的两大核心产业是家纺和服装。在服装跑道中，博洋已经从休闲服发展到家居服，果壳家居服成为中国家居服品类里销量靠前的品牌之一；女装品牌德玛纳已经衍生出十数个品牌，建立了瑞品时尚集团。在家纺跑道中，已向家电方向发展演变成大家居，大家居对接空间产业，空间产业有大量的创业机会，合起来就是美好生活，美好生活便是博洋今后的主跑道。三是创新公司治理结构，保持每家创业公司的成立、章程、运作等完全独立，并独立开展业务。

2. 资源赋能，链式育企，中小企业协同创新发展

云裳谷纺织服装产业创新综合服务平台（以下简称"云裳谷"），是由服装行业龙头企业斐戈集团投资，联合国内外高端智库、知名高校、科研院所和业内外专业机构共同打造的纺织服装融通发展平台。该项目立足于宁波雄厚的时尚服装产业基础，依托斐戈集团在产业、技术、资金、品牌、供应链等方面的资源沉淀，改扩建斐戈集团40000平方米土地内的物理空间，搭建创意设计、技术研发、品牌孵化、电商直播、面辅料供应、数字化智能制造、展示展销、外综服务、科技金融等几大功能中心，配置会议室、报告厅、路演厅、洽谈区、直播间、人才公寓、美食餐厅等共享空间，为纺织服装产业集群的中小微企业及团队搭建了一个集品牌孵化、研发设计、智能制造、面辅料供应、外贸综合服务等功能于一体的龙头企业引领发展的纺织服装融通发展综合服务平台。

平台以"资源+资本+服务"为核心，秉持"专业、共享、赋能、共赢"的理念，通过搭建时尚服装专业化创新平台，整合龙头企业全产业链资源，吸引纺织服装产业链上下游企业集聚，推动产业上下游企业间互相学习、合作交流，促进产业链协同创新与生态化联动，从而实现"1+1＞2"的效果，推动大中小企业融通发展。

云裳谷按照产业创新供给侧结构性改革的要求，提出了"围绕产业链、部署创新链、打造服务链"的发展思路，从纺织服装产业的支撑体系来布局服务功能，形成了具有自身特色的创新服务体系，组成了强有力的规划、实施和运维团队。每个团队各司其职，层层抓规划优化、功能集聚和服务拓展等工作，形成了完整的项目总体规划架构、特色发展和错位发展的功能布局、横向拓展和纵深推进的融通格局。云裳谷重点突出双创孵化、公共服务、技术创新等体系资源的导入与配置，以形成产业创新服务的核心价值。

（1）双创孵化服务。一是通过引进、合作、培育相结合的举措，鼓励纺织服装专业毕业生、行业专家和青年才俊来本平台创业。二是分类设立创意设计、智能制造、商务营销创业孵化区，提供装修风格与整体布局适合不同细分领域的梦想智创场地。三是提供政策扶持、资本搭桥、信息发布、创意成果展示转化等一站式服务，并建立集创意设计、制造、检测、展示、交易转化的产业服务链。鼓励围绕研究生创业从物理空间到资金投入及创业辅导一系列节点构建创新创业的体制机制；鼓励斐戈集团内部员工创业，从职责分工、组织实施、收益管理等几个方面对成果许可、转让、折价入股及自行转化等各类流程进行规范，进一步促进纺织服装产业孵化苗子生根发芽。云裳谷自2018年下半年运营以来，实现了从"传统制造"到"智能制造"、从"普通园区"到"创意园区"、从"企业专享"到"开放共享"的三大转变，同时，从数字化创新、产业平台转型、商业模式变革等层面打破了服装产业传统运营模式。先后被认定为"国家级双创平台双创融通项目""国家级制造业双创试点示范项目""国家级创意设计试点园区""国家智能制造优秀场景""浙江省纺织服装产业创新服务综合体""浙江省四星级小微园区""浙江省中小企业公共服务平台"以及"浙江省服务型制造示范平台"等。

（2）创新体系建设。以纺织服装设计、制造装备、原辅料和成品检测智能化提升、面辅料精细化与高端化改进、创意设计为对象，建立"一核多极"的创新体系。一核是指以依托斐戈集团5G数字化智能制造为核心，加大研发投入力度和开放程度，将以企业内部服务为主转向技术向外开放共享为主。多极是指以平台为龙头，带动较大规模的区域内企业与已经建立全面合作关系的东华大学、浙江理工大学、宁波大学、浙江纺织服装职业技术学院、中国科学院宁波材料技术与工程研究所等高校科研机构共建行业技术研发中心，开展产业共性和关键技术研究，并通过科技成果交易市场体系，促进研究和设计成果转化应用，再通过孵化、中试、产业化等途径，为产业转型和可持续发展提供内生动力。强化以人才、技术和资本为核心的创新服务供应链建设，广泛吸纳管理咨询、知识产权、行业标准、媒体传播、品牌塑造等新型优质资源向周边乃至全国、全球辐射与输出。

（3）聚焦纺织服装产业的专业化平台。云裳谷立足于区域发达的纺织服装产业，站在传统纺织服装行业转型升级的风口，致力于发展为能够服务从产业链源头（技术研发和创意设计）到末端（市场营销）的完整链条的产业链级资源汇聚平台。这实现了浙江省乃至全国纺织服装专业级大中小企业融通发展平台零的突破，为地区创业创新服务体系建设提供了示范带动作用。

（4）突破资源整合共享瓶颈。云裳谷自筹划之初就提出了"专业、共享、赋能、共赢"的八字方针，并实施"三个一批"资源整合和共享途径，即"对外开放一批、集聚集群一批、孵化培育一批"。"对外开放一批"是指以斐戈集团多年智能制造与产业服务积淀为原始服务资源，最大限度地对全产业链开放，以身作则宣扬共建共享大数据库的竞合发展理念，扫除中小企业参与协同创新的顾虑。"集聚集群一批"是指围绕产业链、创新链和服务链各个环节，广泛吸纳产业链上下游中小企业，以合作加盟和入驻等多种途径集聚集群，发挥各自在链条上不同环节的专业特长，为不同需求者提供创新服务。"孵化培育一批"是指快速形成平台的孵化培育功能，着重针对创新链和服务链上相对贫乏的资源，通过招商、选商途径，吸引有识之士，提供专业孵化与培育服务，逐步补齐创新服务短板。

（5）先进的智能制造生产服务系统。云裳谷基于纺织服装产业个性化定制的发展趋势，通过"互联网+"、大数据、区块链、云覆盖等技术集成，创新性地搭建了先进的智能制造共享服务系统。一方面，为平台内外企业共建共享信息提供了切实可行的合作方案，通过供应链新模式驱动产业链各环节，实现订单、设计、面料、设备、工厂、数据的整合共享，打造服装产业共享经济新生态。服务对象为纺织服装产业链各节点的企业和机构，其中相当一部分企业和机构既是服务资源的提供商，同时又是接受服务的对象，如创意设计资源的提供商，可为纺织服装生产制造和经营性机构提供款式和流行趋势等资源，同时又要借助数据库获取设计需求、推广与后续的打版、制造等资源，实现设计成果的转化。另一方面，以该服务系统为纽带，串联订单交易、综合服务、创新设计、原料供给、智能制造，形成以"小单快反"为核心的创新服务体系，达到技术聚焦、效率提升、结构转型的目的，大大提高资源供给端和需求端的反应速度，实现资源效率、效益叠加，大幅降低整个产业的成本，提升区域产业的水平。

截至目前，云裳谷时尚科技园已汇聚了时尚服装产业相关联企业100余家，培育了25家科技型中小企业，线下引进海内外知名设计师5名，线上联动设计机构35个，成功孵化了30余个设计师品牌。平台先后开展了各类产业链对接、时尚趋势发布、智能技术推广等活动80余场，带动近千家纺织服装企业与行业龙头企业、高校院所、设计机构深度对接。此外，平台还与8家银行建立了新型伙伴关系，引进了30亿元产业授信，累计为平台内15家企业提供了超5000万元的信贷支持。二期打造的2000平方米潮流品牌集合店为区内外设计师提供了展示展销窗口，汇聚了40余个设计师品牌，是宁波目前最大的时尚品牌集合中心，作为平台服务链延伸的Y11时尚街区也已成为社交网络打卡新地标。

（四）智能制造转型升级模式

1. 全连接工厂，雅戈尔智能制造5G+转型

宁波雅戈尔服饰有限公司（以下简称"雅戈尔"）是一家有着43年发展历史的时尚服饰企业，雅戈尔秉持创立初心——中国人以穿着民族品牌为荣，埋头耕

耘，以近乎执着的勤勉，搭建起贯穿棉花种植、纺纱织造、成衣设计、制造加工、零售终端建设的全产业链格局，努力推进品牌从工业化走向时尚化、个性化，力争民族品牌走向国际平台。数据显示，雅戈尔男西服连续22年全国市场占有率第一，男衬衫连续25年全国市场占有率第一，全国纺织服装品牌第一。2022年，宁波雅戈尔服饰有限公司累计实现工业总产值42.47亿元，同比增长5.37%；雅戈尔服装控股有限公司累计实现工业总产值27.03亿元，同比增长6.86%；雅戈尔服装制造有限公司累计实现工业总产值17.55亿元，同比减少2.6%。2022年，雅戈尔对《第六个五年发展规划》进行了修订，确定了时尚产业的发展方向，明确了产业投资的基本策略。

在5G尚未大规模商用时，雅戈尔即积极拥抱创新技术，开展"5G数字化车间探索"战略规划。雅戈尔集团与宁波联通联手打造全球最大的"全连接5G+西服智能工厂"，通过综合运用5G、大数据、云计算、边缘计算、人工智能等前沿科技升级改造。改造后的工厂，成功实现产量、产能提高，人工成本降低，并成功入围2020年工业互联网试点示范项目名单。近年，雅戈尔逆势加大投资，累计投资50亿元。其中，2022年"5G全连接产业链规划"作为主要投资方向，覆盖3D协同研发设计、智能智造、智慧物流、智慧营销等全流程，让5G、大数据、人工智能等前沿科技贯穿设计、物流、生产、营销的各个方面，真正实现智慧化和智能化。

在数字化发展领域，国家将"打造数字经济新优势，营造良好的数字生态"列为"十四五"时期任务目标之一，同时用国家最高级别的发展纲领性文件为数字化保驾护航，数字化经济已是大势所趋！从数字经济的GDP占比看，德国、英国、美国数字经济GDP占比超过60%，数字经济成为其国民经济的主导。相较之下，中国数字经济的GDP占比为38.68%，低于全球的平均值43.7%。因此，加速打造高端产业和数字化建设，是拉动GDP增长、建立全球竞争优势的必然举措。雅戈尔作为全国纺织服装行业龙头企业，为推进转型升级，开启数字化进程，在其全连接工厂项目上，确定了4个方面：一是项目目标实现标准化、数字化、自动化、智能化、平台化，以达到解放劳动力、聚焦脑力、实现持续创新的目的。二是业务目标是柔性生产、云制造（异地一体化），实现生产周期缩短和生产成本降低。三是监控对象包括经营目标、产前技术准备、产前业务准备，以达到对生产过程和设备运营等方面的管理。四是系统目标是达到可视化、透明化、可预测、自适应，构建智慧调度中心。

雅戈尔5G+MEC组网建设、5G全连接工厂，并不是将5G技术与工业互联网进行简单叠加，而是一个对边缘计算、数据安全、网络建设等多方面有着多重要求的系统工程。建设5G全连接工厂,最终目的不是5G的应用和多接入边缘计算的应用、结合,而是服务生产经营,将信息技术(IT)与运营技术(OT)深度融合。雅戈尔5G全连接工厂,主要有6大典型应用场景,分别是智能车间规划、IOT互联、智能决策、业务应用、数字孪生、AI智能。雅戈尔的工厂特点是规模大、流程多,所以提前规划可避免空间浪费,也可优化生产过程中的流程,从CAD排料到最终成品入库的十几个流程都有5G技术的身影。雅戈尔通过对生产过程中各生产设备和各类生产原料的数据采集,利用数字孪生技术,将雅戈尔的西服工厂车间1:1搬至虚拟世界,帮助企业实时掌握、了解生产现场所有情况,包括数据、工位、效率、设备运营状态、订单生产情况等。更重要的是,这一虚拟世界可精准详细地描述每个因素对生产全流程所产生的影响,从而计算出最优的结果并应用于现实之中,由此帮助企业以最低成本获得最高效率。借助数字孪生技术,雅戈尔成为全球首家"数字孪生"服装制造企业。

数字化转型对企业来说最实质的增长价值就是"降本增效"。对雅戈尔而言,除降本增效之外,还有"夯实竞争壁垒,拉升行业地位"的作用。数据显示,雅戈尔凭借"5G+工业互联网"统一标准、统筹调度,实现一件成品反应速度从15天下降到5天,高级定制生产周期从15天下降到5天,批量订单生产周期从45天下降到32天,工位在制品从56件缩减到10件,产品不良率降低20%,生产效率提高25%。

2. 深化产教融合,高校助推产业升级转型

2022宁波时尚节暨第26届宁波国际服装节于11月11—14日举行。作为深度参与时尚节的在甬高校,浙江纺织服装职业技术学院(以下简称"浙纺服职院")展馆被评为最具"未来感"的展馆,其设计主题为"启元",强调了纺织服装数字化趋势。在这里能看到时尚产业的无限可能:利用人工智能和虚拟仿真技术,一件衣服从设计、剪裁到样衣展示,包括虚拟模特走秀,一"键"触达;在这里能看到纺织材料、机织织造和人工设计相结合的强大创造力:学校罗炳金教授团队用时25天,完成了宽2米、长50米的《清明上河图》织锦作品;在这里还能看到传统文化如此"Fashion":艺术学院人物形象设计中韩项目专业的42名学生还原了宋代生活图景,设计媒体学院动漫制作技术与游戏艺术设计专业的学生玩起了国潮动漫,把《王者荣耀》搬到了时尚节。学校展出了3个前沿的数字化产品,除了服装虚拟展示和巨幅《清明上河图》外,还有中英时尚设计学院推出的用于服装产业的绿幕技术,在直播间、在教学及线上发布的过程中切换背景,适于市场新需求。

据悉，作为宁波本土具有时尚纺织服装完整专业链的行业特色院校，浙纺服职院已是第 26 次参与宁波时尚节。时尚节期间，浙纺服职院推出中东欧专题发布秀等 6 场大秀；召开第六届全国纺织机器人应用高峰论坛、数字化服装设计与应用等 3 场论坛；发布《2021—2022 宁波纺织服装产业发展报告》，为宁波时尚纺织服装产业与文化的发展，提供了实证数据分析和前沿研究成果。26 年来，浙纺服职院深度参与时尚节，把它作为学校深度参与企业、产业发展及展现学校教学成果的一个舞台。希望在未来，浙纺服职院能够继续助力服装产业转型升级、为宁波服装产业的自主创新提供源源不断的人才与技术支持。

此外，浙纺服职院与浙江凌迪数字科技有限公司合作共建了"数字化纺织服装设计研发中心"，该研发中心从人台模特到面辅料选择，再到成衣展示，均做到了数字化和智能化。3D 款式设计、3D 在线改版、3D 审版，包括虚拟模特展示成衣效果等，均可通过数字平台实现。在服装制作环节中，学校数字化未来工厂能智能输出工艺单、智能拆解工序和动态调整产能等，可大大缩减成本、提高效率，这正是服装企业转型升级所亟须的信息化产线。通过该研发中心，浙纺服职院打造了"标准引领、数字孪生"实训教学模式，不断深化产教融合的数字化人才培养，为纺织服装产业输送了大量人才。学校通过现代企业转型发展亟须的数字化未来工厂助推企业发展，和企业联手进行 3D 服装设计、智能制造等相关环节的探索，赋能纺织服装产业数字化转型升级。3D 数字化技术以虚拟服装的方式，突破了人们对于时尚的想象，为服装品牌注入了"未来感"及"科技感"。

（五）中国传统文化赋能服装模式

宁波红传服饰有限公司（以下简称"红传"）自参加宁波时尚节以来，在中国优秀传统文化的创新性转化和创造性发展方面不断进行积极探索，从中国传统服饰元素的一粒小盘纽开始，以对中国传统文化的传承和创新为设计创作重点，遍及对衣礼古典文化哲学和现代时尚场景应用的深思。

红传坚持匠心，深挖独有的阳明文化基因，把圣贤"知行合一"的思想践行到自己的行动中，把千年的文化属性、大美河山注入服装的一针一线之中，创建独具文化时尚特质的场景化成衣品牌 CHOICE YIN，展示了华夏服饰文化的特色表达，得到了市场的肯定和众多专家的高度认可，也获得了一系列荣誉，已成为中国风原创服饰的代表性品牌。

在 2022 年宁波时尚节现场，红传整个展位以复古与时尚相结合的宋韵美学风格呈现，用一块布料来诠释红传"匠心"传承，用代表高风亮节的竹子来展示格物致知的场景，与红传服饰的陈列巧妙融合，幻化成人世间唯美的衣礼符号——良知·衣礼。红传展位还设置了现场观众互动活动，通过数字交互，用电子大屏直播时尚节现场盛况，现场观众可近距离体会数字赋能时尚带来的时尚、便捷和品质生活感受，跨越时空品味心学奥秘，让在场的每一位观众感受阳明文化的时尚表达。

三、宁波纺织服装产业新模式、新业态面临的发展瓶颈

在全球经济持续下行、国际贸易摩擦加大、国内外市场需求不断减少等多重因素影响下，纺织服装产业正面临着巨大危机与挑战，包括产能转移、部分区域停工停产、物流配送运转不畅、原料产品价格高位增长等。随着新型冠状病毒感染防控措施优化，企业活动逐渐恢复，行业的景气度开始不断提升，宁波纺织服装产业的新业态、新模式精彩纷呈，但要真正形成燎原之势，仍存在一些问题和困难，亟待予以解决。

（一）核心技术存在短板，产业层次仍处低端

2022年，宁波纺织服装产业产值已超1300亿元，占全省的13%，出口交货值超300亿元，占全省的17%，但是高技术、高附加值产品研发不够，在高性能纤维、高档面料、绿色染整技术、高附加值产业用纺织品、高端纺织设备等关键领域仍然较弱，产业层次总体仍处于价值链中的低端环节。而国外纺织产业先进地区，虽然制造业规模在达到历史鼎盛后逐步缩减，但在关键核心技术方面仍掌握着主导权。例如，日本作为世界顶级PAN基碳纤维供应商，全球排名前三的企业均来自日本，约占小丝束碳纤维市场50%的份额。再如，全球纺织品研发的领导者美国，建立了先进功能纤维制造研究中心（AFFOA），致力于先进纤维材料的研发，将传统的纤维和纺织品制造升级为高度复杂的、集成化的物联网制造系统，以实现制造业的变革。

（二）产业链创新链协同不完善，数字化融合进程受阻碍

近年来，宁波积极推进时尚服装产业链的发展，"未来工厂""产业大脑"等数字化转型政策取得了显著成效，但雅戈尔、申洲国际、康赛妮等龙头企业，单项冠军、专精特新企业等，仍未能充分发挥产业链资源优势，无法为宁波纺织服装产

业创新协同发展提供有力支撑。实现产业集群的发展将对传统的物理空间集聚模式构成挑战，同时也对建立数字化深度融合的产业生态系统提出了更高的要求。纺织服装企业普遍面临成本上涨、盈利水平下降、研发投入增速放缓等共性问题，尤其对技术研发投入资金有限的中小微企业而言，更是面临着数字化转型升级的严峻挑战。仅凭企业自身的摸索，加上成本巨大、周期漫长、回报缓慢等因素，无法形成产业链协同效应和规模效应，这就是"不愿转、不会转、不敢转"的中小微企业在数字化改造道路上的真实写照。

（三）高端专业人才匮乏，创意研发能力亟待提升

宁波纺织服装产业聚集区正在迅速发展，以龙头企业引领中小企业协同发展，但由于专业知识技能人才匮乏，相当数量企业仍然难以找到合适的智力支撑，尤其是高性能高增加值纺织品化纤及布料、潮流成衣衣物、高新家纺品、工业用纺织品和智能制造技术装备等领域的研发与原创设计能力受到了严重的限制，迫切需要创意设计人才的加入，以满足市场的需求。经统计，宁波拥有国家级服装设计师2人、制版师6人，企业在招聘高端创意人员、现代企业管理人才和高端技能人员时往往存在"引进难、留不住"的困扰。同时，相关专业在宁波本土院校数量有限，导致输送的专业人才总量受限，且部分校企合作缺乏深度，不仅导致了复合型技能人才培养的短缺，也阻碍了行业实现时尚化、数字化和智能化的创新发展和全面提升。

（四）产业集群内竞争激烈，协同发展体系亟须形成

宁波纺织服装产业集群特色显著，"宁波男装"等品牌早已打响了知名度。然而，集群区域内企业之间竞争激烈，忽视了品牌营销、创意研发、媒体宣传等环节与生产制造的紧密衔接，体现了较弱的产业链供应链的响应能力。然而国外纺织先进地区已形成以研发、设计、营销为核心，以制造为基础，以自主品牌为标志的一体化协同发展体系。例如，意大利纺纱服装生产企业分布十分集中，共有17个纺纱服饰工业区，构成了一个模块化的地区分布格局，并且建立了一个完善的地区间合作系统，聚集了各司其职的供应商和服务商，从科研、面料供应、设计、生产制作到媒体宣传，完善了产业链，各环节之间也实现了互联互动，使其市场反应更加迅速，大大提升了产业的创新能力和应对外部科技和市场变化的能力。

四、宁波纺织服装产业新模式、新业态发展的对策建议

（一）以科技创新为引领，加快建设现代化产业体系

科技创新让部分纺织服装公司快速提升了在国内外市场的占有率和品牌美誉度，获得了良好的社会效益和经济效益。因此，宁波纺织服装产业应该以科技创新为引领，加快建设现代化产业体系。

1. 优化创新生态体系，完善协同创新机制，为纺织服装产业的产学研协同创新提供动力和支持

宁波市、区（县）政府可以整合和利用本地高校、科研机构乃至国内外的其他高校、科研机构的研究开发资源，为宁波纺织服装企业提供合作机会。作为宁波时尚纺织服装行业特色高等职业院校——浙江纺织服装职业技术学院，已与多家重点企业开发产教融合项目，通过现代企业转型发展亟须的数字化未来工厂助推企业发展，和企业联手进行3D服装设计、智能制造等相关环节的探索，赋能纺织服装产业数字化转型升级。各级政府可以通过设立专项资金、出台相应的财税政策等方式，引导和鼓励企业、高校、科研机构等各方进行产学研协同创新。要切实加强产学研协同创新平台的建设，建立灵活、多元化的协同创新平台，拓宽协同创新平台的资金来源渠道和科技成果转化渠道。

2. 高度重视纺织服装产业高层次创新型人才的引进与培养，加大人才的引培力度

高端的设计和研发人才是时尚纺织服装产业创新和产品创新的根本保障。宁波纺织服装企业普遍缺乏高端设计和研发人才，尤其是众多的中小微企业在招聘高级设计人才和高端研发人才时往往存在"引进难、留不住"的困扰，最终因为创新人才的匮乏，这些企业在产品设计、技术开发等方面缺乏创新能力，很难具备市场竞争优势，从而导致发展后劲严重不足。因此，政府要充分利用宁波当地时尚教育院校国际化办学的优势和高水平推进宁波城市国际化发展的有利条件，大力培养和引进纺织服装产业领军人才、品牌运作人才、高端设计人才和创新研发团队；同时可制定科技人才兼职办法，引导和鼓励优秀科技人才到纺织服装企业兼职。各级政府部门和企业都应该为引培的专业人才和兼职的科技人员提供更加有利的就业条件和更加优裕的创新环境。

3. 加大科研创新经费投入，开展关键核心技术攻关

总体上，宁波纺织服装产业层次依旧处于价值链中的中低端环节，很多纺织

服装企业对高技术和高附加值产品的研发依然不足。例如，绿色染整技术、高档面料、高性能纤维、高附加值产业用纺织品以及高端纺织设备这些关键领域依然较为薄弱。放眼国外纺织服装产业的先进地区，尽管制造业规模日渐缩减，但是依然掌握着关键核心技术的主导权。例如，在高性能纤维等许多纺织领域，日本依然处于世界领先地位，全球排名前三的 PAN 基碳纤维供应商均来自日本，约占小丝束碳纤维市场 50% 的份额。再如，全球纺织品研发的领导者美国，建立了先进功能纤维制造研究中心（AFFOA），在研发具有防静电性能的导电织物、可监测心率和其他生命体征的电子纺织品等先进纺织材料方面全球领先。为此，政府职能部门应该充分发挥科技投入的引领作用，引导宁波纺织服装企业加大科技创新研发经费投入；同时，要建立起多元化、多层次、多渠道的研发投入体系，积极吸纳社会各方资金参与科技创新。要重点突破一系列关键技术，例如，植物染色、下一代纤维材料、功能先进的纺织制品、智能化的制造装备等，并加快研发成果的产业化应用。宁波市各级政府应该综合运用财政奖励、偿还性资助、贷款贴息和奖励性后补助等多种财政资金支持方式，对研发这些前沿技术、拥有自主知识产权成果并形成良好经济效益的企业进行重点扶持。另外，要全面推进产业数字化转型，加快推进数字孪生、新型人工智能等先进技术的应用，加快建设数字化生产线和"未来工厂"，促进行业、企业实现数字化转型和智能化升级，提升企业的全球竞争力。

（二）以"互联网+"为背景，健全产业赋能平台

"互联网+"型纺织服装赋能平台，是运用云、网、端相互融合的互联网技术，可有效实现纺织服装产业设计、生产、供应、营销等环节的数据化、在线化和智能化。"互联网+"带来了 B2B、B2C 和 O2O 等新型商业模式，将助推纺织服装产业新的发展。但"互联网+"型产业赋能平台的建设需要政策扶持、技术支撑和大量资金投入，是一个复杂而系统的工程，需要地方政府和相关企业共同推动。

1. 加快互联网基础设施建设，扶持中小微纺织服装企业

要进一步拓展网络经济空间，为宁波纺织服装企业，尤其是广大中小微企业数字化转型升级提供坚实的网络基础；要构建完整的信息产业链，出台政策措施，促进传统服装企业与物联网、云计算、互联网金融等第三方信息企业的合作，完成"互联网+"转型。在数字化市场建设方面，除了借用阿里巴巴、亚马逊等第三平台，政府还可以建设公共化的信息存储、传输和分析平台，帮助中小微企业降低互联网化的成本和市场准入门槛。

2. 简化监管流程，为赋能平台营造融通合作的良好环境

如上文所述，受限于人才、技术、资金等因素，中小微服装企业创新活动主要以模仿和产品外形改造为主，自身缺失产业的核心技术，这也是中小微服装企业创新优化升级的主要瓶颈，而建设相应的赋能平台将为他们有效解决这类发展痛点。因此，政府必须营造良好的社会、制度和法治环境，打破传统管理模式，简化审批和监管流程，为企业赋能平台建设、跨界融通合作扫除障碍，以政府为引导、企业为主体、市场为导向，不断完善"互联网+"型纺织服装赋能平台。

3. 正确认识"互联网+"型平台作用

"互联网+"型纺织服装赋能平台为传统纺织服装产业转型发展提供了一条快速通道，但它并不是互联网与传统产业的简单叠加，而是对传统产业模式的创新。政府职能部门和纺织服装企业应该研究适合产业实际和企业特点的"互联网+"规律、机制、模式，避免建设的"互联网+"型平台脱离实际情况。另外，在强调"互联网+"型纺织服装赋能平台重要作用的同时，也应该明确企业转型发展始终要以质量提升和科技创新为根本，不应过度依赖赋能平台而放弃人才引培、科技创新研发等自身建设，切勿本末倒置。

（三）以产业集群为核心，完善产业生态格局

《宁波市时尚纺织服装产业集群发展规划（2019—2025年）》提出，要做强高性能高附加值纺织纤维及面料、时尚服装服饰、高新家纺品、产业用纺织品和智能制造装备五大领域，构建以海曙、鄞州至奉化产业集聚区为核心，以东部沿海产业带、北部沿湾产业带为联动的产业空间格局。到2025年，宁波时尚纺织服装产业集群规模效率显著提升，力争创建国家先进制造产业集群。目前宁波时尚纺织服装产业集群的实际情况距离愿景尚有差距，为此，需要加快建设步伐，推动产业生态格局优化完善。

1. 优化产业格局，持续打造特色产业集群

按照构建"一核两带"产业空间格局的目标，持续推进时尚纺织服装产业集群建设，促进各类要素有效流动和聚集，打造具有特色的产业集群核心区和协同区。聚焦纺织纤维新材料、先进纺织制品等高附加值产品以及纺纱织造、面料、服装家纺、制造装备等重点方向，重点发展时尚服装服饰产品，深耕高新家纺产品，创新终端渠道模式，推动高端定制、柔性化规模化定制快速发展。

2. 强化龙头企业的引领作用，形成产业集群生态系统

目前因用工成本的增加和外延式发展的需要，雅戈尔、博洋、申洲国际、狮丹

奴等龙头企业纷纷把制造基地转移到中西部地区和东南亚地区，大企业对本地的辐射引领效应大幅度减弱。鉴于这种情况，政府应采取有效对策，激励龙头企业继续在产业集群中起好引领作用，以带动其他中小微企业。另外，产业集群内中小微企业之间的分工应专业化地进一步细分，使其形成密不可分的分工合作链，相互之间既有竞争更有协同合作，形成真正意义上的产业集群生态系统。

3. 培育新的产业集群，完善时尚纺织服装产业链条

通过行业复兴，充分发掘农村多元化价值，以循序渐进的方式稳步推进县域经济发展，培育新的纺织产业集群，完善产业链条，提升产业形态，打造产业品牌。例如，形成以针织运动服装制造及生产性服务为特色的北仑针织运动服装产业集群、以中国水貂皮服装产业基地为依托的余姚裘皮产业集群等。还应该加强与新材料、数字经济、大健康等应用领域的融合与协同创新，构建一个具有更高附加值、更强引领力的新兴产业集群。

专题四　链主型企业培育视角下宁波纺织服装产业基础高级化和产业链现代化路径研究

党的二十大报告提出"着力提升产业链供应链韧性和安全水平",这是以习近平同志为核心的党中央从全局和战略的高度作出的重大决策部署。面对百年新变局、新挑战,努力提升产业链、供应链韧性和安全水平,形成自主可控、稳定畅通、安全可靠、抗击能力强的产业链供应链,是我国实现高质量发展、建设现代化产业体系和构建新发展格局的根本路径,是增强我国产业国际竞争力、应对风险挑战和维护经济安全的必然要求。

站在新发展阶段的全新起点,如何提升产业基础能力和产业链水平、建设"重要窗口",成为历史的重大命题。作为产业链供应链的"牛鼻子","链主"企业在全球产业链重构、国内构建双循环新发展格局的关键时期具有重要意义。宁波要在省标志性产业链建设中发挥核心作用,需要培育全球价值链上的"隐形冠军",塑造"链主"企业,打好产业链现代化的攻坚战。本专题以培育链主型企业为视角,在产业链内涵标准、链主型企业界定、产业基础高级化、产业链现代化等理论研究的基础上,对宁波纺织服装产业基础、产业链、链主型企业现状开展分析和典型案例研究,并梳理区域产业优化及链主型企业培育经验借鉴,最终在理论研究、实证研究、比较研究的基础上,提出基于培育链主型企业推进宁波纺织服装产业基础高级化和产业链现代化的路径建议。

一、问题提出

党的十九届五中全会通过的《中共中央关于制定国民经济和社会发展第十四个五年规划和二〇三五年远景目标的建议》,明确将"产业基础高级化、产业链现代化水平明显提高"作为"十四五"时期经济社会发展的主要目标和任务之一;并把"推进产业基础高级化、产业链现代化,提高经济质量效益和核心竞争力"作为"十四五"时期"加快发展现代产业体系,推动经济体系优化升级"的重要内容。浙江是经济大省,产业基础扎实,产业链比较完备,2022年地区生产总值7.77万亿元,位列全国第四。站在新发展阶段的全新起点,如何提升产业基础能力和产业链水平,建设"重要窗口",成为历史的重大命题。2020年8月浙江出台《浙江省实施制造业产业基础再造和产业链提升工程行动方案（2020—2025年）》，聚焦十大标志性产业链，全链条防范产业链、供应链风险，全方位推进产业基础再造和产业链提升，全力建设全球先进制造业基地。同时，也应注意到，贸易摩擦对全球产业链、供应链的运转构成了极大挑战，保障产业链供应链稳定、提升产业链现代化水平是各个国家和地区应对挑战的重要任务。在这一过程中，"链主"企业的作用至关重要。作为产业链、供应链的"牛鼻子"，"链主"企业在全球产业链重构、国内构建双循环新发展格局的关键时期具有重要意义，没有一批在各个行业的"链主"企业，就不可能实现产业的自主可控，就不可能有真正意义上的产业安全。因此，必须造就一大批"链主"企业，快速提升我国掌控重要产业链安全的水平。

宁波作为全国先进的制造业基地，制造业基础扎实，民营经济实力雄厚，2022年宁波完成工业增加值6681.7亿元，在全国各大城市中排名第7位，然而长期以来，缺少龙头企业、领雁型企业一直制约着宁波制造业的高质量发展。宁波要在省标志性产业链建设中发挥核心作用，需要培育全球价值链上的"隐形冠军"，塑造"链主"企业，打好产业链现代化的攻坚战。"链主"企业是在产业链中居于主导地位的企业，对于推动产业创新发展、整合产业链资源、带动产业链企业协同发展具有至关重要的作用。"链主"企业的作用集中表现为具有强大的生态主导力，包括产业协作整合力、技术创新引领力、目标市场创设及数字转型赋能能力。要形成强大的生态主导力，需要良好的制度基础、产业基础和企业基础。鉴于此，本研究以培育链主型企业为视角，综合运用理论、实证、比较研究的方法，提出推进宁波纺织服装产业基础高级化和产业链现代化的路径建议。

二、国内外研究现状

（一）关于产业链"链主"的研究

"链主"企业是指在产业发展过程中，能够充分利用自身优势及外部资源，具备产业上中下游核心凝聚力的企业。"链主"企业能带动上下游、左右链企业，按照市场经济规律集聚、提升产业链协同创新能力，加速科技成果转移转化，促进以技术创新、产品创新、模式创新、管理创新为重点的全面创新，加快形成具有核心竞争力的产业。"链主"企业是行业领头羊，如同产业链的"扩音器"，肩负着提升产业链绩效的重任，是行业的支配性企业（Dominator）。价值链的治理机制、规则制定、执行、监督和奖励，甚至利益分配都是由"链主"企业来决定（刘志彪，2019）。一般来说，全球价值链上的"链主"由跨国公司构成。目前我国制造业企业要成为"链主"企业，有对外兼并收购和自主研发两种路径（卢福财，2008）。本研究将宁波制造业的"大优强"企业视为可培育的链主型企业。

关于"链主"企业的含义，刘志彪（2021）认为，一般来说在产业链上起支配地位和作用的"链主"，是在产业链上位于技术中枢和市场中枢的企业。陈健和陈志（2021）认为，"链主"企业是指在产业链中处于核心地位，对产业链具有一定控制力，能够发挥自身比较优势、充分整合和利用外部资源、凝聚和协调产业链上下游主体、推动产业链不断创新和迭代的企业。张堂云和张晓磊（2021）认为，所谓"链主"就是那些在供应链中位居核心或主导地位，能够掌控整个价值链条中最有价值的部分并拥有最终话语权的企业。林淑君和倪红福（2022）认为，"链主"是产业链在行业市场发展的过程当中，自然形成的能够连接行业上下游、带动产业链发展的龙头企业，该类企业具有规模大、连接广、品牌强等特点，掌握着行业的核心竞争优势和营销网络，是经济主体中的"会长"。从上述几位学者的定义可以看出，"链主"企业在产业链上处于支配地位是各学者的共识。

关于"链主"企业的作用，刘志彪（2020）认为，产业链中企业关系的协调应该主要依靠内生的市场机制，靠产业链中自然形成的各类"链主"发挥主导作用，"链主"的创新能力与发展思路，决定了产业链的未来。孙华平和包卿（2020）认为，产业链上的"链主"往往掌握着行业核心技术及自有知识产权，并通过庞大的营销网络和卓越的品牌价值获得价值链上的大部分利润。叶振宇和庄宗武（2022）认为，发挥产业链龙头企业作为"链主"的生态主导力作用是推动产业链、供应链现代化的重要途径。从上述几位学者的分析可见，"链主"企业具有较强的创新能力和营销能力，能够协调产业链上下游的关系。综合以上学者的研究，本文将"链主"企业界定为：拥有强大创新能力和资源整合能力，掌控整条价值链附加值最高的部分，在产业链、供应链中位居主导地位的企业。"链主"企业可以是制造企业，也可以是服务企业，它们是产业链的控制者，具有强大的竞争优势和难以替代性。

从产业生态看，每个产业或行业，都是一个由企业群、产业链、供应链、创新链、信息流以及发展环境等组成的生态系统。一些龙头骨干企业在发展中会逐步形成产业发展的生态主导力。所谓生态主导力，是指企业在所属行业生态系统中的影响力、控制力和引领力。具体而言，生态主导力包括以下几种关键能力，如表4-1所示。

表4-1 生态主导力包括的关键能力

关键能力	能力内涵
产业协作整合力	"链主"企业运用其产业链优势地位以及在采购、物流、营销、融资等供应链环节的话语权，通过订单安排、资源配置、联盟领袖地位等影响和带动上下游企业，推动补链、强链、延链等产业链垂直整合活动，形成稳定的分工协同关系，同时还能联合产业链企业共同抵御外部风险挑战，以保障产业链供应链安全
技术创新引领力	"链主"企业高度重视理念、技术、管理以及商业模式的创新，研发投入较大，创新成果丰富，产业化动力强，既会对链上企业产生技术溢出效应，也可以通过供应链向配套企业传导创新压力与动力，共同推动产业创新
目标市场创设力	"链主"企业通过标准控制、概念设计、品牌营销等方式，持续提高其产品辨识度、市场声誉及用户黏性，市场占有率较高、品牌影响力较强，可以改变和引领生产与消费方式，并通过产品迭代升级创造新需求，创设出新的市场空间
数字赋能能力	"链主"企业加快运用物联网、5G、工业互联网、大数据、云计算、区块链、人工智能等新一代信息技术，开展网络协同制造、大规模个性化定制、远程运维服务等新模式，推动生产流程和设备数字化改造，实施数字化赋能与转型等。这是数字化时代"链主"企业具备的能力

上述四种能力中，产业协作整合力是生态主导力的基础，技术创新引领力是生态主导力的核心，目标市场创设力是生态主导力的重要特征，数字转型赋能能力是数字经济时代生态主导力的突出表现。四种能力共同组成当代"链主"企业生态主导力的基本架构，缺少任何一种都会影响"链主"企业在产业链中的主导地位。

（二）关于产业基础高级化的研究

产业基础高级化指产业的基础能力不断精进，实现技术独立、信息安全、效益拔尖。通过改善对国外产业链、供应链的依赖性，实现产业供应链的自主可控，全面支持产业整体向中高端方向发展，从而推动产业体系现代化，促进经济体制更新换代。学者们对产业基础高级化有较多研究，刘志彪（2019）认为，产业基础高级化指在一个完整的产业链的上下游关系中，那些处于上游的产业部门可以为下游生产、加工、制造、装配的产业部门提供更高质量的产品和供应保证。产业基础高级化要把握三个关键内涵,即自主可控、系统再造和动态适配(赛迪研究院,2020),既包括以基础关键技术、先进基础工艺、基础核心零部件和关键基础材料等"四基"为核心的工业基础高级化,也包括工业互联网、人工智能算法、工业软件等新型基础设施的高级化等。也有学者认为,技术进步是产业结构高级化的内在动力(欧雪银,2019)。事实表明,产业基础高级化是产业基础能力高度化、产业基础结构合理化和产业基础质量巩固化的统一。

产业基础高级化是一段持续交付与滚动升级的过程,可从产业基本能力、产业结构和产业基本质量三个层面推动构建,具体如表4-2所示。

表4-2 产业基础高级化主要因素

主要因素	具体内涵
高技术性	通过产业应用技术基础性研究和关键共性技术、前瞻技术等研究攻关,逐步构建自主可控、安全高效的产业体系。产业基础高级化就是不断突破基础核心技术与高新技术,打破外域技术垄断并形成自己的技术壁垒
高效益性	产业基础高级化能实现经济发展高效益,能使产业内部实现技术强化,推进产业结构之间的组织顺畅、配合协调、运行安全,从而促进产业整体的持续优化与调整,最终达成技术结构和需求与资源供给结构相适配的状态
高保障性	产业基础是大多数企业竞争前的共性技术环节,而共性技术本身的复杂性、研发投资的不确定性及存在的公共产品与私人产品的双重性,使企业个体承担共性技术研发的意愿与能力均不足,仅依靠市场推动的共同研发,会因为个体需求迥异导致创新合作困难。因此,产业基础高级化需国家科技政策、财税政策、科技人才政策的大力支持和全面保障

(三)关于产业链现代化的研究

产业链现代化的实质是产业链水平的现代化,产业链水平是指产业链作为一个整体的综合控制能力、绩效优化和竞争力的水平(盛朝迅,2019)。从产业技术来看,产业链关键环节的核心技术能自主可控;从供应体系来看,产业供应链灵活高效,具有较强的韧性和抗冲击能力。产业链现代化是产业现代化内涵的延伸、细化(罗仲伟、孟艳华,2020)。也有学者认为,产业链涵盖于产品的生产或服务提供的全过程,具有全产业链控制、关键环节控制、标准和核心技术控制三种基本形态,可从价值链、供应链、企业链和空间链等4个维度予以考察(李万,2020)。

产业链这个范畴,虽然不是过去西方产业经济学一直注重研究的问题,却是产业研究中经用到的一个重要概念。在投入产出经济分析中，所谓产业链，指的是国民经济各个产业部门之间客观形成的某种技术经济联系。由于这种联系往往像机械系统的链条一样耦合在一起，因此人们形象地称为"产业链"。一条产业链涵盖了产品或服务生产的全过程，包括从原材料生产开始，到技术研发、产品设计、中间品制造、终端产品装配乃至流通、消费和回收循环等许多环节。观察和分析产业链，可以有很多的维度。产业链现代化是经济发展和转型升级的必然结果，也是大国经济参与国际分工和产业竞争的内生选择，是建设现代产业体系的基本要求。产业链现代化的内涵，赋予了产业链水平现代化的含义，其标准可以从多个维度进行分析，具体如表4-3所示。

表4-3 产业链现代化多维度标准

观测维度	具体标准
研发和技术创新能力维度	产业链现代化是指除了其技术创新要能达到当今世界先进水平外，其关键环节的核心技术还要能够自主可控，对外技术依赖度较低。推进产业链现代化，要解决缺少核心技术和拳头产品的问题，以缓解在产业链的关键环节被"卡脖子"的不良现象，既是为了提升产业安全性和自主性，应对全球产业链争夺战，也是为了构筑新的竞争优势
企业链维度	产业链现代化一方面是指其供应关系和结构能够根据市场信号灵活、高效地做出反应，在面临外部风险的情况下，能表现较强的抗冲击力和调整应变能力；另一方面是指链上的相关企业之间实现了深度分工和高度协同，产业配套能力强，产业链融合创新较为活跃。推进产业链现代化，就是要增强产业链这种高度的韧性，以及产业融合创新的能力
创造价值能力维度	产业链现代化一方面是指本国支柱产业总体上迈上了全球价值链的中高端，其中的"链主"企业不仅具有一定的对价值链的治理能力，而且可以获取较高的附加值增值率；另一方面，本国企业处在了全球价值链（GVC）的"链主"位置，能够在全球范围内自主地配置资源、要素和市场网络，具有较强的市场控制和整合能力，国际竞争力强
现代产业体系要素协同维度	产业链现代化是指产业经济、科技创新、现代金融和人力资源之间实现了高度的协调、协同和协作，即产业链、技术链、资金链、人才链之间实现了有机链接，可以为产业链现代化提供关键支撑。在高质量发展阶段，还包括产业发展与环境要素协调、实现可持续发展等目标

对于产业基础与产业链两者的关系，产业经济学表明，产业基础和产业链是相互关联、互为促进、相互支撑的关系，两者耦合共生。产业基础能力本质上是产业发展的基本和核心能力，是构建我国现代产业体系的底板工程。研究表明，产

业基础高级化和产业链现代化水平都是动态的与时俱进的概念，提升产业基础能力是产业链现代化的重要前提，产业链现代化水平是产业基础能力是否具有国际比较优势的核心标志。推进产业链现代化，就是实现基础产业高级化、加强上下游企业之间技术经济的关联性、增强区域间产业的协同性、提高产业链与创新链、资金链和人才链嵌入的紧密度，由此构建现代产业体系，提高供给体系质量。

三、宁波产业基础、产业链、链主型企业现状调研

（一）宁波纺织服装产业基础和产业链现状与特征分析

1. 产业规模呈稳步上升趋势

纺织服装产业是宁波市特色优势产业、重要的民生产业和创造国际化优势的产业，也是打造"246"万千亿级产业集群的重要组成部分。宁波纺织服装产业规上工业总产值自2009年突破千亿元以后，发展稳中求进，2022年规上工业总产值达1333.10亿元，如图4-1所示，从整体态势来看，宁波纺织服装产业规模呈上升趋势，增幅也稳中有增，体现出纺织服装产业在复杂多变的经济大环境中稳中求进的特征。根据《关于促进浙江省纺织产业高质量发展的实施意见》，宁波纺织服装产业争取到2025年规上工业总产值突破1600亿元，创新能力持续增强、主体培育不断壮大、品牌建设成效明显，力争创建国家先进制造产业集群。

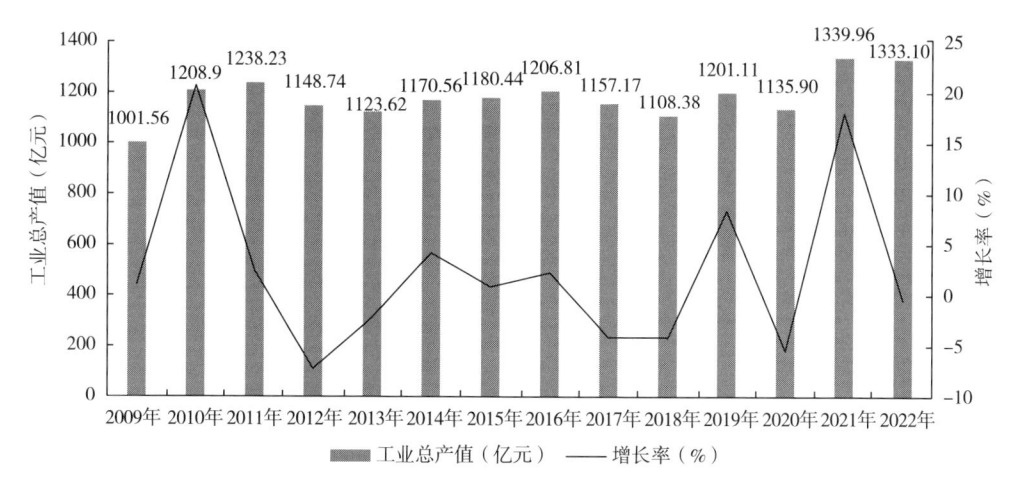

图 4-1　2009—2022年宁波规上纺织服装产业工业总产值

资料来源：根据历年统计年鉴、宁波市经济和信息化局数据整理而成。

2. 产业结构优化力度加大

经过多年的发展，宁波逐步构建了制造业较完整的产业体系，已成为全国重要的先进制造业基地。例如，2019 年和 2020 年，宁波连续两年在浙江传统制造业综合评估指数排行首位，2020 年先进制造业城市发展指数居全国第 9 位。"十三五"以来，宁波加大力度淘汰落后产能、持续推动高耗能行业节能减排、综合提升城市绿色低碳发展水平，单位工业增加值能耗下降超 10%，传统制造业质效的提升保持良好势头。与此同时，宁波纺织服装产业继续谋求产业链空间布局优化，产业结构不断优化，涌现纺织服装制造业"大优强"培育企业 9 家、骨干企业 19 家，具体名单如表 4-4、表 4-5 所示。

表 4-4 纺织服装行业制造业"大优强"培育企业名单

序号	企业名称	备注
1	雅戈尔集团股份有限公司	千亿级培育企业
2	宁波博洋控股集团有限公司	
3	太平鸟集团有限公司	
4	宁波申洲针织有限公司	五百亿级培育企业
5	中哲控股集团有限公司	
6	百隆东方股份有限公司	百亿级培育企业
7	罗蒙集团股份有限公司	
8	狮丹努集团股份有限公司	五十亿级培育企业
9	康赛妮集团有限公司	

表 4-5 纺织服装行业制造业骨干企业名单

序号	企业名称	2021年产值（亿元）	2022年产值（亿元）	备注
1	宁波申洲针织有限公司	195.04	221.84	2022年中国制造业500强、2022年中国品牌价值500强，其中申洲针织为行业内拥有全球技术先进规模最大的服装制造企业
2	宁波大千纺织品有限公司	63.79	69.72	国家级制造业单项冠军（第六批）

续表

序号	企业名称	2021年产值（亿元）	2022年产值（亿元）	备注
3	宁波图腾服饰有限公司	49.69	43.73	—
4	宁波雅戈尔服饰有限公司	41.52	43.60	2022年中国制造业500强、2022年中国品牌价值500强（雅戈尔集团股份有限公司）
5	雅戈尔服装控股有限公司	26.29	27.62	—
6	宁波大沃科技有限公司	29.18	27.48	—
7	宁波林林针织有限公司	30.67	26.13	—
8	宁波太平鸟时尚服饰股份有限公司	34.09	24.22	2022年中国制造业500强（太平鸟集团有限公司）
9	百隆东方股份有限公司	33.01	22.64	国家级制造业单项冠军（第五批）
10	宁波华星科技有限公司	15.09	20.01	—
11	余姚大发化纤有限公司	18.86	18.86	—
12	雅戈尔服装制造有限公司	19.43	18.53	—
13	宁波凯信服饰股份有限公司	17.01	18.51	—
14	宁波申蝶时装有限公司	5.51	17.64	—
15	康赛妮集团有限公司	13.02	14.76	国家级制造业单项冠军（第二批）
16	宁波罗蒙制衣有限公司	6.46	12.69	—
17	宁波博洋家纺集团有限公司	12.87	11.78	2022年中国制造业500强
18	宁波大发化纤有限公司	10.72	10.67	—
19	宁波泉迪化纤有限公司	15.31	10.10	—

3. 产业集群效应明显

在宁波市政府的持续推动下，宁波市产业基础领域优势明显，已经逐步形成产业集群，成为国内领先城市。宁波产业集群特别是新兴产业集群加速崛起，伴随获得"全国最大的石化产业基地和新材料产业基地""全国四大家电生产基地""三大服装产业基地之一"等全国性产业基地称号，宁波在绿色石化、装备制造、新材料、汽车制造、纺织服装等领域彰显了十足的硬实力，推动了宁波支柱产业的纵向一体化发展。

纺织服装产业是宁波传统优势产业，是我市重点培育的六大千亿级产业之一，对宁波经济社会发展具有重要支撑作用。"十三五"以来，我市强化对时尚纺织服装产业发展的统筹谋划，突出区域特色，加快推动产业转型升级，形成以海曙、鄞州、奉化为重点，其他各区（县、市）特色产业园区协同的发展格局。目前，已形成纺织纤维、印染布、高档面料、家纺、服装服饰、纺织机械装备等门类较为齐全的产业体系。据不完全统计，截至2022年12月，宁波拥有国家级纺织服装创意设计示范区（平台）5个（表4-6）、省级及以上纺织服装产业创新平台30个（表4-7），纺织服装产业集群效应越加显著，形成了产业特色明显、空间布局合理、创新要素丰富、分工协作高效的产业集群。

表4-6 国家级纺织服装创意设计示范园区（平台）

序号	产业载体名称	2022年产值（亿元）	主导产业	所在区（县、市）
1	创客157创业创新园	11.78	纺织品、服装鞋帽	海曙区
2	宁波智尚国际服装产业园	3	纺织服装、服饰业	海曙区
3	云裳谷时尚科技园	1.99	纺织服装、服饰业	鄞州区
4	前洋26创业园	11.78	纺织品、服装鞋帽	江北区
5	太平鸟时尚园区	24.22	服装服饰零售；服装服饰批发；服装制造	高新区

表4-7 省级及以上纺织服装产业创新平台

序号	类型	创新平台名称	企业名称	重点领域	所在区（县、市）
1	国家实验室（CNAS）认证	宁波凯信服饰股份有限公司测试中心	宁波凯信服饰股份有限公司	服装制造，服饰制造，面料纺织加工	鄞州区
2		博洋家纺集团有限公司检测中心	博洋控股集团	纺织原料、服装面料及制品	海曙区
3		雅戈尔纺织品服饰检测中心	雅戈尔集团股份有限公司	服装制造，针纺织品	海曙区
4	国家级企业技术中心	雅戈尔集团股份有限公司技术中心	雅戈尔集团股份有限公司	服装制造，针纺织品	海曙区
5	省级企业研究院	浙江省慈星纺机自动化研究院	宁波慈星股份有限公司	针织机械制造，纺织制成品设计及制造	慈溪市
6		浙江省舒普服装智能装备企业研究院	舒普智能技术股份有限公司	缝制机械制造，缝制机械销售	鄞州区

续表

序号	类型	创新平台名称	企业名称	重点领域	所在区（县、市）
7	省级高新技术企业研究开发中心	宁波纺织工程省级高新技术企业研究开发中心	宁波维科精华集团股份有限公司	纺织品、针织品、服装的制造、加工	海曙区
8		宁波服装辅料省级高新技术企业研究开发中心	宁波宜科科技实业股份有限公司	服装辅料	鄞州区
9		宁波服装工程省级高新技术企业研究开发中心	雅戈尔集团股份有限公司	服装制造，针纺织品	海曙区
10		裕人电脑针织机械省级高新技术企业研究开发中心	宁波慈星股份有限公司	针织机械制造，纺织制成品设计及制造	慈溪市
11		德昌紧密纺装置省级高新技术企业研究开发中心	宁波德昌精密纺织机械有限公司	时尚纺织服装	高新区
12		润禾环保型织物整理剂省级高新技术企业研发中心	宁波润禾化学工业有限公司	有机硅新材料、纺织、印染助剂的研发、制造、加工，自产产品的销售	宁海县
13		先锋新材高分子复合新材料省级高新技术企业研究开发中心	宁波先锋新材料股份有限公司	PVC玻纤高分子复合材料的制造	鄞州区
14		康赛妮特种纱线省级高新技术企业研究开发中心	宁波康赛妮毛绒制品有限公司	羊绒制品、羊绒混纺制品及相关辅料、服装制造、加工	江北区
15		双盾精细纺纱省级高新技术企业研究开发中心	奉化双盾纺织帆布实业有限公司	高分子纺织材料的技术开发	奉化区
16	省级企业技术中心	宁波维科精华集团股份有限公司企业技术中心	宁波维科精华集团股份有限公司	纺织品、针织品、服装的制造、加工	海曙区
17		宁波宜科科技实业股份有限公司企业技术中心	宁波宜科科技实业股份有限公司	服装辅料	鄞州区
18		宁波市裕人针织机械有限公司企业技术中心	宁波慈星股份有限公司	针织机械制造，纺织制成品设计及制造	慈溪市

续表

序号	类型	创新平台名称	企业名称	重点领域	所在区（县、市）
19	省级企业技术中心	宁波狮丹努集团有限公司企业技术中心	宁波狮丹努集团有限公司	纺织品、针织品及原料、服装、鞋帽批发、零售	海曙区
20		百隆东方股份有限公司企业技术中心	百隆东方股份有限公司	工程用特种纺织品、纺织品、纺织服装生产	镇海区
21		宁波雅戈尔毛纺织染整有限公司企业技术中心	宁波雅戈尔毛纺织染整有限公司	服装制造，针纺织品	鄞州区
22		宁波先锋新材料股份有限公司企业技术中心	宁波先锋新材料股份有限公司	PVC玻纤高分子复合材料的制造	海曙区
23		宁波华艺服饰有限公司企业技术中心	宁波华艺服饰有限公司	针织品、坯布、服装、服饰、鞋帽制造和加工	鄞州区
24	省级服务型制造示范单位（平台）	宁波博洋家纺集团有限公司	宁波博洋家纺集团有限公司	纺织原料、服装面料及制品	海曙区
25		宁波太平鸟时尚服饰股份有限公司	宁波太平鸟时尚服饰股份有限公司	纺织服装、服饰业	海曙区
26		宁波纺织服装云平台	宁波创艺信息科技有限公司	纺织服装及纺织品的设计	镇海区
27		搜布—纺织面料产业互联网交易平台	宁波搜布信息科技有限公司	纺织服装行业面辅料采购的O2O应用	鄞州区
28		纺织服装综合服务平台	宁波云裳谷时尚科技有限公司	服饰研发，服装服饰批发，服装服饰零售，服装辅料销售	鄞州区
29		康赛妮集团有限公司	康赛妮集团有限公司	羊绒制品、羊绒混纺制品及相关辅料、服装制造、加工	江北区
30		舒普智能技术股份有限公司	舒普智能技术股份有限公司	缝制机械制造，缝制机械销售	鄞州区

4. 智能化改造初见成效

统计数据显示，"十三五"期间宁波实施智能化改造计划，有405家规上工业企业实施了10764个技术改造项目，累计建成74个市级以上数字化车间、智能工厂，培育215家市县级智能制造工程服务公司。纺织服装业也持续推进智能车间和智能工厂的建设，大力发展智能化生产线的建设与改造，表现为很多企业通过系统集成、机器换人、生产换线等方式加快了自动化、智能化的进程。也有一批行业龙头企业率先做出示范,例如,宁波大发化纤有限公司开发填充用再生涤纶短纤维等绿色设计产品登上工业和信息化部 2022 年度绿色制造企业"绿色工厂"榜单;浙江省"未来工厂"雅戈尔集团股份有限公司 5G 智能车间入围"2020 年国家工业互联网试点示范项目"等,龙头企业的示范较好地引领了行业发展,推进了产业转型。借助智能生产和智慧管理,不仅实现了自身产品及服务智能化,也有力地推进了产业链上下游企业的智能化进程,随着智能制造的持续深化应用和全面推广将更好地为实现"工业 4.0"保驾护航。

5. **努力培育"小巨人"企业和单项冠军企业**

产业基础高级化的标准除产业规模效应显著、集群优势明显外,专精特新企业、"冠军"企业众多也是其主要考量因素之一。自 2016 年工业和信息化部启动全国范围内的制造业单项冠军遴选,到 2017 年公布首批国家级制造业单项冠军企业名单,再到 2022 年评选结果发布,宁波国家级单项冠军企业有 83 家,列全国之首,且连续 5 年保持全国第一。在专精特新领域,2022 年宁波新增专精特新"小巨人"101 家,累计国家级"小巨人"企业数量达 283 家,仅次于北京、上海、深圳,是实力强劲的"第四城"。然而,据统计,宁波纺织服装制造业领域国家级单项冠军企业只有 6 家(表 4-8),国家级专精特新"小巨人"企业只有 3 家(表 4-9),因此,对纺织服装产业而言,提高专精特新发展水平也是纺织服装企业高质量发展的必由之路。

表 4-8 宁波纺织服装制造业国家级单项冠军企业

序号	企业名称	产品名称	属地	类别	批次
1	宁波德鹰精密机械有限公司	缝纫机旋梭	鄞州区	国家级制造业单项冠军示范企业(第一批)	2017年度(2019年复核)
2	康赛妮集团有限公司	粗梳羊绒纱线	江北区	国家级制造业单项冠军示范企业(第二批)	2017年度(2020年复核)
3	宁波慈星股份有限公司	电脑针织横机	慈溪市	国家级制造业单项冠军示范企业(第二批)	2017年度(2020年复核)
4	百隆东方股份有限公司	色纺纱	镇海区	国家级制造业单项冠军示范企业(第五批)	2020年度(2017年度第二批国家级培育企业升级)
5	宁波大发化纤有限公司	再生涤纶短纤维	杭州湾	国家级制造业单项冠军示范企业(第六批)	2021年度
6	舒普智能技术股份有限公司	智能特种工业缝纫机	鄞州区	国家级制造业单项冠军示范企业(第六批)	2021年度

表 4-9　宁波纺织服装制造业国家级专精特新"小巨人"

序号	公司名称	序号	公司名称
1	宁波先锋新材料股份有限公司	3	宁波宏大纺织仪器有限公司
2	舒普智能技术股份有限公司		

（二）宁波纺织服装链主型企业代表案例分析

宁波纺织服装产业历史悠久，是中国近代服装的发祥地，也是国内外颇具影响的中国服装名城。多年来，宁波服装产业凭借深厚的服饰文化底蕴，充分发挥服装之乡的传统优势和改革开放的先发优势，结合传统经验与现代科技，得到跨越式发展，崛起了一大批著名的服装企业和品牌，涌现出雅戈尔、申洲国际、慈星等龙头企业，也可以说是链主代表。笔者选取以下几家代表进行简要梳理分析。

1. 雅戈尔

（1）基本情况。雅戈尔是中国纺织服装行业领军型的企业，在中国现代服装产业发展进程中，一直以不断开拓创新的精神，在行业中起着重要的示范和引领作用。雅戈尔集团股份有限公司创建于1979年，是中国男士西装的领头羊企业、全国纺织服装行业龙头企业，同时也是中国最早进入房地产市场开发领域和较早进入专业化金融投资领域的民营企业之一。截至2022年年底，雅戈尔集团总资产974亿元，净资产418亿元。1998年11月19日，雅戈尔集团股份有限公司在上海证券交易所上市，正式开启了与国际市场接轨的新阶段。从打造地方性品牌"北仑港"到建立全新国际性品牌"雅戈尔"，作为纺织服装、地产开发、金融投资三大产业并驾齐驱的雅戈尔，始终秉持"建时尚集团，铸百年企业"的愿景，布置出完整的"垂直型"产业链条，从表4-10中可以看出，2017—2022年，雅戈尔集团收入主要来自三个板块，其中投资收益和房地产旅游板块营业收入波动幅度较大，服装纺织（时尚）板块业绩表现较为平稳。

表 4-10　2017—2022 年雅戈尔房地产旅游、服装纺织（时尚）板块营业收入与投资收益　　　　　　　　　　　　　单位：亿元

项目分类	2017年	2018年	2019年	2020年	2021年	2022年
房地产旅游板块	48.55	37.52	60.80	50.33	66.65	85.50
服装纺织（时尚）板块	51.12	51.15	63.41	63.34	68.21	63.17
投资收益	31.97	34.84	28.13	70.06	30.56	33.06

资料来源：雅戈尔集团年报。

（2）主要举措有四个方面。

①创新驱动完善产业链。近年来，面对消费变革和商业变革，雅戈尔集团大力推动技术进步、产品研发、模式创新和国际化运营，如引入哈特·马克斯品牌、与国际五大知名面料商共建 MAYOR（美雅）品牌等，整合上下游和国内外优质资源，升级产品链、供应链，通过智能制造和新零售等举措，全面提升综合竞争能力。公司通过小型垂直产业链的运作模式，积极应用新材料、新技术和新理念，不断强化以 DP 免烫、抗皱、水洗等功能性产品为核心的系列化开发和技术升级，确保了产品品质，进一步巩固了公司的行业龙头地位，YOUNGOR 品牌核心品类衬衫、西服国内市场占有率分别连续 26 年、23 年位列第一。公司构建了完整的产业链，上游已延伸至棉花种植及研发领域，有针对性地强化了在纺织原料、服装面料和辅料等产业链上游的掌控能力。在供应体系方面，公司已形成了"自产+代工"的供应体系，与供应商在设计、生产方面形成了深度合作，确保了公司的弹性供货能力。

②强化研发投入蓄力内涵式增长。从雅戈尔各年度研发投入情况看，2016—2022 年，企业研发费用总额、研发人员数量及研发人员占总员工的比例呈逐年上升趋势。雅戈尔坚持面料和工艺创新，专注研发生产工艺，持续投入产品设计，并为此建立了完整的产品研发和技术创新体系。公司通过小型垂直产业链的运作模式，积极应用各种新型技术和新潮时尚理念，不断强化功能性产品的系列化开发和技术升级，并且确保了产品品质，进一步巩固了公司的行业龙头地位（表4-11）。

表4-11 2016—2022 年各年度雅戈尔研发情况数据

年份	费用化研发支出数额（万元）	研发投入合计（万元）	研发投入总额占营业收入比例（%）	公司研发人员数量（人）	研发人员占公司总人数的比例（%）
2016	1318.40	1318.40	0.09	243	1.32
2017	1945.08	1945.08	0.20	278	1.47
2018	4641.50	4641.50	0.48	390	1.84
2019	8491.27	8491.27	0.68	425	1.93
2020	6717.86	6717.86	0.59	513	2.54
2021	6993.13	6993.13	0.51	669	3.51
2022	8192.52	8192.52	0.55	843	4.56

资料来源：雅戈尔集团年报。

③加大品牌和营销渠道建设力度。雅戈尔重视销售渠道建设，近年来不断加大销售费用方面的资源投资。如2017年，雅戈尔提出"从工业向商业、商业向连锁、卖场向服务、传统向科技转型"的战略，提炼雅戈尔智慧营销的五大核心要素，打造有品牌力的产品、营造体验舒适的营销平台、强化快速反应的物流体系、探索高科技的营销手段，完善CRM（客户关系管理）系统，开发并上线了EZR系统等。2020年，雅戈尔继续集中资源在城市核心地段开设大店、关闭小店，扎实推进各项诸如店面形象、客户服务等硬件和软件的升级，在通过精细化运营提升运营效率的同时，全面展示雅戈尔的产品陈列、场景系列和文化输出。推行多元化品牌发展战略，以主品牌YOUNGOR为核心，通过自有品牌升级、孵化、并购、合资等方式构建多品牌矩阵，推进MAYOR、Hart Schaffner Marx、HANP、Undefeated、HELLY HANSEN等品牌协同发展，在商务休闲、运动户外、潮流、生活方式等领域加速布局，覆盖满足更多消费人群与需求。在宁波、上海、深圳、福州等地开设雅戈尔体验馆，推出了如5G+AR试衣镜、5G+智能导购机器人、远程智能管控、VIP用户智能管理等门店数字化项目。雅戈尔构建了覆盖全国且规模庞大的营销网络体系，涵盖自营专卖店、购物中心、商场网点、特许加盟、奥特莱斯、团购等六大线下渠道，以及电商、微商两大线上渠道，直营渠道的销售收入占比达到95%以上。2022年，雅戈尔推进时尚体验馆建设，探索线上线下深度融合的新商业模式，线上全域GMV（商品交易金额）继续增长23%，达到12.8亿元，在主流电商平台位列商务男装第一，时尚体验馆直播间成为抖音电商云零售标杆。

④技术实力行业领先。雅戈尔斥资1亿元改建智能工厂，于2018年4月底改造完成，是全国唯一的西装生产智能工厂，通过控制系统发出指令，从裁剪完毕的零碎布料到变成一套直接可以销售的成衣，全程都在吊挂系统上完成，节约了大量人力、物力和时间的成本。2020年，雅戈尔推进"标准化、自动化、信息化、数字化、智能化、平台化"六化合一，完成了衬衫、裤子智能流水线的改造，智能工厂持续优化，精益生产再上台阶，为个性化的消费需求、以销定产的快速反应体系提供了坚实保障。全产业链后端的营销系统也在信息化建设的推动下积极发力，以微商城为载体完成了导购数字化，打通线上、线下会员权益，完善了会员数字化运营。

2. 申洲国际

（1）基本情况。申洲国际集团控股有限公司（以下简称"申洲国际"）及其附属公司于1988年在宁波建立，2005年11月在香港主板上市，是我国最大的纵向一体化针织制造商，在中国针织服装出口企业排行榜中连续多年位列第一，同时在中国出口至日本市场的针织服装制造商中，申洲国际的出口额也排名第一。公司拥有完整的运营体系，具体包括研发、设计、生产、物流和品牌，以 ODM（委托设计）及 OEM（代工）相结合的方式将面料织造、染整、印绣、剪裁与缝制四道工序合而为一。2018 年开始，公司正式升级为 ODM 与 OEM 双模式并行的企业，ODM 主要用于面料研发环节，实现了一体化的全产业链生产工序流程，如图 4-2 所示。

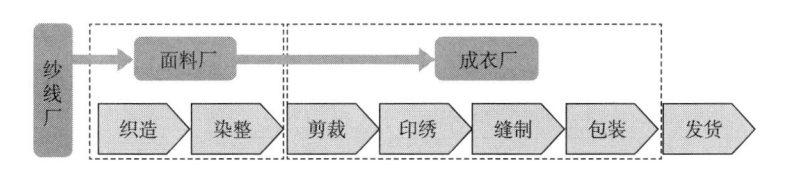

图 4-2 申洲国际一体化生产模式示意图

作为耐克、阿迪达斯、彪马、优衣库等国际知名服装品牌的核心供应商，公司产品涵盖了运动服装、休闲服装和内衣服装三大类目，销售市场主要包括中国大陆、日本、美国以及欧洲等国家和地区。截至 2021 年，公司有员工 95820 人，厂房建筑面积超 456 万平方米，各类针织服装产量约 4.9 亿件。申洲国际的发展历程大致可以分为四个阶段，如表 4-12 所示。

表 4-12 申洲国际发展历程

阶段	时间	发展历程
初创期	1990—1996年	基于中国大陆逐渐代替日本成为全球纺织制造行业中心的时代背景，申洲国际定位高端市场，并把眼光投向与中国贸易环境较为友好的日本市场。对标日本的高行业标准进行标杆管理，学习日本企业的经营模式，引进先进的管理体系，不断获得日本客户的关注和认同，逐步拓展日本市场。自此，申洲国际作为中高端服装代工厂的标签逐渐被市场认可
发展期	1997—2007年	1997年，通过股份转让，马建荣持股46.62%接棒马宝兴掌管申洲国际。同年，公司与优衣库达成合作，双方建立长期稳固的战略合作关系。2002年起进行业务拓展，在维持休闲服装代工业务稳定的同时，正式进军利润更高、发展前景更好的运动服饰领域，并加大欧美市场销售。2005年在香港上市，将募集到的9亿多港币用于设备升级，强化生产竞争。2007年，申洲国际的业务多元化方针成效初显，运动服装订单激增，为耐克、阿迪达斯、彪马等知名运动服装品牌提供服装代工，并建立了耐克、阿迪达斯专用工厂

续表

阶段	时间	发展历程
逆势扩张期	2008—2013年	2008年爆发的金融危机对各行各业冲击重大，更是使外贸为主的服装行业跌入谷底，而申洲国际凭借前期优势积累，在此阶段稳步扩建产能，逆势抢占市场份额，实现不退反进的局面。2009年，在宁波本部扩建园区，在安庆和衢州建立成衣生产基地。2012年，承接耐克Flyknit订单，成为公司业绩跃升的转折点
海外布局期	2013年至今	海外产能加速扩张，海外纵向一体化布局逐步形成。2014年开始，公司在越南设立了二期面料生产基地和一期成衣工厂，并在柬埔寨也建立了成衣厂，海外版图在持续不断壮大。2016年起，申洲国际成为耐克、阿迪达斯的全球第一大服饰类供应商，服装代工领域的高质量水准和领头羊地位进一步得到市场认可

（2）主要举措分为三个方面。

①着力提升供应链各项核心能力。申洲国际的纵向一体化生产模式，是在完成纱线和其他原材料采购后，将面料厂和成衣制造厂建在统一工业园区内，全流程化面料生产和服装制造工序。这种生产模式不仅实现了面料供应和成衣制造的匹配，使两个关键环节的无缝对接成为现实，更大大减少了订单的交付时间，提高了企业的生产效率。多年来，申洲国际多举措提升供应链重构能力、协作能力和敏捷性，主要举措如表4-13所示。

表4-13　申洲国际提升供应链能力的主要举措

供应链重构能力	海内外产能布局加强供应基础灵活性	公司面料生产基地主要在中国浙江宁波市和越南西宁市，产能大致各占一半。成衣产能方面，公司在中国浙江、安徽和柬埔寨、越南等国家和地区都建有成衣工厂，海内外成衣产能布局双纵向一体化格局逐渐形成
	全球布置供应商保证生产效率	供应商范围分布十分广泛，在单一地区的原材料供应由于自然灾害等原因发生中断原材料价格大幅上涨时，全球范围内其他供应商能够及时补充，避免供应链发生断裂，维持正常的生产效率
供应链协作能力	与客户构建以信任为基础的深度合作方式	主要大客户为国际客户，包括耐克、阿迪达斯、优衣库、彪马等。多年来，公司与大客户维持着稳定、深度、长期的合作，订单整体上呈现稳定增长态势。与合作的大品牌如耐克、阿迪达斯等建立专用工厂，采用高确定性的合作方式，双方提前一年滚动评估需求和供应，实现实时信息共享，匹配后确定产能计划。申洲国际的大部分面料都是为客户专门开发的，在大客户精简供应商的背景之下，申洲国际的订单具有排他性，不会被客户拆单给其他供应商，双方的协作程度十分紧密

续表

供应链协作能力	一体化生产模式实现信息共享	纵向一体化生产模式，使各个环节之间的联系更加紧密，不仅降低了不同厂区之间的沟通成本，更有助于产生协同效应，降低面料浪费率，提高最终产品的合格率。客户订单在专用工厂中能一站式完成从面料研发到产品生产的所有环节，具有极大的私密性，使设计环节与研发和生产环节的联系更加紧密，实现各环节的中后台信息共享
	面料ODM开创信息共享新方式	申洲国际的全产业链模式使其在服装等针织品领域可以做到开展基础制造工序的同时，进行面料的自主设计与研发。申洲国际的面料专利数量逐年增加，公司在原材料配方设计、面料结构设计以及染整环节的创新表明申洲国际与客户进行了大量的信息共享与资源共享，实现了区别于传统服装制造商的协作方式
提高供应链敏捷性	建立事业部实现订单全程可视化	为耐克、优衣库、彪马等大客户建立了专门的事业部对接，事业部内部能时刻掌握订单的进度，实现了订单从设计到生产全过程的可视化，有助于第一时间了解到供应链的变化，解决了传统供应链中订单在不同部门之间的协调与统筹问题
	高自动化水平实现生产可视化	始终坚定去技能化、自动化、数字化的产业链发展方向，持续加大对自动化设备的应用推广。建立了新的供应链运营模式。通过端对端实现供应链全程的可视化、可追溯化、智能化，各环节形成了预判和预警信息实现前置干预，预防环节对接时出差错，进一步缩短了交货期，提高了生产和管理效率
	员工稳定性强加快复产复工速度	公司每年投入改善员工生活环境的资金都高达数亿元，支付给员工具有竞争力的薪资，通过人性化的福利，使员工对公司有更高的认同感，在公司有更高的幸福感，保持较低的人员流失率

②创新商业模式。在申洲国际从价值链末端走向中高端的过程中，创新商业模式是关键。申洲国际最初采用的商业模式是OEM模式，这种模式在发展初期效果显著，能帮助企业迅速成长。但发展到一定程度后，这种对技术、工艺水平要求较低的商业模式则很难满足企业的需求。此时，申洲国际必须结合实际情况进行商业模式创新，否则很容易会被行业所淘汰。从OEM模式发展到OEM和ODM模式并存，申洲国际通过向价值链附加值较高的环节延伸，扭转发展的劣势，掌握了发展的主动权，维持住了在行业中的较高位置。可以说，商业模式的创新不仅是申洲国际无奈中的必然选择，也是申洲国际价值链延伸的必然选择。

③持续技术创新。为了追求稳步的发展，保持在行业中的领先地位，延伸企业价值链，提高企业价值链创新的竞争能力，申洲国际坚定不移地走高质量发展路线，坚信服装与科技可以走向融合。深修"内功"，创新工艺与技术，花费五成左右的利润推进技术改造与节能减排。申洲国际对染整工序、织造工序的生产设施进行技术更新改造、更新设备、扩建厂房，更加促进了产品质量的稳定和资源消耗的节约，提升了生产过程的自动化水平，增加了国内的面料供给。高效的生产和过硬的品质，使申洲国际始终保持稳定增长。这无疑是申洲国际价值链技术创新带来的红利。

3. 慈星

（1）基本情况。宁波慈星股份有限公司（以下简称"慈星"）创立于 1988 年，长期聚焦于针织横机的研发、生产与销售，2010 年慈星电脑横机销量已居世界首位，并于 2012 年成功上市，2017 年被国家工业与信息化部认定为针织横机领域的制造业单项冠军示范企业。2018 年向市场推出自主设计的行业前沿产品全成型横机，2022 年慈星自主研发的 KS 系列一线成型针织横机的技术性能达到全球领先水平，市场占有率居行业前列，荣获国内首台（套）产品荣誉，该系列产品的成功推出，标志着慈星已打破德日企业在全成型横机领域的垄断地位，成功跻身针织横机领域的世界第一梯队，慈星技术发展历程如图 4-3 所示。

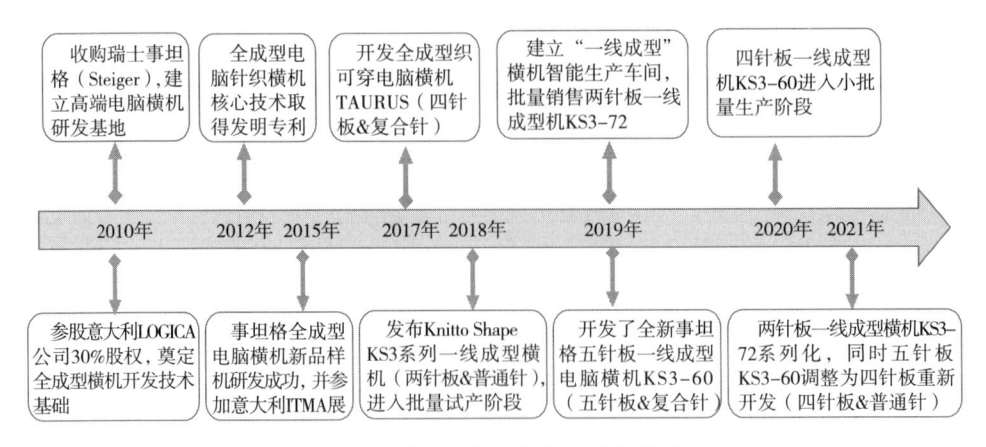

图 4-3 慈星近年来技术创新大事记

资料来源：彭新敏，等. 后发企业超越追赶的动态过程机制 [J]. 管理世界，2022（3）：145-162.

（2）具体举措。总体来看，慈星在纺织机械领域成为链主，取得全球领先的技术和市场地位，得益于其产品创新能力、技术自主性和独特的学习机制，具体举措整理归纳如表 4-14 所示。

表 4-14 慈星核心能力要素

产品创新能力	2010年，在普通电脑横机市场规模已达全球第一的慈星跨国并购了欧洲老牌横机制造商瑞士事坦格（Steiger），开始进入最新的全成型横机领域。慈星依赖事坦格进行新产品开发，通过技术解构机制加快对全成型技术的消化吸收，积累了新技术的必要知识，具备了产品工程能力，推出了TAURUS全成型横机
技术自主性	慈星基于事坦格对其市场知识的依赖，通过技术重构主导研制了多款具有自主知识产权的KS系列一线成型横机，实现了从技术依赖到技术自立的转变，实现了全成型技术的自立自强，产品技术性能超越了同行水平。慈星在全成型横机市场上建立起了强大的竞争力，凭借独特的技术优势和强大的规模效应开始引领行业的发展
独特学习机制	慈星长期深耕国内市场，拥有一支训练有素的技术服务团队，积累了大量的客户知识与丰富的市场知识，也积累了全成型技术的基本知识。基于吸收能力视角，慈星通过技术解构和技术重构两种机制，将先进技术分解为若干部分或模块然后进行消化吸收，再通过本地化创新和调整，将不同来源的知识重组为商业产品，从而抓住市场机会

（三）链主型企业培育角度的宁波纺织服装产业现存问题分析

目前宁波纺织服装产业并没有真正形成与高质量发展要求相适应的现代化产业链，产业附加值偏低，在全球价值链上的增值能力较弱，从链主型企业培育角度看，产业发展尚存在以下几个突出问题。

1. 产业链仍存在同质化，数字化融合仍有潜力

研究表明，链主必须至少具备一种超越产业链供应链中其他企业的能力，在产业链供应链中不可替代，并且具备资源整合和协调共赢的能力。而宁波纺织服装产业集群中的中小企业却对自身定位相对模糊，产业呈现进入门槛较低、技术水平不高、劳动密集型等特征，导致产业链同质化竞争严重、互补性不强，使宁波整体产业链的联动性无法发挥、产业集群范围经济和规模经济效应受到很大的制约。同时，在跨入数字化时代过程中，宁波纺织服装产业仍在一定程度上存在探索"互联网+先进制造业"模式的深度、广度和厚度有待进一步提升的问题。可以说对纺织服装产业而言，全面开启数字化融合是加速企业管理和产品升级换代的关键。

2. 产业链仍处中低端，自主创新能力相对较弱

众所周知，宁波是名副其实的制造业强市，各类制造业企业达12万家，但大部分企业特别是纺织服装企业仍深耕于传统制造业领域，仍处于价值链中低端，

企业的发展一定程度上受能源、原材料、劳动力等要素价格波动的影响和制约较为突出。同时，在智能化的道路上，智能设计、智能制造、智能管理等领域的市场多被国外产品占领，智能制造应用的关键部件和核心技术仍以进口为主，对外依存度较高。总体上来说，宁波纺织服装业在价值链中虽参与度高，但中低端锁定效应明显，产业增加值率相对较低且向上攀升的难度较大，导致缺乏稳固的产业链主导地位。究其原因，主要是纺织服装产业主体自主创新能力不足，这也一定程度上说明宁波要从制造业"大市"迈向制造业"强市"任重道远。

3. 产业链协同能力仍不强，数据要素流动效率有待提高

近年来，虽然宁波纺织服装产业智能化改造初见成效，智慧工厂、数字车间等不断涌现，但仍普遍面临着企业对数据价值的认识参差不齐、各企业间相互独立、缺乏统筹管理的理念和实践等诸多问题。这使整个产业链信息系统的协同能力较弱，数据难以实现无障碍流通、实时流动和信息共享。一方面，从数据分布来看，宁波纺织服装产业数据种类繁多、体量巨大，虽然在数据供给方面具备潜力，但鉴于数据资源过于碎片化，跨领域、跨行业的数据融合机制并不完备，尚有进一步提升的空间。另一方面，从数据采集来看，目前宁波纺织服装产业企业数据收集缺乏统一的平台、标准和格式，一定程度上造成了数据孤岛，使数据流通、互认都较为困难，这使产业大脑建设进一步深入存在瓶颈。

四、国内外典型区域产业优化及链主型企业培育经验借鉴

2020年，工业和信息化部提出培养一批具有生态主导力的产业链"链主"企业，整合创新资源和要素，打造一批具有全球竞争力的世界一流企业。浙江省政府于2022年9月印发《关于高质量发展建设全球先进制造业基地的指导意见》，提出实施产业链"链长+链主"协同机制，动态培育50家"链主"企业和一批"链主"伙伴企业。目前，我国一些省份在提升"链主"企业生态主导力方面进行了一些探索。例如，广东省在2021年1月政府工作报告中提出：探索实施"链长制"，培育一批控制力和根植性强的链主企业与生态主导型企业。同时，美、德、日等国家在链主企业培育方面也积累了诸多经验，可供我们学习参考。鉴于此，为更好地培养链主企业，促进产业发展，课题组选择国内外典型地区进行比较分析和经验借鉴。

（一）长三角产业集群、产业强链比较分析

近年来，长三角上海、江苏、浙江、安徽"一市三省"分别绘出产业集群发展、产业强链图谱。上海打造具有国际竞争力的6大高端产业集群，推进3大先导产业规模倍增。江苏聚焦13个先进制造业集群，促进10条产业链卓越提升。浙江打造4个世界级先进制造业集群，基本形成10大标志性产业链。安徽建设5个世界级战略性新兴产业集群，绘制8大产业链升级路线图。随着长三角"一市三省"产业链现代化水平的提升，使得长三角产业链的协同发展获得了更大的推动力。通过比较分析，如表4-15所示，为宁波加强产业链的监测分析、跨区域重构对接、"链主"企业的引领和政府的支持引导等提出借鉴。

表4-15 长三角"一市三省"产业集群、产业强链比较分析

地区	产业集群	产业强链
上海市强化高端产业引领功能	加快发展电子信息、汽车、高端装备、先进材料、生命健康、时尚消费品6大重点产业，打造具有国际竞争力的高端产业集群	推进集成电路、生物医药、人工智能等3大先导产业规模倍增
江苏省"产业强链"三年行动计划（2021—2023年）	聚焦新型电力（新能源）装备、工程机械物联网、前沿新材料、生物医药和新型医疗器械、高端纺织、集成电路等13个先进制造业集群和战略性新兴产业	培育50条重点产业链，做强其中30条优势产业链，促进其中特高压设备、起重机、车联网、品牌服装、先进碳材料、生物医药、集成电路、高技术船舶、轨道交通装备、"大数据+"等10条产业链卓越提升
浙江省实施制造业产业基础再造和产业链提升工程行动方案（2020—2025年）	打造绿色石化、节能与新能源汽车、数字安防、现代纺织等4个世界级先进制造业集群	基本形成具有全球竞争力的数字安防、集成电路、网络通信、智能计算、生物医药、炼化一体化与新材料、节能与新能源汽车、智能装备、智能家居、现代纺织等10大标志性产业链
安徽省提升产业基础能力和产业链现代化水平实施意见	"十四五"期间，将建设新型显示、集成电路、新能源汽车和智能网联汽车、人工智能、智能家电5个世界级战略性新兴产业集群	绘制新型显示、集成电路、智能家电、新能源汽车等8大产业链升级路线图。制定"工业强基任务表"，发布"重点领域补短板产品和关键技术攻关指导目录"

(二)国外打造链主型企业的经验借鉴

选取美、德、日三国为比较研究对象,对其打造链主型企业的路径特征和先进经验进行系统梳理,如表4-16所示,找出启示和借鉴,如建立高效"促进机构",打通政策链、创新链、产业链和资金链,实施有效的金融财税政策,改善制造业企业的生存环境,加大政府扶持力度和产业创新,夯实人才基础等。

表4-16 美、德、日打造"链主型"企业的路径和经验梳理

国家	路径特征	先进经验
美国	遵循"研发创新—成果转化—引领市场"的产业升级道路	①重视企业创新和知识产权保护; ②不断持续加强对高端制造企业创新研发的资本投入; ③创立高端制造企业孵化器
德国	培养"小而强"的隐形冠军企业。(在全球制造业隐形冠军企业中,德国占比51%)	①组建政府主导的产业创新园区; ②推行严格质量标准管理制度,重视"德国制造"的品牌形象; ③进行创新项目资助并鼓励企业创新; ④政府资助非营利性科研机构,将科研机构专用化; ⑤构建"双元制"职业教育体系培养大量高技能的产业工人
日本	精益生产的制造体系,产业链协同发展	①采用精益生产制造体系; ②打造制造业大中小企业协同发展的产业链; ③"链主"企业重视基础技术的研究和创新发展,重视国际化运营管理能力和"工匠精神"

(三)比较分析结论

基于上述比较分析,笔者发现培育"链主"企业的关键要素和举措可以大致归纳为以下几个方面。

1. 深耕主业业务提升竞争优势

从各地实践来看,培育链主企业通常聚焦主业业务领域,即企业投入关键资源到关键流程中,实现"关键资源—核心能力—竞争优势—产品优势"四个传导环节,最终通过主业业务提升实现同级产品或服务消费对象的超常规发展,实现以量换质的跨越发展。

2. 面向主业领域的技术先发优势构建

从企业实践来看,链主企业新技术研发的方向和领域首先应聚焦主业,建立

主业技术优势转化的市场规模、产品标准及品牌号召力等，通过核心业务的规模效益溢出效用，驱动技术进步，同时反哺创新技术研发投入，形成"研—产—销—再研"的良性循环，从而构建主业领域技术先发优势。

3. 数字化升级和互联网思维能力

从链主企业实践中可以看到，在智能化、大数据、5G 和工业 4.0 等领域布局对链主企业培育、产业基础高级化和产业链现代化具有重要意义，相当的企业实践需要用户思维、迭代思维、平台思维、简约思维、流量思维、大数据思维、跨界思维、社会化思维、极致思维等，从而构筑互联网思维和互联网化的人才积淀、产业积淀和技术积淀。

4. 强化核心业务市场创新能力

在核心业务关联的产品、销售、投研、风控、运营等中，构建联合经营生态和跨界服务能力，实现业务发展生态化，实现单一用户到群体用户、单一市场到多样市场的转变。以灵活商业模式触达更深层次的用户和市场，以规模化市场应用反哺企业核心产品技术升级，确保核心业务技术创新力的引领，筑牢核心业务创新策源高地。

五、宁波纺织服装产业基础高级化和产业链现代化对策建议

在上述实证研究和比较分析的基础上，结合宁波实际，借助产业经济视角，从产业关联、产业结构、产业组织等三个方面提出基于链主型企业培育的宁波纺织服装产业基础高级化和产业链现代化路径建议。

（一）产业关联方面

1. 加强顶层设计，巩固链主培育基础，推进产业基础再造

宁波纺织服装产业基础比较雄厚，但部分关键产业的技术对外依存度过高，关键产业、核心技术创新能力亟待提升。一是加强顶层设计，在科技型企业培育、创新平台建设、项目成果转化等方面，制定行之有效的激励政策来引导、支持"链主"企业加大研发投入和提升创新能力。对促进企业集群健康发展的"链主"企业，给予政策上的支持，特别是在总部落户、人才培养、产业扶持等方面实施优惠政策。二是夯实产业基础能力，引导具有比较优势的行业龙头企业为主导，聚焦关键设备、核心技术自主化要求，开展产业链垂直整合，促进产业上下游集聚配

套,以产业链供应链为纽带,形成产学研紧密结合的协同创新体系。三是加大金融支持力度,优化产业基础发展环境。数据显示,我国基础研究经费投入比重仅占 5.5%,而美国高达 24.6%。可以通过建立政府投资基金,发挥多元业态金融体系作用,支持产业链"隐形冠军"和"链主"企业直接融资,推动补链、强链、延链进程。

2. 抓住战略机遇,协同推进链主培育条件,提升产业协同生产力

一是以"一带一路"为契机,加深与沿线国家在营商环境、投资环境和资源环境等方面的合作,开拓多元化市场,以优势产品嵌入国际纺织服装供应链,让浙江制造产品"走出去",提高浙江制造品牌影响力。二是开展产业链重构,提升产业链的抵抗恢复力、高端链接力、领先竞争力,不断探索长三角区域协同发展的共商、共建、共享的共同价值观,以此获取新的产业协同生产力。三是构建互利共生的多边平台,鼓励"链主"企业利用自身业务优势来培育未来关键业务,带领集群整合、选择平台业务边界,实现多主体互利共生的商业生态。

(二)产业结构方面

量化分析强链更强,强化优势产业主导地位,促进产业结构高级化。一方面,发挥"链主"企业在产业链供应链中的引领带动作用,推动企业向"专精特新"方向发展,有效提升宁波纺织服装产业链的高效协作能力,将释放的要素资源集中投向设计、研发、品牌、渠道等环节,促进向创新型产业集群转型。另一方面,培育宁波产业集聚高级形态,以资源禀赋、市场拉动、创新驱动等举措,通过强链、补链等,促进集群要素充分集聚,做大做强纺织服装主导产业链,在此基础上形成配套主导产业发展的态势,从而带动区域产业发展和产业升级。

(三)产业组织方面

1. 提升整体效率,完善产业链生态体系,促进产业链上下游协同发展

提升产业整体效率,完善产业链生态体系,构建大企业与专精特新中小企业融通发展的生态。通过部门联动、上下推动、市场带动,促进大中小企业创新链、产业链、供应链、数据链、资金链、服务链、人才链"七链"全面融通。优先推动纺织服装品牌企业和实力化纤企业对中小企业开放技术市场、标准、人才等创新资源,加强交流合作,构建协同高效、融合顺畅的大中小企业融通发展生态,激发涌现更多协同配套能力突出的专精特新中小企业。

通过优化资源配置,推动协同研发,推进应用实施,构建创新生态。加快谋划建设区域数字化转型创新中心,为区域中小企业实施智能制造和数字化转型提供一站式服务,提供更加便捷、更加经济的场景数字化解决方案,有效破解中小企业数字化转型难题,增强中小企业数字化、智能化、网络化能力。

2. 鼓励自主创新,实施关键核心技术攻坚,建立产业链核心企业库

据统计,我国纺织服装行业专精特新企业设计研发人员占比由2017年的11.8%提高到2021年的15.7%,研发投入强度保持在3%~4%,远高于制造业和纺织行业平均水平,研发投入和创新能力已经成为企业核心竞争优势的关键指标。因此,需强化企业创新主体地位,以企业和企业家为主体提升产业链控制力,推动各类创新要素向企业集聚,以纺机核心零部件、新材料、数字转型服务、新生产工艺等行业短板、难点为导向,支持龙头企业和专精特新牵头对重点产业链"卡脖子"关键核心技术进行产业化突破,引导产业链上下游企业、研发机构等单位组建联合体,形成产业链核心企业库。同时,政府加快建设有效服务企业库的支撑服务平台,形成较完善的知识产权保护、人才多层次培养、风险投资等体系,吸纳更多主体,完善对"链主"企业的监管制度体系,营造公平竞争的环境,避免企业过大过强可能带来的垄断问题,促进产业链协同发展生态的良性循环。

3. 全面实施数字技术赋能,推动全产业链优化升级

一是适应5G、人工智能等产业发展需要,加快新型基础设施建设,支撑关联产业链加快发展。大力发展网络协同制造、大规模个性化定制等智能制造新模式,提升产业链智能化水平,形成"循环产业链"。应用大数据、云计算、区块链等先导技术,与产业链融合创新,建设"数字产业链"。二是立足"链主"企业的基础优势,推动数字技术和制造业融合发展的范围更广、程度更深、水平更高。提升数字化、智慧化技术水平和支撑能力,充分利用"互联网+"的优势,对供应链全过程的业务场景进行模拟仿真和实践应用,把云计算、大数据、人工智能等数字技术与制造业的设计、采购、制造、销售、服务等各个环节进行深度融合,增强产业链上下游合作能力,提升智慧应用效果。三是加快中小企业特别是专精特新企业数字化转型步伐,把数字化建设作为提升企业管理现代化水平的重要手段,促进降本增效、优化资源配置,实现企业经营管理与数字化技术的深度融合,为企业经营注入新动力。中小企业推进数字化转型要结合自身实际和发展需求,认真审查和分析企业的关键问题,研究数字化应用的关键场景,根据近期与中远期目标相结合,以及局部与整体规划相统筹,稳步推进面向技术、管理、生产、产品、服务等过程的细分场景。

专题五　国潮品牌助推宁波时尚产业消费升级的路径研究

随着时代变迁、经济发展以及国货品牌质量的不断提升,海外品牌备受追捧的日子一去不复返,如今越来越多的用户开始倾向于选择国货品牌,并由此掀起了一股"国潮风"。例如,中华老字号海鸥推出首个潮表系列,85%购买者为"90后";我国传统非遗文化产品玉骨绢扇,受到年轻人追捧;回力球鞋新奇联名雀巢"冰激凌"在2022年夏季发售,圈粉"00后";潮玩品牌为年轻人打造宇航员手办,在得物App首发上架仅2小时即告售罄。从老字号在年轻人中走红,到新锐国产品牌不断涌现,近年来,国潮经济呈现蓬勃发展之势,成为促消费扩内需的重要推动力量,也为传统产业升级提供了契机。

本专题以宁波时尚消费产业为研究对象,以国潮商品作为切入点,通过文献研究、实地调研法和定性分析法来深度研究国潮产品对宁波时尚产品购买力的具体推动模式和发展路径,为此类品牌商品就宁波时尚产业的消费力提升提供一定的方向指导和技术支持。

一、研究背景

(一)被低估的时尚底蕴

当国内还是清一色粗布素衣的时候,宁波"红帮裁缝"独树一帜,创立了五个第一:第一套西服、第一套中山装、第一家西服店、第一部西服理论专著、第一家西服工艺学校。在中国服装史上留下了浓墨重彩的一笔。当宁波红帮裁缝在上海老外滩扬名立万的时候,其就已经成为近代中国服装史的时尚先锋。

时至今日,宁波时尚产业蓬勃生长,雅戈尔、罗蒙、杉杉等宁波制造产业享誉全球。为了更好地和国内外优秀时尚文化沟通交流,宁波于1997年10月举办了第一届"宁波国际服装节"(2019年全新提升为宁波时尚节),距今已连续举办了25年。"红帮裁缝"既是一种技艺,更是一种精神,凝聚了宁波人的创业精髓,深深影响着宁波时尚产业的发展。

宁波,这座全国最大服装制造业基地和主要的出口城市,服装规上企业年产值超千亿元;坐拥"北纬30° 最美海岸线""甬上之城";一批批高端商业综合体迅速崛起的千年商城;具有深厚历史底蕴的长三角南翼网红城……诸如此类的美名和传承,都在为"时尚之都"打下坚实的基础。

(二)不可忽视的宁波时尚消费力

麦肯锡发布的《2022年全球时尚业态报告》显示,中国经济活动恢复到2019年水平的速度远快于世界其他地区。同时,《2022年全球时尚业态报告》还预测全球时尚销售额在2023年将达到2019年的103%~108%。

尽管预计2023年整体销售额将全面复苏,但业绩将因地区而异,增长可能由美国和中国推动,而欧洲则滞后。根据《2022年全球时尚业态报告》预计,Z世代等年轻群体和中等收入及以上群体的较富裕消费者将对休闲消费(包括时尚、外出就餐、旅游、娱乐、电子产品等)的需求最为强劲,时尚则是他们犒赏自己的三大方式之一。

在中国,消费者的消费能力增长前景广阔,收入的增加预计将推动下一个十年间消费增长达到10万亿美元,在现阶段,时尚市场恢复到2019年之前的销售水平。作为制造之城,宁波也把建设国际消费中心城市作为城市升级的重要发展方向,渴望全面实现由"生产型"城市向"生产+消费型"时尚城市的转型。

(三)"国潮"流行彰显文化自信

2022年6月,工业和信息化部等五部门联合印发《数字化助力消费品工业"三品"行动方案(2022—2025年)》,提出"挖掘中国文化、中国记忆、中华老字号等传统文化基因和非物质文化遗产,加强新生消费群体消费取向研究,创建消费场景,推进国潮品牌建设"。"国潮"迎来新的发展机遇。

"国潮"流行实则是中国文化不断走向自信的必然。"国潮"越来越热的原因,除了产品自身,还在于其背后是中华民族博大精深的文化底蕴,是中华优秀传统文化的创造性提炼和转化,是深层的文化自信和民族认同。而近来备受追捧的国潮产品,几乎都离不开传统文化的影子。这样的国潮产品蕴含了丰富的文化符号、形象和理念,购买带有中国传统文化元素的产品成为许多年轻人表达情感、彰显个性的重要方式。追逐国潮、喜爱国风是国人消费升级、越发注重精神需求的结果,更是中国文化不断走向自信的必由之路。

二、宁波纺织服装企业国潮创新实践

所谓"国潮",简单来说就是"国风+潮流"。主要有两层含义:其一,有中国文化和传统的基因;其二,能将传统文化与时下潮流相融合,使产品更具时尚感。大火的"国潮经济"和过去意义上的"国货"有所不同,实质上是国内品牌的自主创新——把握机遇,加强内功修炼,从产品、设计、服务、用户洞察上持续深耕,在数字化营销上做好布局的同时,持续加大在技术研发上的投入,提高品牌竞争力,打造企业品牌和产业集群区域品牌,实现企业的健康成长和发展。伴随国潮经济的不断发展,中国风逐渐渗透到人们日常生活的方方面面。在宁波,服饰、食品和户外露营这三个领域对国潮系列的引入和联动尤为活跃。

当前,以国内大循环为主体、国内国际双循环相互促进的新发展格局正在形成,越来越多"宁波制造"利用产地优势,创品牌、拓内销,一大批宁波本土新国货品牌带着文化潮流的大热趋势迅速崛起,下面选取两个典型代表进行简要分析。

(一)国潮出圈——时尚风向标太平鸟

太平鸟服饰品牌的出圈传递出国货品牌新主张,近年来逐步加入中国元素,让国潮设计真正流露出本土文化的魅力。2021年,太平鸟男装(PEACEBIRD MEN)选择与古风国漫《大理寺日志》"跨次元"合作。古风漫画作品《大理寺日志》以唐朝武周时期为背景,太平鸟男装提炼出漫画中武士版"猫爷"、忍者版"一枝花"等印花,并借鉴了唐代法门寺出土纹样、唐代琵琶装饰花纹的腰果花图案,以大面积平铺、拼接等方式融入设计中,借助现代服装表现出大唐文化的艺术风格。

国潮也是一种青年生活方式,渗透在信息接收、购物消费、线下体验等方面。为此,太平鸟在文化内涵和内容营销上不断创新,通过时尚大秀、线下活动等方式贴近青年群体的潮流生活。太平鸟既是国潮的代表,国潮反过来也深化了太平鸟作为中国品牌的自我认知,并持续推动东方潮流美学走向世界,让中国时尚文化融入国际语境。巴黎时装周上,太平鸟用青年的探索和好奇心定义"太平青年";上海线下艺术展联名迪士尼打造"花木兰的新衣"。2021年度金字招牌暨新国货榜样中,太平鸟获得"国潮榜样"奖项,以国潮姿态印刻在新一代消费者心中。

(二)国潮新锐——户外露营品牌挪客

挪客(Naturehike)是宁波本土崛起的露营品牌,在当代年轻人和登山爱好者中颇受欢迎。挪客成立于2005年,初期是一家以研发、生产和销售登山鞋和背包为主的户外品牌。那时露营还是个鲜有国人问津的活动,为数不多的户外爱好者所用的装备全都来自国外的品牌。从事户外用品代工业务的宁波人季剑明创办了挪客,从一款徒步帐篷起步,一步步研发、设计与销售。经过多年的努力和发展,挪客逐渐在户外市场崭露头角,系列产品已覆盖户外露营、户外休闲、登山徒步、旅游出行、户外服饰等多个领域,成为一家国际知名的户外品牌(图5-1)。挪客品牌的成长史,堪称中国户外露营行业发展的一个缩影。

图5-1 挪客国潮系列露营展品

如今,户外露营产业在国内已经掀起风潮。《2022—2023年中国露营行业研究及标杆企业分析报告》显示,2022年中国露营经济核心市场规模达到1134.7亿元,同比增长51.8%。预计2025年中国露营经济核心市场规模将升至2483.2亿元。天眼查数据显示,截至目前,我国有露营相关企业13.3万余家,2020—2022年平均增速达到33%,2023年以来,新增露营相关企业近1.6万家,同比增长21.1%。

户外品牌的竞争也越演越烈，在众多国内外的竞争中，坐在风口，挪客潜下心来，深耕产品研发，首个提出将装备品牌与国潮 IP 敦煌联名，打造"国潮＋露营"的新创意。此次联名将传统的敦煌元素与新潮的露营装备相结合，将充满代表性的宝相花、三兔共耳、飞天等图案用在帐篷、毯子、盘子、杯子、桌子等各个露营装备上，让使用者在露营中感受到别样的西域风情。例如，"朗"金字塔帐篷穹顶上选用了"三兔共耳"的图案为核心叠加传统纹样，有着生生不息，周而复始的寓意。另外，还有"飞天"围绕着华美饰物展开图案运用在旗帜和披毯上做装饰，通过飞天千姿百态、自由自在的形象，表现户外生活的美和诗意。敦煌是很多户外探索者的心之向往，这次挪客与敦煌的联名，专门为户外爱好者打造了一场自然领悟与文化贯彻交融。与众不同的国潮属性迎合了 Z 世代的审美追求，在贡献个性与兴趣的同时，还能让人一眼发现同好，迅速找到话题，为露营社交锦上添花。在"国潮＋露营"的双重加持下，挪客还借助阿里巴巴组合投放，拿下超 6100 万的销售额，证明了挪客这次将"国潮＋露营"的尝试是非常成功的。挪客的品牌负责人表示，希望继续讲好中国品牌故事，让"国潮"涌动"洋流"。

当下，"国潮＋露营"已经成为文旅出圈新方式，不仅促进了文旅行业的复苏发展，也进一步推动了文化传承，彰显文化自信。随着国潮联名成为文旅品牌的营销大势，国潮联名已不再是包装的改变，而是加强和提升深度的尝试。

三、宁波纺织服装产业消费力增长瓶颈

以纺织服装为主体的时尚产业是宁波传统优势产业，从纺织纤维、印染布、高档面料到家纺、服装服饰，已形成门类齐全、产业链完备的产业体系。随着时尚产业被列入浙江省着力打造的八大万亿级产业之一，时尚纺织服装产业也被纳入宁波"246"万千亿级产业集群培育工程，宁波时尚产业迎来转型升级、跨越发展的机遇期。

宁波时尚产业有很好的产业基础，特别是在产业规模、产业文化、龙头品牌企业、智能化制造水平等方面比较突出。宁波有国内优秀的服装品牌，也有众多中小服装企业；有深厚的服饰文化底蕴，有红帮裁缝，中国第一套中山装、第一套西服、第一家西服店、第一部西服理论著作均出自宁波，这是宁波独一无二的优势。宁波也是国家智能制造示范城市，服装智能制造走在行业前列。宁波积淀了

优秀的文化传统，也是国际港口城市，具有时尚城市需要的地标景观和独特的城市特质。作为制造之城，宁波正处于逐步由"生产型"城市向"生产+消费型"城市的转型阶段，然而从消费力角度看，宁波时尚产业在转型过程中仍存在一定增长瓶颈。

（一）原创设计、独立品牌打造的能力和意识尚显不足

在对宁波当地消费者的采访中，许多受访者表示，有些主打原创设计的本土品牌，以致敬大牌的名义，直接抄袭其他品牌的设计，或是将一些已经受到消费者认可的爆款元素加入他们的设计中，缺乏创意，而且不少店铺存在着严重的质量问题。对于一个企业来讲，自主研发一个产品是一件费时费力费钱且冒险的事情，需要经过版型设计、筛选用料、制作、根据成本和市场进行定价等许多步骤。所以许多企业为了盈利，更愿意通过抄袭、模仿爆款快速打下一定的受众基础，并且重"量"不重"质"。这种只关注短期利益的做法，不利于国潮品牌的长远发展。

（二）本地消费市场的购买力还需进一步挖掘

"藏富于民"已经成为宁波的一个隐形的城市标签，国家统计局2022年公布的数据显示，宁波社会消费品零售额（以下简称"社零总额"）、人均社零总额分列全国城市排名第18位和第19位，远低于GDP排名6个位次。全市居民边际消费倾向（居民消费支出/可支配收入）长时间维持在0.6左右，低于全国平均水平0.7。另外，2022年整个宁波市人均消费支出42997元，同比增速仅6.2%，增速远低于2021年度的17%。这些数据都表明了宁波本地居民收入与消费能力不匹配，现存的本地市场及本地品牌对消费者的吸引力有限，消费潜力还需进一步挖掘。

（三）本地商场缺乏多样性和核心竞争力

宁波本地商场如天一广场、鄞州万达广场、江北万达广场、银泰广场等结构相似，品牌单一，存在同质化问题，缺乏对消费者的吸引力。以服装为例，几乎每个商场都有维莎曼（VERO MODA）、ONLY、优衣库（UNIQLO）、URBAN REVIVO等，这些品牌重复率极高，相反对本地品牌的关注和支持度较低。新开业的阪急百货店，引进的新品牌较多，但大多是国外的品牌。随着消费者生活水平和消费观念的提升，他们对消费品的品质和品类要求也越来越高。宁波本地

滞后的商场配置和品牌建设导致具有消费能力的消费者更愿意选择线上消费或到上海、杭州等外地进行消费，这样更不利于本地市场的长远发展。

（四）本地品牌的营销和宣传途径较单一

在这个信息大爆炸的时代，信息的传播和品牌的更替非常快速。想要吸引消费者眼球，增加品牌吸引力，就要利用各种渠道进行宣传和营销。宁波本土的品牌大部分还是集中传统的宣传模式，缺乏创新。

四、国潮产品助力宁波时尚产业消费升级路径研究和对策建议

（一）推动"国牌崛起"，支持国潮产品品质与创新

出台时尚产业转型升级相关政策，在专项资金、税收政策、融资、用地等方面给予帮扶，大力支持企业技术改造和扩大专业人才蓄水池，建立以高性能纤维新材料、高端产业用纺织品等为主要研究方向的时尚纺织服装实验室和支持以"泛时尚"为引领打造"产学研展商"一体的 NFCC 宁波时尚创意中心实验室。同时，宁波相关企业要注重国潮品牌的标志性文化输出和独特的国风理念，以引导本土时尚设计师们专注品牌建设，在一定程度上改善过度重视制造生产的企业观念。

诚然，我们欣喜地看到，宁波本土户外品牌挪客，首个提出将装备品牌与国潮 IP 敦煌联名，打造"国潮 + 露营"的新创意。此次联名将传统的敦煌元素与新潮的露营装备相结合，将充满代表性的宝相花、三兔共耳、飞天等图案用在帐篷、毯子、盘子、杯子、桌子等各个露营装备上，让使用者在露营中感受到别样的西域风情。宁波市内纺织服装专业人才院校——浙江纺织服装职业技术学院在做好专业人才输送的同时将非遗文化理念，如金银彩绣融入服装设计的课题中，做到"文化 + 时尚 + 流行"的再组合。以国家特有文化和东方美学元素作为设计输出，切实弥补了宁波时尚产品在设计和创意上的不足，也证实了时尚产业在产品创新的同时对传统文化输入的迫切需要。

（二）贴合"Z世代"人群喜好，促进国潮新消费

加强政府引导，在构建"主流媒体 + 专业媒体 + 新兴媒体"的时尚传播矩阵中进行全方位、多角度的主流文化输出：从小就通过互联网平台了解世界，在中国腾飞和国家文化传播的背景下成长起来的年轻人有着强烈的民族自豪感与文化自信心，对兼具设计与质量的国货认同感更高，推动国潮成为一股不可忽视的消费新潮流。

在国潮消费中，"Z世代"年轻人已然成为中坚力量。据新华网发布的《国潮品牌年轻消费洞察报告》，在全行业国潮品牌消费中，"90后""00后"是绝对主力军，贡献了74%的国潮消费。对于"Z世代"群体来说，这些既有文化内涵又有时尚设计的国潮服饰品牌，逐步构成他们内心深处的审美潮流，成为当下的消费新风尚。例如，老字号国潮食品品牌"缸鸭狗"为了迎合当代年轻人的喜爱，推出了榴梿、芝士、抹茶等新口味，并上架了外卖平台，方便年轻人购买。因此，国产品牌企业应当通过设计和开发各种新的产品来满足年轻人追求时尚、彰显自信和情感满足的需求，以此迅速扩展国潮品牌的青年用户群体，促进消费。

（三）举办国风活动，持续打造城市消费产业生态圈

积极引导和鼓励企业参与宁波商业综合体和特色商业街活动，在有一定影响力的"宁波时尚节"中，让宁波本土国潮品牌"走出去"，建设一批国潮时尚品牌专有展示平台，积极引进新兴国潮品牌发布会，开展"宁波新锐国潮设计师"等评选活动。逐步形成国潮时尚风向标，以此在凸显宁波商业特色的同时促进国潮消费。例如，在2022年宁波购物节期间，东福园、三关六码头、蒋家龙门千层饼、德茂成文昌油赞子、桑洲三宝等15家宁波老字号企业集体亮相"潮回东渡路"夜生活，尽展国潮国货品质生活。与此同时，融合了传统文化的古风市集也在宁波多地文旅场所"开张"。再如，在慈城古城，一场以慈城全城为活动场域，以大宋为生活背景，横跨半年的大型沉浸式宋潮国风体验活动拉开了慈城古城文化旅游消费的序幕。全城光影秀、汉服巡游、宋朝集市、古彩戏法……吸引了大批游客体验参观。慈城镇系列主题活动内核就是众人以文化为内核，共建、共创"宋潮理想"，以开放的姿态，与市民游客共创东方美学、宋风市井，共享这场文化生活的盛宴，实现商户口碑营收双丰收。

除了慈城古城、象山影视城（图5-2）外，宁波城隍庙等地也依靠自身优势，精心策划设计，在2022年购物节期间打造了一系列"唐风宋韵"活动。文旅惠民，

国风满满，游客赴兴游怀，商户名利双收。

图 5-2　象山影视城国风市集

（四）推进国潮品牌数字化，助力宁波时尚消费产业升级

国潮产业，要依靠"文化＋科技"的双轮驱动来助力宁波时尚产业的消费力提升，加快国潮品牌数字化转型已成为民众消费升级的亮点。2023 年 5 月 25 日，宁波市消费品品牌数字化赋能"潮涌计划"启动仪式正式举行（图 5-3）。该活动由宁波市经济和信息化局、宁波广播电视集团主办，紧紧围绕 2023 年工业和信息化部"三品"全国行主题，旨在依托宁波品牌优势，联动政府、媒体、高校、企业等多方资源，推动产业链、供应链、资金链、创新链四链融合，贯通生产端和消费端，为企业数字化转型赋能。

下一步，宁波将着力推进数字赋能"五个一"工程，即打造一个宁波消费品工业数字聚能平台，推进宁波品牌直播赋能行动；构建一个以"专业驱动、生态赋能"为特色，以品牌数字营销为核心的共生共建共享生态体系；营造一个以宁波（前洋）直播中心为载体，集线下选品、品牌展示、品牌直播间等功能为一体的集中展示空间；推出一系列以"国潮宁波造　直播行天下"为主题的直播带货活动；搭建一个宁波消费品工业数字化转型赋能＋品牌宁波直播集聚＋品牌直播交互的多功能平台。

图 5-3　宁波市消费品品牌数字化赋能"潮涌计划"启动仪式

在我国大力推行数字化战略实施过程中，国潮产业也为数字化应用提供了很好的发展平台。例如，在一些艺术工作室中，逐渐开始流行国潮脸谱 AI 数字创作，将数字艺术和国潮品牌相融合，如大明宫国家遗址公园发布的"千宫"系列数字收藏品（图 5-4），可以通过手指滑动屏幕的方式欣赏藏品的各个角度，生动有趣。利用信息技术手段展示艺术品或文物的价值，将赋予传统文化和文物新生命，增强年轻人对传统文化的认同感和归属感。

图 5-4　大明宫国家遗址公园发布的"千宫"系列数字收藏品

（五）推广国潮新概念，发展"互联网+"时尚产业新营销

一是大力提倡新营销模式。国潮商品的营销方式也可以顺应时代的潮流来满

足消费者的精神需求——在内容传播上别具一格。如《国货澎湃》第四期讲述了在新能源汽车的风口上，国产汽车品牌所经历的惊险飞跃，从传统车企求变、新玩家入局到中国制造弯道超车，还原出新造车领域激动人心、波澜壮阔的国货浪潮。不同于传统的图文形式，《国货澎湃》是出品方网易文创首次用微纪录片的形式记录新消费时代，为消费者呈现出对于新消费的全景式理解，兼具故事性与商业洞察。相较于图文，纪录片能够以更直观生动的方式、更完整的内容体量、更浅显的理解门槛触达消费者。通过知识科普的形式进行产品推荐，而不是单纯的体验评测，凭借差异化内容受到很多用户的喜爱。此类知识营销模式顺应了当下内容传播的流行趋势，从而更好地推动"国潮"观念在更广阔的消费市场中的普及。

二是广泛发扬"互联网+"的直播营销形式。如开通国潮主题直播间，宁波市将在数字赋能"五个一"工程中推出一系列以"国潮宁波造 直播行天下"为主题的直播带货活动。

三是积极宣传和推广国潮与"元宇宙"线上运营概念。传统营销受时间、空间限制，新的 AR 技术让虚拟营销无处不在，在任何场景都可以接触到产品、信息，甚至可以虚拟试穿衣服，大大提升了体验感，做到商家和消费者实时连接。同时便于塑造品牌故事，如元宇宙旗袍和花西子虚拟代言人"花西子"。在元宇宙的赋能下，消费领域可以打造一系列充满未来科技的新场景，品牌们以多元化的方式呈现产品，会激发许多潜在客户尤其是更年轻一代的消费欲望，为更多时尚领域的受众者带来未来科技的真实感。

综上所述，宁波时尚产业在"时尚+消费"转型过程中尚有不足，可以选择放眼新兴的国潮产业，利用国潮商品特有的新内容、新品质、新人群、新消费、新科技和新营销来充分发掘时尚消费能力。

专题六　宁波废旧纺织品再生利用现状及对策

我国是世界上最大的纺织大国，纺织工业在中国国民经济中占据重要地位。中国作为世界上最大的纺织服装消费国和生产国，每年消耗大量纺织品原材料的同时也产生了大量废旧纺织品。根据中国循环经济协会的统计数据，我国平均每年有大约2600万吨旧衣服被丢弃，平均每人每年扔掉3~5件。其中，90%以上的废旧服装都直接被填埋或焚烧，造成了极大的资源浪费和环境问题。此外，纺织工业用水量大，生产1吨纺织品用水量可达200吨。据统计，我国纺织品工业用水量约占全国总用水量的6.3%，纺织业的印染和后整理所排放的污水占到全球工业污水总排放量的1/5，纺织工业废水排放成为焦点问题。因此，废旧纺织品的回收利用是纺织业面临的重要难题。

本专题着眼于废旧纺织品的回收利用，从近年来我国废旧纺织品回收利用现状、回收利用技术及典型企业的情况入手，重点分析了宁波废旧纺织品回收利用现状、纺织服装企业的回收利用模式，在借鉴国内外废旧纺织品回收利用优秀模式的基础上，为宁波的废旧纺织品回收利用提出了具有针对性的建议。

一、我国废旧纺织品回收现状

（一）废旧纺织品定义和分类

2021年3月，国家标准化管理委员会出版了GB/T 39781—2021《废旧纺织品再生利用技术规范》标准，并于当年10月实施，《废旧纺织品再生利用技术规范》标准对废旧纺织品的定义是：生产和使用过程中被废弃的纺织材料及其制品，废旧纺织品的来源包含废纺织品和旧纺织品两种。具体而言，废纺织品是指在纺织品的加工过程中产生的废料，如纺纱过程中产生的废丝、织造过程中产生的废纱、印染及服装裁剪过程中产生的边角料等；旧纺织品是指被淘汰的、已经使用过的纺织制品，如旧的服装、旧的家纺产品等。根据废旧纺织品成分的不同，GB/T 38923—2020《废旧纺织品分类与代码》标准将废旧纺织品分成以下几类，如表6-1所示。

表 6-1 废旧纺织品分类

种类	描述
棉类废旧纺织品	以棉纤维为主体的废旧纺织品，棉类废纺织品中棉纤维含量不低于80%，棉类废旧纺织品中棉纤维含量不低于75%
毛类废旧纺织品	以毛纤维为主体的废旧纺织品，毛类废旧纺织品中毛纤维含量不低于60%
涤纶类废旧纺织品	以涤纶为主体的废旧纺织品，涤纶类废旧纺织品中涤纶纤维含量不低于65%
锦纶类废旧纺织品	以锦纶为主体的废旧纺织品，锦纶类废旧纺织品中锦纶纤维含量不低于60%
腈纶类废旧纺织品	以腈纶为主体的废旧纺织品，腈纶类废旧纺织品中腈纶纤维含量不低于50%
其他类废旧纺织品	以除了棉、毛、涤、腈、锦以外的某一种纤维为主体的废旧纺织品，其他类废旧纺织品中主要材质纤维含量不低于50%
混料类废旧纺织品	由两种或两种以上主要原料组成且难以按以上类别界定主体材质的废旧纺织品

（二）废旧纺织品利用量及增速

近年来，废旧纺织品的回收利用取得了较大的进步。2021年，我国废旧纺织品利用量从2016年的285.2万吨增长至456.5万吨，期间年均复合增速为9.86%。废旧纺织品资源综合利用取得突破，喷水织造废水回用、印染废水分质处理、膜法水处理等废水资源化技术在行业内得到推广应用，印染废水热能回收、定形机尾气热能回收等热能回收技术得到普遍应用。化学法再生聚酯纤维产业化突破技术瓶颈，物理法和物理化学法循环再利用纤维产业化技术获得国家科技进步奖，旧衣零抛弃活动深入推进，废旧纺织品分类回收、科学分拣、高效利用等效率和水平稳步提升，我国废旧纺织品的回收数量不断增长。

从回收数量来看，近年来我国废旧纺织品回收数量不断上升，2021年达到456.5万吨，但增速在2021年有所放缓，如图6-1所示。

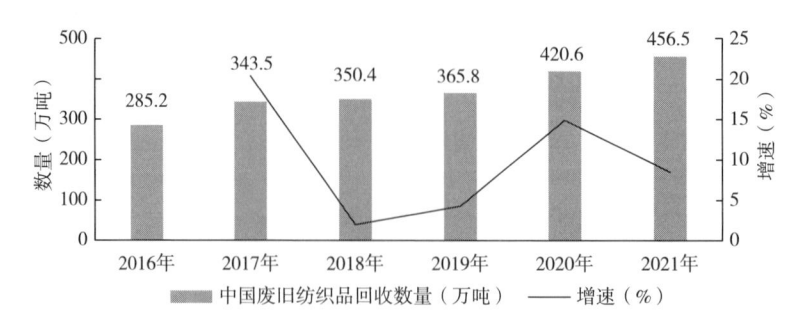

图 6-1 2016—2021年中国废旧纺织品回收数量及增速

资料来源：华经产业研究院。

从回收价值来看,近年来我国废旧纺织品回收价值不断上升,2021 年达到 24.8 亿元,同比增长 13.24%,如图 6-2 所示。

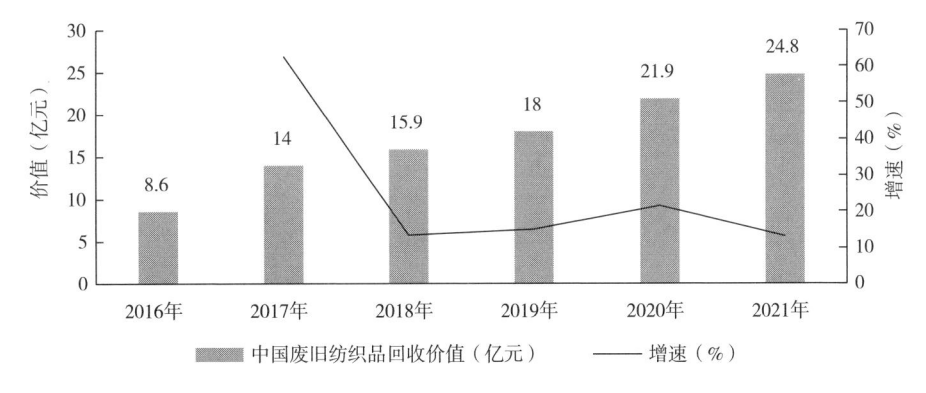

图 6-2　2016—2021 年中国废旧纺织品回收价值及增速

(三) 废旧纺织品进出口情况

进口量方面,我国废旧纺织品进口量逐年下降,2021 年我国废旧纺织品进口数量为 0.5 万吨,同比减少 16.67%;出口量方面,我国废旧纺织品出口量整体呈上升趋势,2021 年我国废旧纺织品出口数量为 44 万吨,同比增长 10%,如图 6-3 所示。

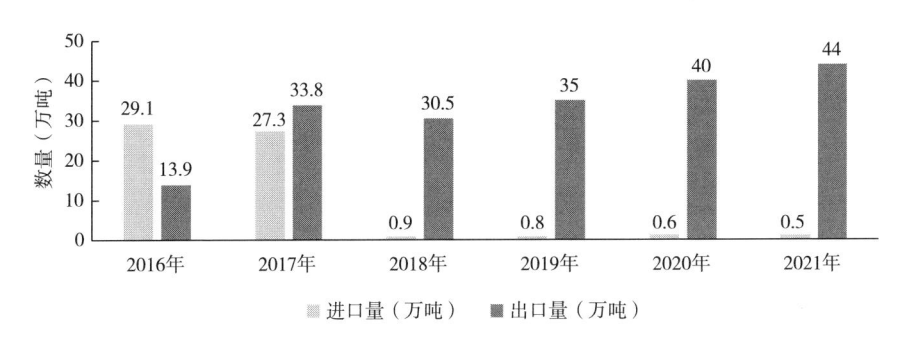

图 6-3　2016—2021 年中国废旧纺织品进出口数量情况

资料来源:中国海关。

从出口目的地来看,如图 6-4 所示,我国废旧纺织品相关产品主要出口到肯尼亚、安哥拉、坦桑尼亚等地,2021 年的出口量占比依次为 14.73%、13.11%、10.46%,其他地区的占比均不足 10%。

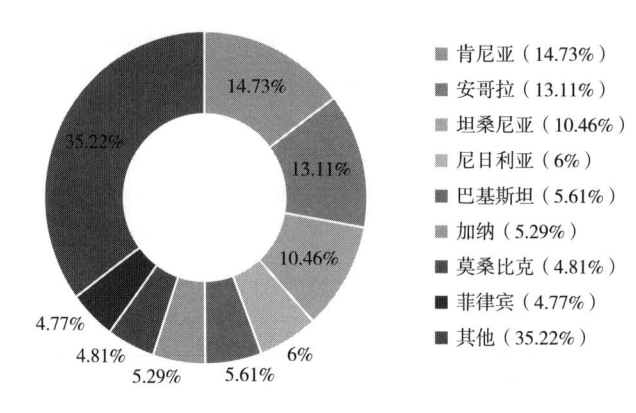

图 6-4　2021 年中国废旧纺织品相关产品出口目的地

资料来源：中国海关。

- 肯尼亚（14.73%）
- 安哥拉（13.11%）
- 坦桑尼亚（10.46%）
- 尼日利亚（6%）
- 巴基斯坦（5.61%）
- 加纳（5.29%）
- 莫桑比克（4.81%）
- 菲律宾（4.77%）
- 其他（35.22%）

（四）废旧纺织品相关政策

"十三五"以来，我国相继出台了一系列制度、政策和措施，对废旧纺织品回收再利用起到了很大的规范和引导作用。例如，2014 年 4 月国家通过了新修订的《中华人民共和国环境保护法》，其中包括鼓励和引导社会各界使用有利于保护环境的产品和再生产品及减少废弃物的产生。2016 年 12 月，工业和信息化部、商务部、科技部三部委出台了《关于加快推进再生资源产业发展的指导意见》。该指导意见将废旧纺织品作为重点领域之一，对废旧纺织品回收利用体系、技术、应用领域等方面提出了指导性意见。2017 年 4 月，14 个部委联合印发了《循环发展引领行动》，包括推进废旧纺织品资源化利用，建立废旧纺织品分级利用机制。如在慈善机构、学校等场所放置旧衣物回收箱，建立多种回收渠道，鼓励服装品牌商回收本品牌的废旧衣物等。

1.《关于加快推进废旧纺织品循环利用的实施意见》

2022 年 4 月，国家发展和改革委员会等部门颁布了《关于加快推进废旧纺织品循环利用的实施意见》（以下简称《实施意见》），《实施意见》从生产、回收、综合利用三个方面明确了推行纺织品绿色设计、鼓励使用绿色纤维、强化纺织品生产者社会责任、完善回收网络、拓宽回收渠道、强化回收管理、规范开展再利用、促进再生利用产业发展、实施制式服装重点突破等九条具体措施，主要内容如表 6-2 所示。

《实施意见》提出，到 2025 年，废旧纺织品循环利用体系初步建立，循环利用能力大幅提升，废旧纺织品循环利用率达到 25%，废旧纺织品再生纤维产量达

表6-2 《关于加快推进废旧纺织品循环利用的实施意见》主要内容

主要内容	具体措施
四项工作原则	①政府引导、市场运作; ②系统推进、重点突破; ③创新引领、规模利用; ④提质增效、规范发展
主要目标	①到2025年,废旧纺织品循环利用体系初步建立,循环利用能力大幅提升; ②到2025年,废旧纺织品循环利用率达到25%; ③2025年,废旧纺织品再生纤维产量达到200万吨; ④到2030年,建成较为完善的废旧纺织品循环利用体系,生产者和消费者循环利用意识明显提高,高值化利用途径不断扩展,产业发展水平显著提升; ⑤到2030年,废旧纺织品循环利用率达到30%; ⑥到2030年,废旧纺织品再生纤维产量达到300万吨
三个环节	废旧纺织品生产、回收、综合利用
废旧纺织品循环利用九项具体措施	①推进纺织工业绿色低碳生产三项措施:推行纺织品绿色设计、鼓励使用绿色纤维、强化纺织品生产者的社会责任; ②完善废旧纺织品回收体系三项措施:完善回收网络、拓宽回收渠道、强化回收管理; ③促进废旧纺织品综合利用三项措施:规范开展再利用、促进再生利用产业发展、实施制式服装重点突破
三项保障措施	①完善标准规范; ②加快科技创新; ③强化政策扶持
三项工作要求	①加强统筹协调; ②强化典型引领; ③做好宣传引导

资料来源:国家发展和改革委员会。

到200万吨。到2030年,建成较为完善的废旧纺织品循环利用体系,生产者和消费者循环利用意识明显提高,高值化利用途径不断扩展,产业发展水平显著提升,废旧纺织品循环利用率达到30%,废旧纺织品再生纤维产量达到300万吨。促进产业用纺织品行业绿色发展,具有双碳背景下的现实指导意义。

国家发展和改革委员会同有关部门着力打通回收、交易流通、精细分拣、综合利用等关键环节堵点、痛点，并强调在标准规范、科技创新和政策扶持等方面加强支撑保障，在统筹协调、典型引领和宣传引导等方面强化组织实施。

2.《纺织行业"十四五"绿色发展指导意见》

2021年6月，中国纺织工业联合会印发《纺织行业"十四五"绿色发展指导意见》（以下简称《意见》），《意见》指出，到2025年，在行业生态文明建设和履行环境责任取得积极进展下，生产方式绿色转型成效显著，产业结构明显优化，绿色低碳循环发展水平明显提高。废旧纺织品回收再利用体系进一步健全，循环再利用纤维年加工量占纤维加工总量的比重达15%。《意见》中对于资源综合利用重点工程的主题做了如下规划。

第一，循环再利用化学纤维重点工程。实施化学法循环再利用涤纶（DMT法）产能提升项目，实现单线产能达到5万吨/年；实施化学法（BHET法）循环再利用涤纶产业应用试点项目，建成3万吨/年生产线；实施瓶片直纺循环再利用涤纶长丝试点示范项目，建设年产3万吨高品质长丝产业化生产线。推进循环再利用锦纶、丙纶、氨纶、腈纶及高性能纤维等品种的关键技术开发。

第二，废旧纺织品再利用重点工程。重点突破废旧纺织品资源化学法聚酯醇解、氨解机理等再生利用关键工艺技术，推进含棉/黏胶纤维的废旧纺织品分拣、回收和绿色制浆技术，加大对废旧军服、警服、校服、各类工装等的定向回收、梯级利用和规范化处理，研发分拣、开松、成网一体化设备，以京津冀、长三角、珠三角、长江中部城市群等为中心，建设覆盖重点省市的废旧纺织品资源化回收、分拣、拆解、规范化处理基地。

2018年《中华人民共和国循环经济促进法》修正，2020年《中华人民共和国固体废物污染环境防治法》修订，全国各地生活垃圾管理条例相应调整，对废旧纺织品的管理仅做原则性约束，缺乏具体细则。2020年实施的GB/T 38418—2019《捐赠用纺织品通用技术要求》扩大了循环利用产品的监管范围，同年GB/T 38923—2020《废旧纺织品分类与代码》、GB/T 38926—2020《废旧纺织品回收技术规范》及GB/T 39781—2021《废旧纺织品再生利用技术规范》共同组成废旧纺织品标准基础体系。由于再生工艺的差异，再生制品的卫生安全性能、理化性能考核细则仍存在空缺。现有体系的引导并未达到对纺织循环体系各阶段的全范围覆盖，标准化综合体系仍需完善。目前，国内废旧纺织品再利用的主要方法及特点如表6-3所示。

表6-3 国内废旧纺织品再利用的主要方法及特点

方法	公司	特点	应用
物理法	温州天成纺织有限公司	拥有未进入消费领域的废纺织品收集、分拣、开松、纺纱全产业链	再加工纤维主要用于家具装饰、服装、家纺、玩具和汽车工业;长度较短,不能纺纱的纤维主要用于工业用非织造布、汽车的隔热保温材料和沙发坐垫等方面
物理法	温州天成纺织有限公司	主要用于棉制品及混纺制品(主要为纺织品边角料)	再加工纤维主要用于家具装饰、服装、家纺、玩具和汽车工业;长度较短,不能纺纱的纤维主要用于工业用非织造布、汽车的隔热保温材料和沙发坐垫等方面
物理法	中民循环经济产业技术开发(山东)有限公司	全国首家、山东唯一的一家捐赠废旧织物生产基地,对废旧纺织品进行分拣、开松、纺纱	再加工纤维主要用于家具装饰、服装、家纺、玩具和汽车工业;长度较短,不能纺纱的纤维主要用于工业用非织造布、汽车的隔热保温材料和沙发坐垫等方面
化学法	浙江佳人新材料有限公司	目前世界上少数实现工业化生产的企业之一	合作品牌:阿迪达斯、迪卡侬、H&M、耐克、宜家、卡帕、GAP等
化学法	浙江佳人新材料有限公司	可以实现废旧涤纶纺织品的无限循环	合作品牌:阿迪达斯、迪卡侬、H&M、耐克、宜家、卡帕、GAP等
化学法	浙江佳人新材料有限公司	化学法循环再生聚酯及涤纶长丝	广泛用于高端运动服、休闲服、内衣、时装、制服、工装、家纺等领域
化学法	浙江佳人新材料有限公司	高品质、多规格、差别化	广泛用于高端运动服、休闲服、内衣、时装、制服、工装、家纺等领域
"物理+化学"法	宁波大发化纤有限公司	"微醇解—脱挥—聚合"聚酯再生技术;主要用来生产有色循环再生利用涤纶短纤维,无须染色	广泛用于面料、沙发、床品、毛绒玩具,以及汽车内饰、工业建筑等领域
"物理+化学"法	优彩环保资源科技股份有限公司	"微醇解—脱挥—聚合"聚酯再生技术;主要用来生产有色循环再生利用涤纶短纤维,无须染色	广泛用于面料、沙发、床品、毛绒玩具,以及汽车内饰、工业建筑等领域

(五)废旧纺织品回收渠道

在废旧纺织品回收方面,我国主要通过垃圾站渠道进行回收。回收企业以废旧纺织物售卖业务为主,通过二手交易平台(如闲鱼等)来实现物品的多次利用,一些省市在学校、社区等区域放置旧衣回收箱来回收旧衣物。但国内专业性渠道回收比较空缺,还有待进一步完善。

在废旧纺织品分拣方面,还是以人工分拣为主。北京服装学院采用阵列式快速扫描近红外光谱技术,在国内率先开发出废旧纺织品在线快速鉴别分拣系统。通过采集大量的纺织品样品,建成了适用于涤纶、棉、羊毛、腈纶等主要纤维纺织品的基础鉴别模型,同时设计制造了工位式和自动输送式两种分拣装置。与人工分拣相比,其废旧纺织品的鉴别分拣准确率和速率大大提高。

(六)废旧纺织品回收技术

我国废旧纺织品回收再利用技术主要聚集在长江三角洲及其周边地区,再加工偏向于物理法和化学法相结合的方法,苏、浙、皖3省的产业集中度最高,主要集中在有溶剂加工、醇解法(聚酯降解)、破碎再加工及热压熔融增强纤维等方面。

我国废旧纺织品综合利用领域以实用新型和发明授权专利为主。在国家知识产权局中国专利公布公告网"公告公布查询"栏,对废旧纺织品综合利用领域进行"废纺""废纺物""废旧织物"专利名称检索,获得废旧纺织品综合利用相关专利共73项,其中:发明授权19项,实用新型53项,外观设计1项,如表6-4所示。

表6-4 废旧纺织品综合利用技术专利数量　　　　　　　　单位:项

检索	发明授权	实用新型	外观设计	合计
废纺	5	17	1	23
其中:废纺织品	2	2	—	—
废纺物	1	4	—	—
废旧织物	6	23	—	29
废旧纤维	8	13	—	21
合计	19	53	1	73

废旧纺织品综合利用技术专利,主要有清洗、分解分类、自动分类、消毒、切割、开松、梳理工艺、除尘、杂质去除、辅料去除、过滤脱色等设备和装置方面的技术和工艺。

在国家知识产权局中国专利公布公告网上,对国内知名废旧纺织品综合利用企业进行专利数量检索,结果显示自主创新能力较强,化纤方面的代表性企业有:宁波大发化纤有限公司、浙江绿宇环保股份有限公司、浙江佳人新材料有限公司;再生棉方面的代表性企业有:温州天成纺织有限公司、华南再生棉纱(梧州)有限公司、温州绿丝可莱再生科技有限公司、愉悦家纺有限公司;再生产品方面的代表性企业有:广德天运新技术股份有限公司、鼎缘(杭州)纺织品科技有限公司等,如表6-5所示。

表6-5　主要废旧纺织品综合利用企业专利数量　　　　　　单位：项

废旧纺织品综合利用企业	发明授权	实用新型	外观设计
宁波大发化纤有限公司	49	230	—
广德天运新技术股份有限公司	40	64	—
愉悦家纺有限公司	27	93	17
温州天成纺织有限公司	—	29	—
华南再生棉纱（梧州）有限公司	7	—	—
浙江绿宇环保股份有限公司	5	8	—
浙江佳人新材料有限公司	4	10	—
浙江富源再生资源有限公司	3	3	—
鼎缘（杭州）纺织品科技有限公司	2	—	—
温州绿丝可莱再生科技有限公司	—	9	—

上述企业，有些是以废旧纺织品综合利用为主营业务，有些是主营业务外，兼顾再生纤维加工的企业，这类企业专利中，有部分专利与废旧纺织品综合利用技术相关，包括再生聚酯纤维、再生棉纤维、废纺再生产品方面的技术、工艺和装置的专利外观设计，如表6-6所示。

表6-6　废旧纺织品利用企业相关专利

再生产品	废旧纺织品综合利用企业	相关专利
再生聚酯纤维	宁波大发化纤有限公司 浙江佳人新材料有限公司 浙江绿宇环保股份有限公司 浙江富源再生资源有限公司 温州天成纺织有限公司	再生聚酯瓶片、再生聚酯纤维 再生涤纶 聚酯废料再生系统 废聚酯纺织品 再生棉生产技术
再生棉纤维	华南再生棉纱（梧州）有限公司 温州绿丝可莱再生科技有限公司 愉悦家纺有限公司	再生棉纱 再生棉 再生棉纤维
废纺再生产品	广德天运新技术股份有限公司 鼎缘（杭州）纺织品科技有限公司	环保型再生棉汽车内饰材料 废旧纺织品纤维基固化板 废旧纺织品阻燃气凝胶

二、宁波废旧纺织品回收现状

（一）政府推动废旧纺织品回收举措

1. 政府积极推行垃圾分类数字化改革

浙江省宁波市积极推进垃圾分类数字化改革，以世行贷款中国塑料垃圾减排项目——宁波城镇生活垃圾智慧分类、收集、循环利用示范项目开展为契机，建立全过程监管的垃圾分类智慧服务新模式，从源头进一步创新资源循环利用方式。截至目前，全市生活垃圾分类覆盖率100%，资源化利用率100%，无害化处置率100%，城镇和农村生活垃圾回收利用率分别为68.49%和54.9%，城乡生活垃圾总量增长率-5.4%，实现持续负增长。

2020年4月开始，宁波市已经推出全品类垃圾分类智能投递箱，通过智能AI、大数据分析、物联网等高新技术，对垃圾源头分类进行精准溯源和分析。同时智能箱体可实现24小时投递，方便居民生活。就试点的投放箱来看，投递平均比例达到70%左右。同时，为了更好地"限塑"，箱体中设置了"其他塑料"类别，将原先投入其他垃圾桶的塑料袋、塑料薄膜、一次性塑料餐盒等归属此类。

2. 推动纺织旧物改造可循环，让城市生活更"无废"

让资源循环利用起来，是宁波垃圾分类宣传教育的重要方向，宁波通过源头回收、后期加工等方式推动垃圾减量、资源利用。主要从三个方面促进纺织旧物的改造和可循环。

一是加快布局可回收物箱（含废旧织物）。自2018年以来已落地中心城区1400多个小区，回收废旧织物达7808吨，开展各类宣传活动300多场。到2021年，落地居住小区2500个，实现中心城区全覆盖，每年回收废旧织物达7000吨。

二是推进由宁波垃圾分类公益基金支持的"宁波市废旧织物创意再造研究推广中心"等项目。宁波作为服装大市，产业发达，市民日常生活中的织物更新换代也很快。该项目由宁波市综合行政执法局和浙江纺织服装职业技术学院携手共建，立足宁波纺织大市，着力于废旧织物创意再造的研究推广，向公众普及废旧织物再利用的方法，通过将有瑕疵的布料再利用制作"0+"布袋子向市民免费发放，呼吁从源头减塑，希望能逐步代替农贸市场、超市、商场中的塑料袋。

三是倡导源头减量。引导市民践行绿色生活方式，每人每年少添置一件衣服，积极推动儿童旧衣物循环再穿，预计一年可减少源头约200万件衣服产生。此外，宁波还率先在儿童旧物循环利用上做了有益探索，通过搭建"宝贝集市 绿色生活"平台，组织市民将家中闲置的儿童玩具、书籍等旧物进行交换，在源头减少垃圾产生。

（二）行业企业多渠道共创纺织品绿色循环

1. 博洋服饰—银鹰化纤，开启时尚领域绿色发展新篇章

2023年5月，宁波纺织服装代表企业之一博洋服饰与山东银鹰化纤达成战略合作。双方通过各自产业领域的独特优势和领先技术，围绕"科技、绿色、可持续"的环保理念，就产业前瞻性布局等重要内容开展合作，进一步构建双方"天然纤维+科技时尚"的技术高地。从纤维源头带动产业链可持续创新，建立起强大的技术革新及生产工艺双重壁垒。

双方的合作能助力新型环保产业变革。对博洋服饰来说，本次合作打造了一个强强联合推动绿色环保和循环利用的样本，这与博洋始终贯彻坚定的高质量绿色发展理念一致，可以打造更为开放、友好的创新发展生态，充分发挥各自专长，形成优势互补、双方共赢的积极局面，统筹汇聚优质资源，寻求深度合作机会，为时尚产业发展注入新动力、增添新活力。对银鹰化纤来说，不断探索生态环保面料、坚持绿色安全环保、可持续发展，在合作和创新中，可以让消费者在选购服饰享受美丽与时尚的同时，更有环保和安全的工艺为健康护航。

本次战略合作除了企业双方的合作之外，还与纺织服装院校达成了产教研一体的研发项目。银鹰化纤与博洋服饰、浙江纺织服装职业技术学院达成了可持续时尚创新、提升时尚话语权、共创时尚策源地的共识，集成标杆效应，有机融合科技、时尚、绿色元素，构筑完整的集成创新体系（图6-5）。不断创新绿色产品，生产可持续发展的生态环保面料。未来将在全产业链的共同努力下继续深耕，持续推动绿色转型，通过使用高品质、多功能、可追溯、永久循环性的面料，在功能性纤维素纤维新材料的开发及应用、纺织面料的研发及创新等方面开展多元化、多层次的互利合作，加速构建绿色产业全产业链生态圈，强强联手、合作共赢，推动产业深度融合，引领行业高质量创新发展。

2. 申洲—佳人：合作开发"涤纶循环再生"项目

早在2017年，申洲集团就与浙江佳人合作开展"涤纶循环再生"项目，浙江佳人公司是当时国内唯一一家可以以废旧服装为初始原料，利用DMT法通过彻底的化学分解将其还原为聚酯，完全脱色，去除杂质，重新制成新的具有高品质的聚酯纤维的企业。

图 6-5 博洋服饰—银鹰化纤—浙江纺织服装职业技术学院合作模式

资料来源：银鹰化纤官网。

该项目不仅能最大限度地提高申洲集团纺织品的再生利用率，促进"从服装到服装"的闭环循环再利用体系的建立，而且能够推动申洲集团绿色循环产业链的建设，实现与自然的和谐发展。该项目中，申洲集团每年能提供边角料和残次品约 500 吨。

该项目产出的 100% 涤纶长纤维产品，可以 100% 被多次回收再利用，满足消费者对纺织品的需求，节约土地、减少农药和化肥的利用，减少纺纱工序对土地、资源、劳动力、能源的消耗。同时，由于涤纶是人类创造的产品，可以被无限地改造升级和优化，满足人类各种体验需求。

3. 康赛妮：可再生羊绒促进绿色发展

康赛妮集团是集染色、粗纺、精纺、半精纺、花式纱、高档面料、进出口贸易、数字化物流、智能制造、信息化平台于一体的绿色先进制造业产业集团。除在宁波拥有 6 家实体生产企业外，还拥有 4 家境外销售分公司及数十家海外销售代理商。年生产销售以羊绒等纯天然原料为主的高档纱线、面料近 10000 吨，其中纯羊绒纱线超过 3000 吨，占世界纯羊绒原料产量的 15%~20%，是中国大型羊绒纱线出口企业，也是中外高档品牌和业界公认的"世界高档纱线的优势供应商"之一。曾荣获"国家智能制造试点示范工厂""国家服务型制造示范企业""国家生态（绿色）设计示范企业""国家高新技术企业""国家绿色供应链管理示范企业""浙江出口名牌""浙江未来工厂""宁波市制造业大优强企业（培育）"等奖项。

康赛妮旗下建有 3 个国家高新技术企业、1 个国家级产品开发基地、4 个省级创新平台、4 个市级创新平台。2020 年荣获"宁波市科技进步一等奖"，2021 年荣获中国纺织工业联合会科技进步一等奖。同年，两项科技课题列入宁波市重大科技研发项目。公司拥有完全自主知识产权 100 余项，其中授权发明专利 50 项、软件著作权 13 项，16 个新型产品被工信部认定为"绿色设计产品"。

康赛妮集团在智能制造和绿色制造方面拥有优势，着力打造的毛纺行业第一家智能化、数字化的黑灯无人工厂，已于 2021 年正式亮灯启动生产运营，该数字化黑灯无人工厂结合集团智能染厂，共同实现染色和纺纱全流程智能化，引领了高档时尚纺织服装业的发展。

除了保障可持续发展外，康赛妮还推出了可再生羊绒，充分利用纺纱过程中的回丝、回毛，使羊绒得到最大化利用，从而节约羊绒资源（图6-6）。

KESHA NM 2/28	AVANI NM 2/48	ARTESIA NM 2/30	REVERSE NM 2/26	RENEW NM 2/26	NOLINA NM 2/26
85%BCI棉 15%可再生羊绒	85%BCI棉 15%可再生羊绒	35%羊绒 23%可再生羊绒 45%亚麻	70%丝光羊毛 30%可再生羊绒	80%丝光羊毛 20%可再生羊绒	60%羊绒 20%可再生羊绒

图6-6　康赛妮部分再生羊绒系列产品

4. "搭把手回收"：数字赋能纺织品回收

"搭把手回收"是宁波供销再生资源科技有限公司（国有控股）主营的关于垃圾前端分类减量、再生资源回收利用的大型社会服务项目。2021年3月，"搭把手回收"智慧回收项目正式列入宁波市民生实事项目。

该公司以现代智慧物流技术、车联网技术、智能物联网技术及互联网信息化大数据技术为支撑，在政府指导和各参与方的共同努力下，全面建立一个"绿色智慧型"的再生资源回收体系。打通线上线下回收行业生态圈，将广大群众、企事业单位、商业综合、废品回收商、再生资源自用产业、垃圾处理单位等有机整合，打造一套完整的再生资源回收利用生态链，极大地减少填埋、焚烧垃圾量，解决垃圾回收"最后一公里"的难题。

针对以往垃圾分类、再生资源回收分属两个甚至多个系统，居民多点投放的"痛点"，技术人员集中攻关，开发出垃圾和可回收物一体回收的智能回收箱（表6-7）。厨余垃圾、其他垃圾、可回收物、织物及有害垃圾将实现"一站式"回收，实现可回收物全品类回收到垃圾、可回收物全品类回收。

"搭把手回收"实行源头精准分类，在分类回收点实施监控，落实垃圾产生端的精准分类责任，做到错误分类可追溯管理。实行即满即清，回收箱将满时向车辆调度中心发出清运指令，指令离回收点最近的清运车辆前往清运。推动厨余垃圾、建筑垃圾、废塑料、织物、废纸等资源化利用，把垃圾变成资源。结合智慧化管理、区块链记账等技术优势，对前端垃圾分类用户进行引导、对垃圾回收流程进行大数据分析，实现对生活垃圾分类端+回收端清运回收的可控管理、成本优化、数据分析。

表 6-7 "搭把手"回收机与织物有关的回收方式

回收机类型	回收产品类型	适用场景
"1+5"投瓶机	纸类、塑料、织物、金属、玻璃	写字楼、商业广场、学校、医院
"1+4"投瓶机	纸类2、织物2	写字楼、商业广场、学校、医院
全品类智能回收站	纸类2、塑料、织物、玻璃	城市小区、公寓等

三、废旧纺织物再回收典型企业

（一）宁波大发化纤：中国无纺填充应用领域纤维生产的领头羊

宁波大发化纤有限公司是中国化纤工业协会首批"绿色纤维标志认证"企业和浙江省绿色企业。大发化纤创建于1995年，2013年公司转型升级，研制生产复合三维和低熔点黏合等系列高性能产品。2021年总产值达30亿元，总产能50万吨，成为中国无纺填充应用领域纤维生产的领头羊。公司产品通过了 ISO 9001、ISO 14001、OHSAS 18001、GRS、Intertek 再生纤维、OEKO-TEX100 等国际管理体系和产品的认证，品质赢得全球业内好评，"大发牌"再生涤纶短纤维被评为"中国纤维流行趋势十大品牌""浙江出口名牌""浙江名牌"。余姚大发化纤有限公司是宁波大发化纤有限公司的全资子公司，公司实施的"年产15万吨利用废旧纺织品和聚酯瓶片生产功能性低熔点再生涤纶短纤维"是国家863科技项目。

1. 专注再生化纤技术研发

作为一家专业利用废旧纺织品和废聚酯包装材料生产再生化纤企业，宁波大发化纤有限公司不断探索、研发资源综合利用新技术，追求产品的绿色制造和科学发展，并以宁波再生化纤工程技术中心和俞建勇院士工作站为依托，与东华大学、浙江理工大学等科研院校长期合作，参与国家"再生聚酯纤维高效制备技术"项目，获国家科技专项资金扶持。且利用废聚酯瓶片和废布角泡料为原材料研制的超柔软赛绒复合再生涤纶短纤维、仿生态棕纤维和低熔点涤纶短纤维等多个高值化纤维新产品荣获省（部）、市科技进步奖。该公司每年都有承担国家重点新产品计划和国家火炬计划等重大项目的生产。

宁波大发化纤有限公司拥有专业的技术研发团队、成套的实验装置、配套的检测仪器和手段，先后开发了具有特色的填充用中控涤纶短纤维、低熔点涤纶短纤维和其他功能性涤纶短纤维等上百种。公司在绿色环保理念的指引下，通过自身流程再造，将传统产品生产线打造成一条"绿色生命线"，从再生化纤产品研发设计，到生产制造、物流运输，都实现"绿色化"，实现产品生命周期内的环境负面影响最小化、资源再利用率最大化。

2. 入选国家级制造业单项冠军

2022年3月，工业与信息化部公布第六批国家级制造业单项冠军，宁波大发化纤有限公司凭借其在再生涤纶短纤维行业的领军地位，入选单项冠军示范企业。

培养冠军的道路与企业的投入密不可分。凭着"废旧聚酯高效再生及纤维制备产业化集成技术"的创新项目，宁波大发化纤有限公司在2018年以第一完成单位的成绩为宁波捧得国家科技进步二等奖，实现中国聚酯纺织产业的"完美闭环"。

我国聚酯年产量4000万吨，纤维及饮料瓶占90%以上，其废旧品总储量超过1亿吨，但再生纺丝产能仅1000万吨，再生率不足10%。宁波大发化纤有限公司研发成功之前，国际上还没有兼顾品质与成本的废旧聚酯再生循环产业化方案。通过招才引智成立院士工作站，宁波大发化纤有限公司将熔体调质调黏、再生复合纺丝等80%以上的关键性技术牢牢捏在了手里，并生产出足以和原生聚酯相媲美的再生纤维。

3. 宁波大发化纤主要产品

作为宁波最大、最专业的再生纤维生产企业，宁波大发化纤有限公司的再生纤维产品种类多，用途广泛，如表6-8所示。

表6-8 宁波大发化纤有限公司主要再生纤维产品

产品类别	产品特点	主要用途
二维中空类	具有开松梳理性能好、持久压缩弹性好、保暖等特点	作为填充材料适用于家纺、玩具和无纺布等领域的产品加工和制造
三维中空类	三维白色中空螺旋卷曲纤维,具有超高的弹性、蓬松度、持久回弹及良好的卷曲度	广泛用于高度被服、枕芯、沙发和玩具填充行业
超细纤维类	具有质地柔软、光滑、抱和好、光泽柔和、保暖性好、有较好的悬垂性和丰满度等特点	可制成服装、高档仿丝绵、玩具填充
差别化纤维类	具有特殊的光泽、蓬松性、耐污性、抗起球性、高阻燃、抗静电、抗菌等功能	主要同于家居家纺类
再生色棉类	高回弹力,持久性蓬松	主要用于宠物垫、沙发、靠垫、汽车内饰等高性价比填充用途
低熔点纤维类	优质的热黏合性、热可塑性、自粘及稳定的可加工性	适用于无纺等多领域
珍珠棉纤维类	优异的回弹率、可塑性、强韧性和抗压性	广泛用于高品质枕芯、坐垫和沙发行业

4. 宁波大发化纤产品应用

在产品应用方面,宁波大发化纤有限公司的再生纤维产品广泛在床上用品、服装填充物、各类家居、汽车用品等方面应用,如表6-9所示。

表6-9 宁波大发化纤有限公司再生纤维产品应用

应用类别	产品参数	应用范围	颜色	特点
家纺类	纤度:0.78~15D 长度:25~64mm	被子、高档仿蚕丝被、枕头、抱枕、颈枕、腰枕、被褥、床垫、保护垫、软床、多孔功能被等	白色	吸湿透气、亲肤柔软、保暖舒适 阻燃 抗菌 亲肤 保暖 轻便 耐水性

续表

应用类别	产品参数	应用范围	颜色	特点
玩具类	纤度：0.78~15D 长度：32~64mm	各类玩具填充、工艺品等	白色	高回弹力，持久性蓬松、轻巧、柔软 柔软　抗菌　亲肤　弹力　防霉　耐水性
服装类	纤度：0.78~7D 长度：25~64mm	羽绒服、棉服、羽绒夹克、服装肩垫等	白色	持久性蓬松、轻巧、柔软 柔软　抗菌　保暖　耐水性 弹力　防霉　轻便
沙发类	纤度：7~15D 长度：32~64mm	各类沙发填充	白色	高回弹力，持久性蓬松 透气　弹力　防霉　阻燃
汽车内饰类	纤度：2.5~16D 二维黑、白以及低熔点系列	汽车顶棚、地毯、行李箱、前围、后围	黑色 白色	色牢度稳定 透气　弹力　防霉　阻燃
床垫类	纤度：2.5~16D 长度：32~64mm	床垫	黑色 白色	持久高回弹，舒适 透气　弹力　防霉　阻燃
珍珠棉类	纤度：3~15D 长度：32~64mm	均可用沙发靠垫、抱枕、工艺品	黑色 白色	回弹优于PP棉，不易抱团、不易黏结，塑性能佳、韧性强、不怕挤压 环保　耐水性　弹力　透气　轻便

（二）浙江佳人：全球化学法循环再生聚酯杰出企业

浙江佳人新材料有限公司（以下简称"佳人公司"）成立于2012年，位于浙江省绍兴市，是国内化学法循环再生聚酯企业。佳人公司隶属精工控股集团，是国内首家实现化学法循环再利用化学纤维、切片研发与生产的企业，年产再生涤纶3万吨。公司的化学法循环再生技术，形成高精度过滤、精制再聚合等工艺，不仅能实现废旧原料、加工、应用的全循环，而且能使再生纤维的品质达到原生产品的水平。其再生涤纶已广泛应用于运动、户外等服饰领域，还能应用于电子产品的膜级、食品饮料瓶级、汽车等领域。佳人公司目前为国家高新技术企业、废旧纺织品化学法循环再利用纤维生产研发基地、浙江省教育科普基地，建有省级研究院、省级企业技术中心。

1. 化学法循环再生系统技术

佳人公司采用独有的涤纶化学循环再生系统技术，以废旧服装、边角料等废旧聚酯材料为初始原料，通过彻底的化学分解将其还原为聚酯，重新制成新的具有高品质、多功能、可追溯、永久循环性的聚酯纤维。产品广泛用于高端运动服、职业装、校服、男女时装、家纺寝具、汽车内饰等领域，真正意义上实现从衣服到衣服的闭合永久循环圈。由于解决了废旧纺织品循环再生的难题，有效减少了石油资源的使用，减少废弃物的产生。

2022年7月，浙江省科技创新大会颁发"2021年度浙江省科学技术奖"共306项，其中佳人公司"基于化学法废旧纺织品循环再生的改性聚酯纤维制备关键技术及应用"成果，荣获"2021年度浙江省科学技术进步奖"三等奖。此次佳人公司获奖的成果，是在研究废旧聚酯材料的醇解、酯交换及缩聚合成技术的基础上，实现废旧纺织品的循环再生，并将功能化及差别化聚酯合成技术应用于该循环再生的过程，最终实现了化学法循环再生改性聚酯的合成纤维产业化。

佳人公司独有的化学法循环再生回收及共聚改性技术，既解决了聚酯材料使用后的废旧纺织品环境污染问题，又实现了资源的循环利用及产品的高品质差别化，在保护环境的同时又降低了不可再生资源石油的消耗，符合国家低碳经济发展的政策要求，对废旧纺织品循环再生聚酯产业具有很强的示范带头作用。同时，自主研发的无锑再生聚酯切片，直接从原料端减少印染废水对环境的重金属污染，真正实现再生工艺的绿色化。

2. 入选国家级专精特新"小巨人"企业

2022年5月，工业和信息化部公布了《关于第三批第一年建议支持的国家级专精特新"小巨人"企业》，即国家级专精特新"小巨人"企业名单，浙江佳人新材料有限公司成功入围。

佳人公司作为目前国内唯一、全球最大的化学法循环再生聚酯企业，采用独有的化学法循环再生技术和工艺，以废旧纺织品、服装边角料等废旧聚酯材料为初始原料，通过彻底的化学分解还原为聚酯，重新制成全新的，具有高品质、多功能、可追溯、永久循环的聚酯产品。该技术填补了国际空白，打破了再生纤维行业规模化高质量发展的核心瓶颈，弥补了我国化纤纺织行业可持续发展的重要短板。

3. 积极推行"可再生纺织品回收体系"建设

佳人公司积极投身"可再生纺织品回收体系"的建设，通过政企联动，与多家企事业单位、回收机构、公益组织合作回收旧制服、旧校服、旧工作服。为进一步将纺织化纤循环产业做大做强，佳人公司面向全国布局，联合京东、宜家、宝洁等业界巨头，共同加入"万物新生"计划，建立线上线下一体化回收平台、再生供应链平台、品牌合作平台，以及再生商品销售平台四大平台。佳人公司每年能对 4.2 万吨废旧纺织品实现高质化利用。

佳人公司通过运用世界领先的绿色循环回收系统，实现了从衣服到衣服的闭合循环圈。现在，佳人公司的每一根纤维都拥有 DNA，实现了可追溯。无论是再生涤纶还是用纤维制成的再生涤纶纺织品，都可以在佳人公司的实验室进行分析，确认是否用的是公司的纤维，甚至可以追溯到这些纺织品是用公司回收的哪一批废旧衣物生产的。

4. 与国内外众多知名服装企业合作

目前，佳人公司已经与迪卡侬、阿迪达斯、耐克、H&M、ZARA、GAP、C&A等近百家国内外品牌合作。佳人公司通过与申洲国际集团控股有限公司合作，已经与阿迪达斯、耐克等品牌开展织造、印染、成衣门店的废旧服装和面料回收再利用项目，实现了纺织品的循环再利用圈。

迪卡侬与佳人公司 2017 年开始合作。从 2019 年开始，在研发生产再生涤纶产品之外，迪卡侬开始思考如何将废旧纺织品及生产过程中的各类副产品进行回收再利用，佳人公司的工艺条件为此提供了良好的解决方案。迪卡侬与佳人公司尝试合作建立 T2T 项目（textile to textile）。项目的核心是从迪卡侬分布在中国各地的成衣加工厂、面料工厂回收废料，运到佳人公司进行循环再利用，部分原料会成为迪卡侬的新面料。截至 2022 年年底，佳人公司累计回收再利用了来自迪卡侬的约 1000 吨纺织废料。通过实施这一项目，迪卡侬构建了一条"迪卡侬—佳人—面料供应商—成衣供应商—终端—迪卡侬"的完整循环生态链。

（三）中纺绿纤：高科技新材料产业集团

中纺院绿色纤维股份公司由中国通用技术集团、新乡白鹭集团、国机集团共同出资组建，拥有国内首条技术和全套装备完全自主设计制造的单线 3 万吨新溶剂法纤维素纤维生产线。中纺院绿色纤维股份公司主要产品有希赛尔纤维、莱赛尔纤维、再生纤维、可降解纤维、天然纤维、服用纤维、生态纤维、纤维材料、纤维素纤维、纺织纤维、绿色纤维、纺织材料、化纤面料、合成纤维、化学纤维、人造纤维、天丝等。2020 年投产 6 万吨生产线，2021 年在全球建成年产 50 万吨 Lyocell 产业规模，2023 年建成年产 100 万吨产业规模，开发多系列产品，打造高科技新材料产业集团。

（四）广东新会美达：全国化纤行业科技创新平台企业

广东新会美达锦纶股份有限公司（以下简称"美达公司"）始创于 1984 年，是全国首家引进锦纶 6 生产设备的厂家，目前已形成以高分子聚合物为龙头、纤维新材料为主体的产业结构布局。1997 年，美达公司在深圳证券交易所挂牌上市，成为国内首家上市的锦纶 6 生产企业。

美达公司属国内唯一涵盖聚合、纺丝、针织和印染的企业，机台齐备、产品丰富，是国内锦纶行业的领跑者。公司现有员工 3500 人，年产能力为锦纶 6 切片 20 万吨、长丝 10 万吨、高档针织布 4800 吨，年产值约 50 亿元。公司名列中国化学纤维行业 10 强企业、全国 500 家重点企业和广东省 50 户工业龙头企业，获得了 AAA+ 国家质量信用企业称号。

公司"美达"牌的切片产品，可广泛应用于民用纺丝、工业纺丝、包装薄膜、改性基料、注塑切片等领域。长丝广泛应用于针织、机织、花式纱和织布、织带、花边、经纬编等领域。针织物是高档内衣、时装、泳衣、运动服的面料。

美达公司 2002 年成立了博士后科研工作站，自建站以来，先后与华南理工大学、东华大学、西北工程大学、五邑大学等多家著名高校和研究院所展开项目合作。现拥有授权发明专利 19 项，实用新型专利 30 项。工作站通过联合开发和自主研发，掌握了多项锦纶 6 高新技术：如纳米杂化技术、原液着色纺丝技术、生态染整技术、环吹风纺丝技术、多元组分共混纺丝技术等，为美达公司创新发展提供了强劲的技术支撑。

（五）山东银鹰：成功生产 Lyocell 纤维用废旧棉纺织品再生浆粕

2023 年 5 月，山东银鹰股份有限公司承担的科技部固废资源化"废旧棉、涤纺织品清洁再生及高值化利用关键技术和工程示范"项目在第一浆粕厂顺利完成 Lyocell 纤维用废旧棉纺织品再生浆粕的生产。该项目于 2020 年底列入《国家重点研发计划"固废资源化"重点专项 2020 年度定向指南项目》，由东华大学、齐鲁工业大学、山东银鹰股份有限公司历时 3 年共同创新、共同研发完成。

Lyocell 纤维用废旧棉再生浆粕的成功研发，先后突破了废旧棉纺织品高效脱色制粕关键技术、高效脱色除杂与纤维素结构保护技术、纤维结构梯度磨浆解离技术、短流程清洁制浆成套技术体系，建成年产千吨级废旧棉纺织品再生浆粕生产示范线，实现高附加值再生浆粕的产业化。

Lyocell 纤维用废旧棉再生浆粕的成功研发不仅能够改变废旧棉纺织品目前以焚烧、填埋为主的处理方式，还可以充分回收利用棉纤维的生态价值，实现废旧棉纺织品的清洁高值利用产业化，减少对环境造成的污染，加快"碳减排"，助力"碳中和"，同时可以缓解棉花资源短缺的现状，为我国 Lyocell 纤维及黏胶纤维制造、造纸、功能纤维素材料等产业的发展作出重要贡献，具有显著的经济与社会效益。

四、国内外废旧纺织品回收经验

（一）全球废旧纺织品行业现状

全球纺织产业链的发展，使人均年纺织品消费量从 7 千克增加到 13 千克，总量超过了 1 亿吨，废旧纺织品年产生量则达 4000 万吨。近年来，随着科技的发展，废旧纺织品回收再利用相配套的机械设备（如切割机、开松机等）的制造水平在不断提高，可以回收再利用的废旧纺织品种类也在增加。2021 年，全球废旧纺织品回收量达到 2165 万吨，同比增长 6.13%。全球废旧纺织品的回收价值也在持续上升，从 2015 年的 10.23 亿美元增长至 20.98 亿美元，期间年均复合增长率为 12.72%。尽管如此，全球依然有超过 2/3 的废旧纺织品没有能够升级再生。

1. 全球废旧纺织品回收量及增速

近年来，全球废旧纺织品回收量稳步增加，如图 6-7 所示，从 2015 年的 1691 万吨增长到 2021 年的 2165 万吨。在增速方面，2020 年增速为 9%，达到近年来最高。

2. 全球废旧纺织品回收价值及增速

全球废旧纺织品的回收价值也在持续上升，从 2015 年的 10.23 亿美元增长至 2021 年的 20.98 亿美元，期间年均复合增长率为 12.72%，如图 6-8 所示。

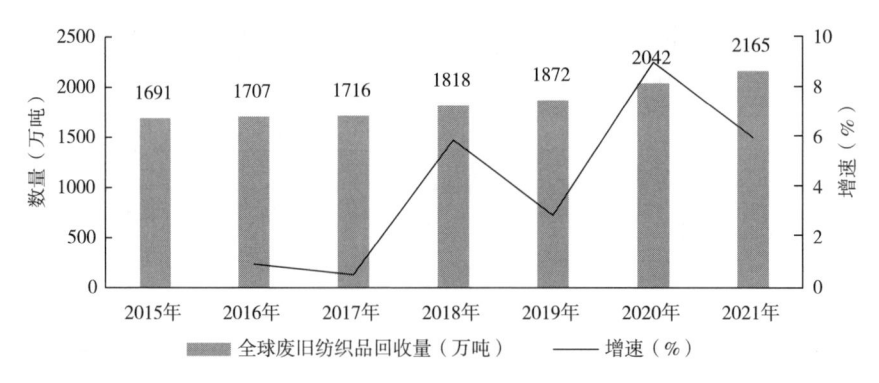

图 6-7　2015—2021 年全球废旧纺织品回收量及增速

资料来源：华经产业研究院。

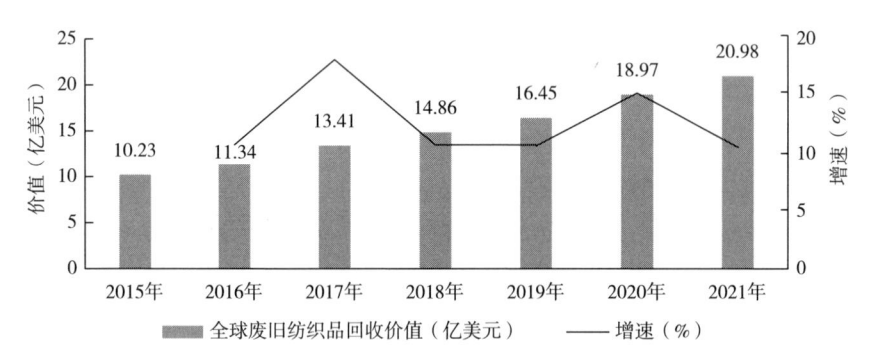

图 6-8　2015—2021 年全球废旧纺织品回收价值及增速

资料来源：华经产业研究院。

（二）国外废旧纺织品回收经验

1. 美国废旧纺织品回收情况

美国人均废旧纺织品产生量超过 49 千克，每年美国总共有超 169 亿千克的废旧纺织品产生，包括制服、企业工装，以及来自酒店、家庭、企业等的废旧的地毯、枕头、毛巾、床单、被套、衣物等。这些废旧纺织品约有 15.2% 被再生利用，18.8% 被焚烧能源化，进入二手市场约占 45%。美国的一些大企业加大了回收废旧纺织品的力度，例如，主要回收废旧聚酯纤维的安达美洲公司（DAK Americas），以及用于纸币制造的回收废旧棉纤维的公司。美国学者认为，100% 的废旧纺织品回收后可实现再利用，约 45% 可作为二手服装再利用、30% 可作为抹布再利用、20% 用来制备再生纤维，剩下 5% 可作为能源焚烧使用，预计在 2035 年实现可零填埋。

2. 欧盟废旧纺织品回收情况

欧盟每年产生废旧纺织品约 580 万吨，其中约 300 万吨被焚烧，剩下的大部分为旧衣服，其中约 65% 在欧盟内部消耗，35% 用于出口非洲，是非洲地区二手服装的主要出口区域。欧盟国家对垃圾分类和再利用有比较完备的回收、分拣体系。欧盟的纺织循环经济专注于产品的可重复使用性、可回收性及可修复性，为增加废弃物的回收利用，需要正确分类相关的废物流，降低因垃圾分类不当所造成的风险，并于 2018 年首次提出废旧纺织品需要单独收集，从源头上与生活垃圾分开。

德国 1996 年就颁布推动及助力再利用废旧纺织品的相关管理法，尤其针对废旧纺织品的分类、分拣，最具代表性的是双元回收系统，且积极推动欧盟其他成员国的废旧纺织品的回收。

英国关于废弃纺织品的回收主要通过专业的回收公司、纺织品回收银行、回收机构、家庭垃圾回收中心，以及占比最大的慈善商店等进行纺织品的回收。英国依赖出口解决了约 54% 的废旧纺织服装，能够进入循环再生的约占 27%。瑞典从 20 世纪 90 年代初开始将废弃物分为六个层级，按优先顺序进行管理。

法国对废旧纺织品具有相对健全的回收再利用体系，且旧纺织品一般都会先经过清洗，再放入专门的回收箱。但欧盟大部分国家以手工分拣为主，且使用化学法回收再利用废旧纺织品而后纺制成纤维，在欧盟才刚刚起步。因此，通过回收再重新纺成纤维的比例不到 1%，主要是针对涤棉纺织品的回收再利用技术。

丹麦建立了家庭废物回收中心（HWRC），收集的垃圾质量具有明显的季节化特征。基于废旧纺织品的质量流量分析，大约 40% 的纺织品随残余废物一起丢弃，另外 40% 被收集用于再利用渠道，大约 17% 进入二手流通渠道。

3. 其他国家的废旧纺织品回收利用情况

各国完成循环社会转型的途径不同，日本的回收体系中企业回收体现着一定的社会价值，优衣库、高岛屋等启动品牌内部回收项目，承担减少资源消耗的责任，同时在纤维再利用技术上位居世界前列，如帝人公司的回收聚酯纤维、东洋纺公司和三菱公司的 Ecole 纤维等。

奥地利实行焚烧税以达到控制焚烧产能过剩的目的，但在瑞典效果不佳，加上回收物市场疲软，堆肥和沼气生产成为瑞典的转型途径。

在澳大利亚，填埋处理在一定程度上刺激了环境效益，归因于回收甲烷气体所产生的发电量，尤其是天然纤维材料的废旧纺织品。

加拿大埃德蒙顿则采用生物燃料计划替代填埋方案，从不需要的服装中产生增值产品，减少填埋对环境造成的影响。

（三）国内废旧纺织品回收经验

1. 上海：由政府支持的企业回收体系

在上海的生活垃圾中，旧服装占 3%，旧服装回收的需求量很大。上海市政府发布了一系列关于废旧服装回收再利用的法律法规。上海缘源实业有限公司（以下简称"缘源公司"）是上海市废旧衣物综合处理指定单位，自 2011 年以来，缘源公司在上海一千多个社区放置了"大熊猫"旧衣回收箱体，每月回收数百吨衣物。

缘源公司有一套自己的回收再利用体系，将回收的废旧服装先进行详细分类，然后将分类好的衣服一起打包送到公司内部的总处理厂。在回收的服装中，将符合民政部门和慈善机构要求的用以扶贫救困，约占回收比例的 4%，剩下的废旧衣物则是公司利润的主要来源。上海为缘源公司提供了"绿色通道"，部分衣物经过消毒处理后以 5000 元 / 吨的价格可直接出口到非洲，没有关税，出口衣物约占回收的 15% 左右，其余 80% 左右的废旧衣物被运回公司重新进行资源化处理后，制成各种纺织材料和工业用材料。

2. 苏州：民间自发形成的回收体系

苏州华凯佰集团是一家集研发、物流、资源再生、销售和服务于一体的多元化现代高科技企业，旗下拥有 6 家子公司。其中华凯佰废旧纺织品综合利用有限公司（以下简称"华凯佰"）是专门从事废旧纺织品回收利用的公司。自 2016 年以来，华凯佰旧衣回收箱的投放覆盖我国 6 省的 21 市，投放数量达 11786 个。华凯佰旧衣回收箱不仅进社区，也进驻高校，在每个宿舍区都设立一个旧衣回收箱。其还积极地与政府、学校、社区合作，开展"旧衣回收"宣传活动，倡导学生和居民的环保意识，在宣传的同时还鼓励学生和居民将可以二次穿着的服装捐助给慈善机构和偏远地区。未来，华凯佰还将建立与分拣中心配套的旧衣综合利用加工厂，以实现回收、分拣、加工的完整体系，还将不断扩大回收的渠道，重点是探索"互联网 +"回收模式。

3. 浙江佳人：再生涤纶的循环利用

浙江佳人新材料有限公司采用日本帝人开发的"ECO CIRCLE"回收技术，成为国内第一家生产和销售再生涤纶的企业。以废旧的有色涤纶为原料，用乙二醇分解等一系列化学处理后，可得到能与原生料纯度和颜色相媲美的聚酯，实现再生纤维的无害无毒，构建绿色闭合的循环体系。

浙江佳人新材料有限公司还与多家企业、回收机构开展了旧衣回收合作，成功开发了四条回收途径：一是以政府部门为主的社会回收途径；二是以公安系统、学校、从事废旧纺织品回收的企业为主的定向回收途径；三是以网上预约回收衣物平台的互联网回收途径；四是通过慈善组织的公益回收途径。目前浙江佳人的产品在多个领域均有涉足，包括高档服装面料、家纺产品、产业用纺织品等。浙江佳人新材料有限公司的产品市场主要分布在海外，外国的一些服装品牌会出于对品牌形象和社会责任的考虑采购一些再生材料，以满足品牌的需求。

4. 浙江富润：废旧军服的重新利用

浙江富润纺织有限公司旗下的浙江富源再生资源有限公司，主要从事废旧纺织品的回收利用。该公司可以在不产生新污染物的前提下，每年生产大量的再生纤维和面料。这得益于与中国人民解放军原总后勤部军需研究所合作，共同开发研究废旧军服的高值化利用。其在承担了原总后勤部废旧军服回收利用项目后攻克了一系列技术难关。2010 年，国内第一条年产 3000 吨纯涤纶废旧军服再生切片生产线投产，填补了国内空白。目前，产品线运行稳定，其中再生毛型短纤已经应用到环保型精纺面料生产当中。随着项目不断深入，企业还将开展天然纤维的回收利用的技术研究，最终目标是实现市场化运作，从而促进各种废旧纺织品的回收利用。

5. 温州苍南：废旧棉纺织品的物理回收

温州苍南县 10 多个镇已形成了服装废脚料、抹布、拖把和宠物饰品等产品生产的完整产业链。在苍南县已有 20 多万人从事废旧纺织品加工相关工作，工业产值达 150 亿，全年废脚料吞吐量超过 300 万吨，在全国占比已超过 80%，年产值近 20 亿元。产品除销往江浙和广东等内地外，还有相当一部分作为牛仔布生产用纱出口国外，改变了以往成品纱大多作为低端纺织品原料的局面。废旧纺织品再利用产业的发展给当地居民带来了很高的经济效益，但是产业高污染、脏乱差等问题同样存在，目前苍南县正规划建设一个占地 133km^2 的循环经济产业园，加快产业集群建设，着力解决以上问题。

五、宁波废旧纺织品回收利用建议

（一）政府搭平台、出政策，促进企业、行业回收利用积极性

要让宁波废旧衣物回收利用行业进一步发展，先要完善现有的法律法规，应

出台相关执行政策,以条例形式约束企业和行业对废旧纺织品的二次利用,细化废旧纺织品的分类标准、规范回收渠道,推行废旧纺织品的分级利用,同时对不符合执行标准的企业建立惩罚机制,并设立专职监督部门,对废旧纺织品回收再利用进行监督,规范和引导废旧衣物回收主体的行为。

政府可制定福利政策,鼓励纺织品企业自主回收,提高企业积极性。有关部门或相关行业还应建立废旧纺织品回收物流链网络平台,为物流和废旧纺织品综合利用企业等提供一个信息共享、互联互通的媒介,实现企业间的协同合作,提高资源配置效率。同时,也为社会公众、政府机构、相关企业提供一个了解废旧纺织品去向、相关政策法规、行业动态的窗口。

回收再利用的产业链条长、经营成本和处理成本高等问题是使回收企业难以获利,进行废旧衣物回收态度消极的重要原因。因此,政府可在合理范围内采用经济激励。把税收减免和财政拨款、贴息贷款和直接服务补贴等财政拨款作为对回收企业的激励机制,降低回收企业的成本,企业经营获得效益,自然会有更多的企业加入废旧衣物回收行业。越是小型、刚起步的回收企业,越要有更大程度的补贴政策和减税政策,当企业发展到一定程度或规模后,补贴政策和减税政策的力度要随之降低,直至完全不补贴和不减税。

为促使更多纺织化纤企业践行绿色制造理念,提升消费者绿色消费意识,国内的相关行业协会等已经建成并推行绿色纤维认证体系。因此,宁波废旧纺织品的综合利用也可借鉴上述措施,建立第三方再生认证、碳排放认证、产品性能以及生态安全评价体系等。同时,设立废旧纺织品综合利用行业门槛,尽快提高废旧纺织品的回收利用率,实现绿色、低碳、集约发展。

(二)提升生产企业责任感,促进逆向物流回收模式的推广和创新

除了对回收企业有要求,服装生产商也应承担一定的责任,政府可以学习国外的优秀经验,建立、完善和推动生产者责任延伸制度,要求服装和纺织品厂商负责产品的设计、原材料的使用乃至生产后的物料回收、再生和处置,使生产商更加谨慎地选择产品的原料和设计,延长产品的使用周期。在生产过程中考虑废旧纺织品的综合利用,降低生产和处理过程的总成本。

回收逆向物流是指将消费者持有的废旧物品回收后,经过供应链上各节点企业的物流活动,包括回收、运输、分拣、二次使用或再生利用等环节,再次将再生材料当作原材料回到原供应商使用,也称"环保物流"。目的是对废旧物品进行分类利用,再恢复其全部或部分价值,减少对环境的不利影响。

服装企业开展旧衣物自主回收活动均基于逆向物流回收模式,即在门店设置回收箱,利用自身送货车辆将门店回收的旧衣物运回其物流仓库,待累积到一定规模后,再由分拣企业运送到工厂进行分拣、再利用或再生利用。

纺织服装产业是宁波的地方优势产业之一,拥有优良的产业基础,知名纺织服装企业众多。在服装方面,拥有雅戈尔、太平鸟、申洲国际、博洋、杉杉、罗蒙等知名企业。推动和鼓励宁波服装企业扩大逆向物流回收模式,对于宁波废旧纺织品的回收利用将起到巨大的推动和促进作用。比如,太平鸟近年来积极推进"以旧换新"公益活动,任何品牌七成新、干净整洁、不破损、不潮湿、不氧化均可参与"以旧换新"。宁波服装企业众多,通过逆向物流促进废旧衣物回收再利用大有可为。

(三)多方位宣传,提高居民回收再利用意识

居民保护环境的意识逐渐增强,这为废旧纺织品回收再利用的普及提供了便利,可通过在学校开展普及课程、垃圾桶旁标语、利用互联网及明星效应等,增强居民不乱丢弃的意识;政府监管部门对于再加工的废旧纺织品更应保证质量,还可以增加更新颖的设计,增加居民信心和兴趣。

可通过各种宣传活动,增强消费者的环保回收意识,普及废旧衣物回收再利用知识。当消费者清晰了解了整个回收再利用过程,对废旧衣物的回收利用有了科学的认识,才能积极主动地投身到废旧衣物的回收工作中,并形成良性的循环。同时,转变消费观念,理性消费,愿意优先考虑购买生态纺织品和再生纤维产品,形成绿色消费习惯。

专题七　宁波纺织服装类"非遗"发展现状与传承思考

2022年是"宁波金银彩绣"入选中国非物质文化遗产名录十一周年。作为宁波市首批入选的纺织服装类国家级非物质文化遗产，在列入"非遗"名录后十多年间，究竟发展如何，传承与保护是否开展顺利，如何更好地活化"非遗"技艺，这些问题的梳理与研究迫在眉睫。同时，这期间，又有一批新的纺织服装类"非遗"列入国家级、省级、市级"非遗"名录。"宁波金银彩绣"作为"先行者"，其传承发展经验对于"后来者"具有一定的参考意义。

为更好地传承和活化纺织服装类"非遗"，本专题将以"宁波金银彩绣"为范例，分析纺织服装类"非遗"发展现状，思考传承创新问题。从宣传展示、传承创新和学术研究等角度梳理传承发展现状，思考纺织服装类"非遗"的传承内容和实践方式。"非遗"作为重要形式和载体，其所承载的使命不仅是自身的文化符号意义，也有其潜藏的经济效用。在政府的支持下，在新的生产基础、时代审美价值观的基础上，"非遗"的传承要反映公众声音，以现代设计力量诠释"非遗"，将"非遗"传承与高校美育设计工作互动进行。同时借助政府平台，融合本土纺织服装产业资源，让"非遗"的传承和现代纺织服装业的创新共同发展。

一、宁波纺织服装类"非遗"背景

（一）历史渊源

宁波历史悠久，文化积淀深厚。与日常生活息息相关的纺织技艺在井头山和河姆渡文化中均已萌芽。作为古代"海上丝绸之路"东方始发港之一，宁波的海外贸易素来兴盛。民国《鄞县通志·食货志》中就有叙述"鄞邑自周以来已为海道运输之要口"。如此港口优势，带来了丰富的物产和文化交流。唐宋时期，由于蚕桑业的普及，宁波已形成"家家织席，户户刺绣"的传统。宋代，以王安石为代表的一批学者使得宁波开始确立"耕读传家、商儒并生"的传统，同时人口南迁使宁波的农业生产和文化领域都有了长足的进步，对外贸易进一步发展使宁波作为海上丝绸之路港口的地位日益重要："南则闽广，东则倭人，北则高句丽，商舶往来，物货丰衍"。1844年1月1日,正式开埠的宁波人最早领略了"西方文明"。正是独特的地理环境、深厚的人文基础,以及特色的民俗文化滋养了本土的非物质文化遗产。

(二)政策导向

自非物质文化遗产保护工程启动以来,宁波的非物质文化遗产保护工作一直得到市委、市政府的高度重视和社会各界的广泛关注和支持。2007年,宁波作为浙江省唯一的地市级非物质文化遗产普查试点地区,遵循不漏村镇、不漏项目、不漏一人、不漏线索的"四不漏"原则,普查工作取得了丰硕的成果,共挖掘整理了20余万条普查线索,约1.2万个普查项目。并且在普查线索的基础上,去粗取精,整理成书,公开出版。一大批湮没在岁月尘埃中的民间艺术、民俗、传统工艺项目重焕光彩。至此,国家级、省级、市级、县级四级非遗名录体系架构完整建立。

2008年,宁波针对非遗保护领域"重申报,轻保护"的现状,开始探索"三位一体"的"非遗"保护与传承机制。"三位一体"把非遗项目、传承人和传承基地进行捆绑保护,三者相互依存、利益共享、责任共担。这是具有重大意义的创新之举,有效地解决了过去传承项目、传承人、传承基地三者相互脱节的问题。2011年12月,在全国非物质文化遗产保护工作会议上,宁波"三位一体"的"非遗"保护模式作为先进经验在大会上进行了介绍、推广。宁波的"非遗"保护开始向纵深发展。

在宁波丰富的非物质文化遗产名录中,纺织服装类"非遗"是重要组成部分。如表7-1所示,它们既见证了宁波本土纺织服装的历史和文化,又对今天纺织服装大市的发展具有一定的参考价值和意义。

表7-1 宁波纺织服装类非物质文化遗产名录

名称	命名时间	所属级别	传承人
宁波金银彩绣	2011年	国家级	许谨伦
余姚土布制作技艺	2011年	国家级	王桂凤
红帮裁缝技艺	2021年	国家级	蒋楠钊
龙凤戏服绣袍	2009年	省级	孙翔云(已去世)
"老虎鞋"制作技艺	2012年	省级	蒋建飞
余姚盘纽技艺	2015年	市级	夏彩囡

续表

名称	命名时间	所属级别	传承人
虎头鞋	2015年	市级	乐翠娣
民间彩线刺绣	2015年	市级	罗慧
香包	2018年	市级	周管芬
中国结编织技艺	2018年	市级	陈佩芬、刘晓莺
虎头鞋	2018年	市级	金珊珍
盘扣制作技艺	2018年	市级	裘红芬
香袋制作工艺	2021年	市级	周亚萍
民间刺绣	2021年	市级	叶惠萍、徐嫦月
蓝印花布印染技艺	2021年	市级	张剑峰、白海亚

注 所列项目为市级及以上非物质文化遗产，截止到2021年11月，所列传承人为最高级。

二、宁波金银彩绣发展现状

宁波金银彩绣原称"金银绣"，20世纪60年代初，宁波工艺美术界为使该名与当地其他四字称谓的著名"三金一嵌"工艺品（金银彩绣、朱金木雕、泥金彩漆、骨木相嵌）名称相匹配，结合其用色特点，添一"彩"字，得名"金银彩绣"。这种在丝质地上用金线或（和）银线，结合各色彩线刺绣而成的手工艺品是宁波工艺美术史上传承最为悠久的工艺之一。2007年，"宁波金银彩绣工艺"进入第二批浙江省级非物质文化遗产保护名录。2011年，"宁波金银彩绣"成功入选第三批国家级非物质文化遗产名录。2012年，许谨伦入选第四批国家级非物质文化遗产项目代表性传承人。在这期间，宁波金银彩绣开展了以下3个方面的推广传承和研究。

（一）宣传展示

作为集中展示和形象引导的最好载体，2011年宁波金银彩绣艺术馆开馆。地处宁波市鄞州区创新128园区，艺术馆命名为"锦绣一生"，集展示、生产、研发于一体。馆内划分工艺流程展厅、宗教绣品展厅、创意家居饰品展厅和工艺收藏品展厅几大功能区。开馆以来，每年的参观人数约计几万人次。得益于有"博物馆之乡"美誉的鄞州区政府对非物质文化遗产的重视,鄞州区非遗馆也开设金银彩绣馆,作为宁波金银彩绣艺术馆的辅助展示馆。这两大实体展示馆,既形象直观地展示金银彩绣作品,又承担场景体验的任务。通过展演与展示相结合,入门体验与深度体验相结合的方式,开展宁波金银彩绣的宣传和推广工作。

除了上述两大常设展馆外,宁波金银彩绣也积极参与其他流动展。包括近年来为配合每年"文化遗产日"举办的非物质文化展;由宁波市文化馆、宁波市非物质文化遗产保护中心、宁波市非物质文化遗产保护协会主办的"品味指尖上的宁波"非遗生产性保护基地系列成果展;由宁波金银彩绣艺术馆"锦绣一生"与宁波书城合作举办的 2020 年首届拾光集市等。此外,参加工艺美术精品展,并收获各类奖项,作品《甬城风景图》荣获 2011 年第十届中国民间文艺"山花奖",画面展现了耳熟能详的宁波老字号建筑,使观者能身临其境地回顾传统民俗场景;作品《百鸟和鸣图》荣获 2012 年中国(杭州)工艺美术精品博览会金奖;作品《冷艳》《青衣》《蝶恋》在 2013 年第四届浙江省工艺美术精品展上分别荣获特等奖、金奖和银奖。《蝶恋》更是以宁波民间传说梁山伯与祝英台为题材,构图从"草桥结拜"到"以鹅为喻",再到"十里长亭",以"化蝶"收尾,工艺以金线为主,银线为辅,缀以各色丝线,展现了金银彩绣独特的艺术魅力。作品《清明上河图》荣获 2014 年中国浙江工艺美术精品博览会特等奖。

宁波金银彩绣更是抓住机会,走出国门,宣传弘扬优秀传统文化。古有鉴真和尚从宁波带去的金银彩绣千手佛,今有金银彩绣闪耀韩国丽水世博会,亮相德国柏林"中国非遗文化周",参加伦敦 weft 艺术展览及研讨会,更是代表宁波非遗献礼屠呦呦诺贝尔奖颁奖典礼。可见,作为国家级非物质文化遗产的金银彩绣,自古承载着中外交流的作用。同时,宁波金银彩绣艺术馆开通公众号,拍摄纪录片,多手段、全方面地进行线上线下的宣传和展示。2020 年 10 月,宁波金银彩绣艺术馆的"升级馆"——明州造艺术中心宁波金银彩绣艺术馆正式开工,计划投入 2 个亿,分三期规划建设,将于 2022 年落成并投入使用。该馆的建成将进一步扩大宁波金银彩绣的影响力和受众群体,推动金银彩绣的传承和发展。

(二)传承创新

自 2019 年我国第三个文化和自然遗产日,国家文化和旅游部办公厅就提出"非遗保护,中国实践"的主题,"在生活中弘扬,在实践中创新"的口号,"实践"和"创新"再次成为重点。

传承在实践中进行，宁波金银彩绣全面构建"非遗"保护传承体系。除宁波金银彩绣艺术馆、鄞州非遗馆搭乘宁波"一人一艺"的活动快车，作为大众传承基地外，金银彩绣在中小学和高校都有开展传承教育。金银彩绣"非遗进校园"活动就是把学生作为"非遗"传承的主体，不仅是临时、短期地让"非遗"走进校园展览、展示、展演、讲座等，更是在学校建立金银彩绣工作室。由"非遗"传承人和专职教师在学校进行持续性、常态化教学活动，把"非遗"项目植入校园生活，同时编写适合不同年级学生的校本教材。宁波市特殊教育中心学校、宁波市鄞州区宋诏桥中学等均设有金银彩绣工作室。以浙江纺织服装职业技术学院为例，从"披金戴银的岁月——宁波金银彩绣回顾展"的开展开始，十年期间，该校在金银彩绣的传承、创新之路上越走越深入。设立了宁波市非物质文化遗产教研基地和国家级非物质文化遗产宁波金银彩绣许谨伦大师工作室，在纺织品设计等专业开设了选修课《传统纺织品》，课程标准涵盖了"了解传统刺绣工艺"的内容，通过讲授法、案例教学法、实训作业法开展相关教学。许谨伦大师工作室除日常教学外，也开展金银彩绣的创新设计。

宁波金银彩绣以宁波金银彩绣有限公司为基础，品类涵盖宗教、寿庆、婚庆、服饰、日用品等多方面。先后创立了生活融创品牌"锦绣一生"（图7-1）、传统宗教品牌"圆满俱"（图7-2），以及"糖心旦"这一高级定制品牌。"糖心旦"秉承"以东为骨，以西为韵"的理念，侧重于将中国传统手工艺往品牌方向转变，希望通过商业手段，大规模进行推广，通过产品输出，形成一个良性的商业循环。目前，"糖心旦"主要着眼于年轻群体，通过与偶像、达人等合作（图7-3、图7-4），让更多的年轻人了解当下的"非遗"，能更直观地感受中国传统手工艺呈现的独特风格。刺绣本身就是一类深受高级定制服饰钟情的技法，诸多世界知名服装品牌都有大量运用手工刺绣的高级定制服装。"糖心旦"不仅将金银彩绣工艺应用到演出礼服、日常礼服等的设计上，同时也在手包、首饰等配饰上下功夫，将传统与时尚结合，不局限于简单地复制经典，而是对中国经典元素进行现代化表达，以设计思维重新定义传统技艺（图7-5）。"糖心旦"集中体现了当代服饰时尚领域——宁波当地纺织服饰"非遗"继承和创新的最新尝试，显现出时尚文化自立的实践探索。"糖心旦"将高级定制店开到上海、杭州，同时与成都、深圳、杭州的买手店合作，也在线上店铺展示销售，极大地拓宽了宁波金银彩绣的传承途径。"糖心旦"始终坚信，当"非遗"手工艺吸引更多的年轻人参与和创造时，才能让传统文化得到更好的传承并且焕发新光彩。

图 7-1 品牌"锦绣一生"金银彩绣作品

图 7-2 品牌"圆满俱"金银彩绣作品

图 7-3 "糖心旦"作品 TFBOYS 六周年演唱会开场战袍"黑金斗篷"制作

图 7-4 "糖心旦"作品 TFBOYS 六周年演唱会开场战袍"黑金斗篷"制作过程

图 7-5 "糖心旦"金银彩绣手包

（三）学术研究

上海纺织服饰博物馆馆长卞向阳教授认为，从学术角度对纺织服饰"非遗"

的再梳理和当代"国风"的再总结,已经成为社会文化建设、时尚之都建设和时尚消费品产业建设的迫切需要,也是高校和博物馆的责任所在。宁波金银彩绣的学术研究近年来成果颇丰,光专著类就有三本(表7-2),更有多篇论文进行了多角度的探讨和研究(表7-3)。这些都从侧面反映了学界对宁波金银彩绣的重视和传承。

表7-2 "宁波金银彩绣"相关著作

序号	著作	类别
1	《甬上锦绣:宁波金银彩绣》(2015年,东华大学出版社)	专著
2	《宁波金银彩绣》(2015年,浙江摄影出版社)	专著
3	《非遗保护视野中的宁波金银彩绣》(2019年,中国水利水电出版社)	专著

表7-3 "宁波金银彩绣"相关论文

序号	论文
1	《宁波金银彩绣文化与数字化保护研究》(《牡丹》,2021年第14期)
2	《宁波金银彩绣活态化保护》(《民间故事》,2021年第2期)
3	《宫廷刺绣在民国时期的嬗变机理及工艺范式——以金银彩绣为例》(《创意与设计》,2021年第4期)
4	《数字化非遗技艺保护与创新发展研究——以宁波金银彩绣为例"》(《化纤与纺织技术》,2021年第3期)
5	《宁波金银彩绣》(《浙江档案》,2015年第2期)
6	《宁波金银彩绣的产业化创新模式》(《宁波大学学报(人文科学版)》,2019年第3期)
7	《数字化时代下的非遗传承与保护——以金银彩绣为例》(《丝路视野》,2020年第8期)
8	《宁波金银彩绣的审美特征及婚庆应用》(《教育现代化》,2019年第72期)
9	《宁波金银彩绣传统技艺的传承与保护探索》(《西部皮革》,2019年第15期)
10	《宁波金银彩绣民间艺术的传承与创新研究》(《包装世界》,2015年第2期)
11	《浅谈金银彩绣与服装结合》(《浙江工艺美术》,2014年第4期)
12	《宁波金银彩绣与漆画融合探析》(《新美术》,2012年第6期)
13	《十里红妆女儿梦——宁波传统婚嫁用品中的金银彩绣》(《浙江纺织服装职业技术学院学报》,2014年第4期)

除了著作和论文,宁波市纺织服装特色数字文献资源库建有宁波金银彩绣特

色资源子库。该资源库全方位普查、挖掘、整理宁波金银彩绣，目前已收集整理了1100余条数据，包括绣品实物、刺绣工艺、材料绣具、刺绣文献等条目。该资源库由浙江纺织服装职业技术学院与宁波金银彩绣有限公司合作，宁波金银彩绣有限公司将新开发的产品信息充实到资源库中，资源库小组则利用专业背景，依托资源库优势，为宁波金银彩绣有限公司进行纹样设计、应用创新，同时选派学生充实到公司的设计制作队伍。近三年，金银彩绣特色资源库又充实到国家级纺织品设计专业教学资源库中。

三、宁波纺织服装类"非遗"传承思考

（一）传承什么

在"非遗"的保护和传承中，一直有不同的声音，这不是坏事。有一种声音认为："非遗"的保护应该是原样保护。这一模式认为，"非遗"的最大价值就是历史认识价值。"非遗"是一个民族最稳定的DNA，无论世界如何变化，外来文化如何冲击，自身传统如何失落，都不能将它进行转基因改造。宁波纺织服装类"非遗"，每一项的产生和发展都与宁波本土的地理环境、人文背景息息相关。以三项列入国家级非物质文化遗产名录的纺织服装类"非遗"为例，宁波金银彩绣最大的特点是金银线和彩色丝线的结合应用，而宁波在古代并不产金，正是因为港口优势以及与日本一衣带水的频繁交流，从日本输入的首位"细色"就是黄金、白银。余姚土布的产地——余姚，曾是全国重要的产棉基地，明代徐光启的《农政全书》称"浙花出余姚"。民国时期，浙棉又称"姚花"。正因这样的基础，余姚一直有着织造土布的习俗。2021年新晋的红帮裁缝技艺，离不开宁波"工商皆本"的传统思想。可见，每一项"非遗"都是带着文化基因走到今天的。因此，传承"非遗"，首先是传承文化。《"十四五"纺织非物质文化遗产工作行业性指导意见》中提道：要从坚定文化自信、建设文化强国的高度，不断强化使命意识和责任担当，深刻认识非遗保护传承的重要意义，把握非遗保护传承的指导原则。传承的过程，也是文化输出的过程，技艺的保护和创新发展，其实传递的是文化自信。

"非遗"作为新时代中华民族文化复兴征程中的重要形式和载体，其所承载的使命，不仅是自身的文化符号意义，也有潜藏的经济效用。由此，"非遗"的保护和传承就会从原样保护延伸到生产性保护。从本质上来说，"非遗"的生产性保

护,是为实现"非遗"活态传承而开展的有益探索,是为"非遗"保护传承的必经之路。在生产实践中,纺织服装类"非遗"的设计理念、构成方法,作为民间美术,纺织服装类"非遗"所蕴含的色彩和纹样美学特征,以及作为和本土婚丧嫁娶、节庆礼仪等民俗相关的"非遗"所承载的社会性和展现的民族文化,都是传承的角度和方向。但在生产生活中,转化作业仍有不足,存在重形式轻内容、简单复古的现象,如何避免在生产性保护实践中的过度商品化、机械化倾向,都是需要思考的。

(二)如何实践

对于大众而言,认同"非遗"需要从认识"非遗"开始。因此,搭建认识"非遗"、了解"非遗"的平台非常必要。在这一点上,宁波纺织服装类"非遗"可谓走在前列。从前文"宁波金银彩绣"的传承现状就可以窥得,政府加强顶层设计,基层和民间积极参与,形式载体多样,总体势头很好。

宁波一直在探索"非遗"保护模式,积极拓宽"非遗"文化保护传承渠道。政府在媒体上开辟专栏、专题对非物质文化遗产项目、传承人和传承基地进行介绍,让更多的人认识到传统手工艺的价值,提高整个社会对传统手工艺的认同感。在人气集聚地、广场等场所定期组织非物质文化遗产项目展示及实物演示,与市民共同交流民间艺术成果,促进和提升了全民、全社会对传统工艺美术及传统民间文化的再认识。优秀非遗文化只有全方位融入国民教育的各个领域、各个环节,与人民生产生活深度融合,才能有长久的生命力,真正地实现活起来、传下去。

在这样的大环境下,传承主体与受众群体共同培养,"非遗新生代"的概念也随之产生。随着工艺美术化,"美术"和"工艺"逐渐分离,有很高技能的工匠,却很少会有优秀的设计才能。那么,"非遗"传承与高校美育设计工作互动进行就成了创新性的一条途径。推进"现代学徒制",创立"大师工作室",传承"非遗"技能。通过合作建立实习实践基地或工作站等形式,由"非遗"传承人为高校师生传授技能,推动技艺传承和工艺创新,用高校的人才活力激发传统"非遗"的发展潜能。"非遗"的魅力在于手工技艺,早在20世纪,从拉斯金、莫里斯到20世纪30年代前后的包豪斯,都站在不同立场反思工业革命后的机械生产,强调手工艺的重要性,将民间艺人制作的带有地方特色和独特造型的元素,吸收到设计作品当中。"非遗"传承的主旨是拯救现代化巨大冲击下的传统技艺和文化,习近平总书记提出的"创造性转化、创新性发展"就是我们要坚持的重要方针,将适合现代设计的"非遗"元素加以提取,不只是简单地复古、泥古,而是不断赋予传统"非遗"

新的时代内涵和现代化表达形式，甚至将传统文化标志性元素纳入城镇化建设、城市规划设计、城市公共空间。推动"非遗"融入现代生活、服务国家战略，使之成为有利于社会发展的技艺，成为有利于弘扬民族精神和时代精神的文化。

四、宁波纺织服装类"非遗"传承建议

前面我们讨论了传承什么、如何实践的问题，结合宁波金银彩绣的传承现状，可以进一步发现目前的问题，从而明确继续前进的方向。

（一）整合各类资源有效传播"非遗"

宁波金银彩绣在传承创新中秉承"活态传承"的原则，多方面、多渠道利用新的媒介技术传播"非遗"，实现了地方文化在"非遗"创新设计中的应用。"糖心旦"作为高端定制品牌在"非遗"创新设计中的案例，为纺织服装类"非遗"的保护利用和当代时尚建设树立了标杆和参照。然而，这一切都是基于宁波金银彩绣有限公司本身的财力和人力：宁波金银彩绣公司经过多年发展，已是一家集"非遗"研学、艺术收藏、技艺传承、文创开发、绣艺创作于一体的国家级非物质文化遗产公司。不仅拥有金银彩绣艺人，还拥有设计团队、营销团队。而其他"非遗"则很少同时具备上述条件。

（二）传承创新激发并形成市场

金银彩绣源于宫廷绣，在民国期间呈现出融汇创新的特色。金银彩绣的设计伦理从礼教秩序转变为物质需求，影响设计表征由"重金银材料"向"重流行元素"转移，反映了时代背景下的嬗变。这一变化，也启示今天的金银彩绣以及其他非物质文化遗产如何在新的生产基础、时代审美价值观的背景下，呈现出围绕市场需求又融合改良的创新产品。作为创新之例的"糖心旦"，对金银彩绣蕴含的"中国意象"进行了或深或浅的视觉借用或文化解读，其有辨识度的产品也获得了一定的业界认可和商业成功。但是高级定制的定位，如何做到相对批量？若不能批量，效益从何谈起？此外，高级定制的亮点在于手工技艺，然而目前支撑"糖心旦"的金银彩绣艺术馆的艺人平均年龄为50岁以上，如何确保手工艺人不断层，以及如何将高校的设计所长与"非遗"技艺良好衔接？在这一过程中，传承人也需要开阔眼界，不断学习、总结和整理技艺，以开放的心态将现代技术和方法与

传统"非遗"相结合。

（三）增强公众对"非遗"的认同

宁波金银彩绣相较其他宁波纺织服装类"非遗"，拥有市级、省级、国家级多层级"非遗"传承人，这一良好局面得益于金银彩绣本身的基础，也得益于多年、多渠道的宣传。只有让更多的人接触"非遗"、了解"非遗"，并且被"非遗"的独特魅力所感染，才能有越来越多的人加入保护传承"非遗"之列。从一个人变成一支团队，从一支团队变成一群参与者，引导相关项目良性发展，实现互利共赢。这是宁波金银彩绣带给其他非遗的启示，即加强宣传、扩大开放，推进传播手段多样化、传播影响国际化、传播载体品牌化，吸引更多的年轻人了解"非遗"、热爱"非遗"。然而公众参与，不仅是吸引更多人走进非遗馆、参加社教活动，只有当公众的声音真正被听到、甚至反映到非遗展示的空间中，才能在一定程度上实现非遗与公众的"对话"和"交流"。例如，参考国外博物馆以说明牌作为切入角度，在"非遗"的展览中，将普通观众对作品的感受与专业人士对作品的描写一同放在展品说明牌上展示，让老人勾起他们与本土文化和个人成长经历相关的回忆，让儿童以自己的视角去认识、体验"非遗"。如此反映公众声音的同时，也带给观众不同维度的体验。

（四）加大"非遗"传承人培养力度

"非遗"十分依赖于传承人，而高校是培养现代传承人的良好平台。借助本地相关校院优势，一方面，建设院校文化传承与创新示范专业点，推进相关学科建设，中共中央办公厅、国务院办公厅《关于进一步加强非物质文化遗产保护工作的意见》明确要求"构建非物质文化遗产课程体系和教材体系，出版非物质文化遗产通识教育读本"。"非遗"对象往往具有广博性和复杂性，其综合性、交叉性的学科特性决定其必以培养复合型人才为己任。同时推进"非遗"大师工作室的建设，推动"艺"与"工"的有效融合。大师工作室是"非遗"大师参与高校纺织服装专业教育的平台，也是纺织服装类"非遗"融入现代纺织服装教育的媒介。另一方面，将现代设计视为一种创新性思维和重建符号意义的媒介和手段，以设计力量诠释"非遗"。"非遗"文化和传统手工艺值得高校更为系统地再学习、再理解、再表述，好的设计，一定是在对手工艺思想和技艺的统一和超越基础上完成的，设计师越了解和领悟"非遗"的历史脉络与文化本质，越尊重手艺人的隐性知识和实践智慧，就越能超越手工艺的传统阈限。设计师需要深刻领悟"非遗"背后的智慧与地方手工艺所蕴含的人文思想，以现代思维方式呈现传统文化智慧，搭建传统与现代之间的桥梁，从而赋予手工艺现代功能和现代美感。

（五）有效发挥政府的推动作用

非物质文化遗产的保护传承工作离不开政府的支持，在这方面上宁波一直走在前列。在政府主导、社会参与、市场运作三大推力下，一批"非遗"企业得到扶持。政府也通过立法加大对非物质文化遗产的保护力度。同时明确保护机构和资金来源，推进非遗展示场馆建设，强化"非遗"传承人才培养，促进"非遗"开发利用等。鉴于纺织服装类"非遗"有其日常实用性的特点，而且古往今来服装往往引领时尚，故可以考虑借助一年一度的"宁波时尚节"（暨宁波服装节）这一平台，打造纺织服装类"非遗"品牌，以宁波纺织服装类"非遗"为对象，发挥文化引领、时尚引领、服务社会、推动发展的作用。随着"国潮热"和"中国风"等时尚概念的提出，传统文化和传统手工艺能赋予品牌新鲜能量。宁波作为传统纺织服装大市，拥有若干服装名品牌，将"非遗"融入宁波本土服装品牌，不单能推进中国风尚的发展，也能使新一代的中国设计师和原创品牌找到更大的创作和发展空间。而"非遗"本身，通过加强产品的科学设计、科技融合，能实现从传承人主观经验到科学设计的转化，让生产过程更加科学，原有功能获得创新。

专题八 宁波时尚纺织服装产业集群发展中红帮文化的驱动力研究

2019年,宁波市工业强市建设领导小组办公室制定了《宁波市时尚纺织服装产业集群发展专项规划(2019—2025年)》(甬工强办〔2019〕17号),旨在加快培育时尚纺织服装千亿级产业集群,促进宁波时尚纺织服装产业高质量发展。目前,宁波时尚纺织服装产业集群化发展虽然有很好的政策条件和较雄厚的物质技术基础,但仅有这些是不够的,我们还必须把宁波时尚纺织服装行业的重要群体文化——红帮文化提升到一个战略高度来认识,并从产业集群化发展的文化驱动力这一角度,深入研究其价值、作用和驱动路径。

红帮文化以"精、勤、新、信"的精髓要义,在宁波时尚纺织服装产业的发展进程中培育具有地方特色、行业印记的当代工匠精神,定能造就众多"德艺双馨"的大国工匠、行家里手,推动宁波纺织服装产业"时尚+""智能+""数字+",推动宁波时尚纺织服装产业高质量发展。本专题从三个方面论述了红帮文化在宁波时尚纺织服装产业集群发展中的驱动力研究,包括红帮文化的精神内涵、红帮文化在当代宁波时尚纺织服装产业集群中的价值体现以及其在宁波时尚纺织服装产业发展中的驱动路径。

一、宁波时尚纺织服装产业最重要的文化基因——红帮文化

红帮是中国近现代服装业发展进程中的一个十分独特和重要的行业群体,由晚清之后一批批背井离乡外出谋生的宁波"拎包裁缝"转型而来。20世纪30年代,红帮成名于上海,并逐渐蜚声海内外。从19世纪中叶至今,红帮在其百年传承中不断积淀,形成了自己独特的行业群体文化——红帮文化,并在不断开拓进取中形成了自己独特的文化灵魂——"敢为人先、精于技艺、诚信重诺、勤奋敬业"的红帮精神。

(一)敢为人先精神

当西风东渐,西方服饰文化对中华服饰文化产生冲击之时,原来活跃于奉化江两岸,之后占领上海的一群手工业者——本帮裁缝顺应世事变迁,创新服装制

作技术，在中国传统的平面裁剪基础上，借鉴西方的立体裁剪法，推动了西式服装制作业在中国的发展；创新服装经营理念，提出了"亲情"营销观，把顾客当作亲人或朋友，在店铺设计和经营服务中体现出温馨的氛围，让顾客产生一种"宾至如归"的感觉，创造了服装经营史上最早的VIP服务。

（二）精于技艺精神

红帮裁缝在裁剪方法和缝纫技巧上不断钻研，代代传承又不断创新，不断向着方法科学、通用简便、体系完善的方向发展。从老一代的戴永甫到后起之秀江继明，工艺技术从"D式裁剪"到"折纸裁剪法"，在西服制作的130余道工序中，红帮裁缝总结的"四功""九势""十六字标准"，堪称中国西服工艺技术的经典之谈。对于身体有缺陷的顾客，如驼背、斜肩、将军肚等，红帮裁缝善于采取各种方法，扬长避短，遮盖缺陷，显示了极为高超的手工技艺。

（三）诚信重诺精神

红帮裁缝，本着"宁可做蚀、弗可做绝""信誉招千金"的信仰法则，做人做事首重诚信。红帮第六代传人江继明先生曾回忆说："红帮裁缝除了有创新精神，还非常讲究诚信。以前我们给外国船员做西装，经常是他们付了定金就离港了，到了第二年靠港的时候我们再把做好的西装送到船上去，那些船员对我们都非常信任。"可见，早期的红帮裁缝对诚信、质量是很看重的。

（四）勤奋敬业精神

裁缝，是一个古老的职业，拥有几千年的历史。但是，在整个封建时代，人们对裁缝的称呼往往冠以"小"——"小裁缝"，可见其社会地位卑微。但在浙东学派"经世致用"文化思想的影响下，以自己的勤奋敬业在近代服装史上占有了一席之地。从1896年到1950年的50余年间，上海的西服店多的时候达710余家，而宁波人开的就有420多家，占总数的60%。当年红帮裁缝在全国19个城市建立了西服店铺和成衣工厂。他们勤奋敬业的精神，成就了红帮服装"精、细、美、好"的品牌效应，成为"红帮精神"的重要因子。

二、红帮文化在当代宁波时尚纺织服装产业集群发展中的价值体现

红帮文化底蕴深厚、内涵丰富，在宁波时尚纺织服装产业集群发展中发挥了多方面的价值。

（一）打造宁波时尚纺织服装产业之都的鲜明形象

宁波时尚纺织服装业的制造水平在全国一直保持着领先者的地位，是宁波最富有竞争力的传统优势产业及支柱产业。论品牌，宁波现有时尚纺织服装业"中国驰名商标"25个、"中国名牌"20个。2005年"红帮裁缝"成功申报浙江省首批非物质文化遗产名录。2021年6月，国务院公布第五批185项国家级非物质文化遗产代表性项目名录，其中宁波奉化区申报的"中式服装制作技艺（红帮裁缝技艺）"光荣上榜。

凭着历史渊源和红帮裁缝的技术优势，从乡镇企业起家，宁波的时尚纺织服装业得到了超常规的发展，并已成为宁波的支柱产业之一。宁波的纺织服装产业已涵盖化学纤维、棉纺织、毛纺织、印染、针织、色织、丝绸、麻纺、服装、家用纺织品、产业用纺织品、纺织机械器材等各大行业，形成了完整的产业链。据有关部门统计，截至2022年底，宁波规上时尚纺织服装企业共866家，较2021年增加53家，规上企业数显著上升，规上纺织服装企业实现工业总产值1333.10亿元，占宁波全行业的5.48%，实现工业增加值261.29亿元，占全省纺织工业的12.35%。在宁波国际时尚节的加持下，宁波时尚纺织服装产业之都的形象正变得越来越鲜明。在"十三五"期间，宁波成为浙江省三个"时尚名城"建设试点城市之一，同时，宁波纺织服装行业以其明显的产品特色、显著的集群效应成为我国最大的纺织服装产业基地之一，形成了一批集设计研发、文化创意、商业运营、品牌经营于一体的复合型时尚产业运营企业，宁波正经历着"以时尚创意为特色、以科技创新为动力、以智能制造为基础，加速从纺织服装大市向时尚纺织服装强市转变"的转型期，创建时尚化、智能化、创新化的时尚纺织服装产业之都形象未来可期。

（二）打造宁波时尚纺织服装产业的个性化理念

一个半世纪以来，红帮名家辈出，绝活纷呈，声名远播的就有"西装王子"许达昌、"西服国手"余元芳、"裁缝状元"陆成法、"服装博士"石成玉、"女装名师"

孙光武、"东北第一把剪"张定表等。他们都曾通过自己的一把剪和一针一线提供私人订制服务，并以精致的服装作品传递不同的个性化理念，其影响也一直延续至今。

宁波的时尚纺织服装企业个性化理念比较鲜明，如雅戈尔集团、杉杉集团、太平鸟集团、博洋集团等一直将企业文化作为企业发展目标之一，在企业的发展过程中归纳、提炼出了企业个性化的发展和经营理念。如博洋集团一方面允许多元化文化存在，另一方面加大本土化建设，重视在不同文化背景的员工中建立一种共同的价值观。国内80%以上的时尚纺织服装企业还处在"单品时代"，而宁波的同类企业早就开始了多品牌之路。生产批量小、附加值高、个性化突出的产品，是时尚纺织服装产业发展的一个趋势和方向。在打造品牌时更考虑品牌定位，对品牌进行细分和系列化组合，以传达不同的个性化理念。

（三）提升宁波时尚纺织服装产业的整体国际化影响力

当年，"红帮裁缝"在上海成名后，便向外开拓生存空间。他们有的北上东三省，南下厦门、港台，有的西进平原武汉；有的还跨出国门，远涉重洋，到北美、欧洲、日本、东南亚等国家和地区开创基业，施展才华。荣昌祥的创始人王才运为适应国际西服款式的变化，不惜花费外汇长期从英国订购西服样本，使"荣昌祥"的西服式样不断更新换代。

进入21世纪，宁波加快了时尚纺织服装产业升级发展，国际外向度也在不断提高，时尚纺织服装企业纷纷开展与国际著名服装品牌在生产技术、资本、品牌等多方面的国际合作。如雅戈尔引进的美国百年品牌浩狮迈；杉杉集团与法国、美国、韩国等著名服装企业、服装设计师合作，陆续推出法涵诗、玛珂·爱莎尼、雷诺玛、大公鸡、意丹奴等国际品牌，培罗成与法国企业合资的RISECAR品牌等。在将国际品牌引入中国，共同拓展国内市场的同时，宁波的时尚纺织服装企业也积极开拓国际市场，如雅戈尔分别在印度、西班牙、墨西哥等33个国家注册了商标；杉杉的法涵诗商标分别在加拿大、澳大利亚、意大利等12个国家和地区注册了商标；布利杰则在阿联酋、英国等注册了商标，产品畅销欧美、东南亚、中东等100多个国家和地区。如今，宁波的纺织服装产业借宁波对外开放优势，以宁波时尚节等平台为载体，吸引更多的国内外纺织服装企业加入，整体国际影响力不断提升。

三、红帮文化在宁波时尚纺织服装产业集群发展中的驱动路径

红帮裁缝以其勤奋敬业、开拓进取的精神感召着一代又一代的红帮传人,虽历经百年沧桑,但服装产业却不断发展壮大。从 20 世纪 70 年代末 80 年代初,借改革开放的良好政策环境,不断抢抓机遇、创新进取,到 21 世纪初,逐渐形成了从鄞州的东钱湖镇至石碶镇的鄞州大道一线和从石碶镇至奉化江口镇的呈现"L"形走向的"服装走廊",集聚了雅戈尔、杉杉、罗蒙等几十家具有相当企业规模和品牌效应的知名服装企业,逐渐形成了庞大的产业集群。随着时代的变迁,红帮文化正以新的方式和路径驱动着宁波时尚纺织服装产业集群的发展。

(一)技艺传承

红帮技艺的传承主要表现在两个方面,一是技术的传帮带——红帮传人的培养;二是制作工艺技术传承创新。

1. 技术的传帮带——红帮传人的培养

红帮裁缝主要由同村同地的亲戚朋友逐渐形成群体,并不断壮大。他们在百年创业历史中,很好地演绎了宁波人的亲情、乡情观念。红帮裁缝在自己的同乡、亲友、伙计等人员中寻找技艺的接班人,一代代传承他们的技艺并使之发扬光大。从第一代红帮传人王才运发展至今已历七代,2007 年 10 月,红帮第六代传人江继明在浙江纺织服装学院郑重其事地将宁波继明红帮服装研究所的牌子交给陈尚斌、戚柏军、卓开霞 3 位嫡传弟子,这也意味着"红帮裁缝"第七代传人正式接班。陈尚斌、卓开霞在他们的工作岗位上结合现代化的课堂教学,让红帮的精湛技艺、精神文化代代相传。而戚柏军则走出校门,向社会拓展,2008 年在宁波日湖边上开办了"红帮洋服店",从事实际制作,学用结合,服务社会,实现红帮技艺的现代传承。

2. 制作工艺技术的传承创新

红帮裁缝素以技艺的精湛、质量的优良、良好的声誉名扬四海,在一百多年的发展历程中,不断融汇中西,在制作工艺上推陈出新,尤其是西服制作的"四功""九势""十六字标准"堪称中国西服缝制的经典。在测量技术上,红帮裁缝借鉴日、意、英等国相关技术的精髓,开发了红外水平测量技术。在传统女性服饰中通过镶色、牵条、绲边、切图、刺绣等传统工艺特色,在女性服装造型艺术上更符合现代审美和时代特色。从 2002 年开始,红帮服装的缝纫技能融入了国际元素,

在2009年第33届世界洋服同业联盟大会中荣获男装创意设计评比"最高荣誉"。

随着科学技术的发展，尤其是受2020年以来爆发的世界性大规模新型冠状病毒感染的影响，居家办公、物流不畅成为一种常态，人们不得不深刻改变以往传统的工艺制作手法，科技创新、数字化应用在纺织服装产业发展中的作用越发凸显。作为红帮的后代，站在前辈的肩膀上，通过广泛应用新技术和新设备，具有更高要求和目标，超越前辈。例如，3D数字化设计和制作手段逐渐被广大纺织服装企业接受并加以尝试。如申洲国际已经通过与Browzwear的合作，领先一步应用3D技术，实现了数字化转型，并建立了宽阔的护城河和强大的先发优势。

当数字化、智能化热浪滚滚向前，似乎老红帮的传统手工制作技艺的影响力在逐渐消退，但是，对于高科技、现代化的红帮时尚纺织服装企业而言，老红帮的技艺和精神正在他们身上延伸，尽管使用的是现代化的机器和设备，但是对于服装制作来说，这是过去手工制作的尺子和剪子的传承，流淌着"红帮人"的血脉。这是一种表面上看不见，却又时时处处能让人深刻感受到的文化、技艺传承创新的力量。

（二）精神弘扬

"工匠精神"是一种在设计上追求独具匠心、质量上追求精益求精、技艺上追求尽善尽美的精神，蕴涵着严谨、耐心、踏实、专注、敬业、创新等可贵品质。培育当代工匠精神，是"中国制造"的呼唤。宁波作为"中国制造——2025"试点示范城市，迫切需要一大批具有开拓创新意识、良好职业操守和专门技术技艺的人才。

树匠心、求创新、求极致是弘扬工匠精神的根本。具体来说，就是做事情要努力做到专心专注，做产品要努力追求尽善尽美，把每个细节都做到极致。而这些品质在红帮裁缝身上都所有体现。拿西式服装的制作来说，红帮裁缝不是照搬照抄，而是引进式创新，结合国人的衣着习惯、身形特点、审美习惯，形成具有中国特色的西服制作技艺。同时，红帮裁缝在实践的基础上又善于用心思考、集思广益、总结概况，经过努力钻研，提炼出制衣技术的"四攻""九势""十六字标准"，用他们手中的"绝活"，把产品做到无可替代的程度，以精品打造天下、以极品征服世界。红帮裁缝这种创技术、建标准、制精品的敬业精神，对于我们在新的时代培养工匠精神无疑是大有裨益的。

1. 以文化人，传承红帮文化

在中高职职业教育中，以课程思政和思政课程为主渠道，通过编写红帮文化特色的著作和教材，将红帮文化作为职业教育基础性教育教学内容，将当代工匠精神作为职业教育特殊性内容融入学生德育教育全过程，通过阐释红帮的精神品质和文化精髓，系统讲授红帮裁缝的知识创新与理论建树，对学生进行文化传承教育，引导他们热爱专业、精于技艺、矢志创新、不断进取。通过展览、多媒体、数字化等渠道宣讲红帮学艺、修德、创新、创业的故事，使红帮的主要人物、重大事件一一演绎出来，看得见、摸得着，启发学生传承红帮文化热情。

2. 搭建平台，践行红帮文化

宁波聚集了众多服装企业，在红帮这一特殊行业群体中涌现了雅戈尔、杉杉、罗蒙、培罗成、太平鸟、博洋、维科等知名企业，它们的企业文化建设各有特点和成就，但又或多或少都带着红帮文化的烙印，以不同的方式讲述着红帮精神的传承和创新。

通过校企合作的方式，让学生到这些企业参加培训，感知企业文化，融入集体，融入企业，成为企业的一分子，培养工匠精神。如在专业老师和企业专家的指导下，让学生参与到企业的工艺技术革新和产品研发等项目中，培养学生的创新意识，培育"敢为人先"的精神；通过以不同的学科、不同的专业开展形式多样的工艺技术评比活动，通过评比提高工艺技术水平，培育"精于技艺"的精神。

（三）人才培养

时尚产业作为高端前沿产业，具有强大的品牌影响力和高端引领效应，这就要求在推进时尚产业人才队伍建设上注重拔尖技能人才、高端设计人才的培养。目前，宁波的时尚纺织服装企业要加大海内外高层及设计人才、高端人才的引进，更应注重本土高层次人才的培养。

一是强化产学研联合协同，鼓励本地高校增设时尚设计类专业学院，开设时尚设计与时尚营销方面的专业，培养紧缺的时尚设计师、时尚买手、时尚与奢侈品管理、时尚品牌运营等人才，并选送优秀人才到国外一流科研院所深造，建立中长期培养和定向跟踪培养机制，不断增强自身造血功能。

二是把人才与行业结合，培养适应纺织服装产业发展的新兴人才。科技数字化驱动是实现传统运营模式变革升级的有效工具，也是时尚品牌未来长足发展的核心。宁波的纺织服装产业要实现未来高质量发展，就必须拥有适应时代需求的新兴纺织服装专业发展的高质量人才。人才的培养必须与行业的需求相结合，企业通过与国内外各大高校合作，开设研发中心、校企合作学院或创办企业大学等方式，通过校企合作，一方面为各大高校培养理论与实践相结合的"双师双能型"

高质量师资，教师言传身教，通过实战模拟、案例研讨、互动教学等实效性教育手段，实现教学相长，培养更多符合企业发展需求的高质量人才。另一方面，通过创办研发中心进行产品和技术的合作研发，实现品牌升级和产业应用，推进品牌和产业的数字化转型，深化数字赋能，实现纺织服装产业高质量发展。

三是注重高技能人才培养。时尚产业发展离不开大批高技能人才的支持，可以通过邀请红帮技能大师进学校或建立研究院，培养人才，推陈出新，实现人才培养。聘请高技术的技能大师进入职业院校，开设高级定制专业，言传身教，进行刀功、手功、车功、烫功的严格系统的专业训练，让红帮好手艺薪火相传，让红帮文化得以传承。

参考文献

[1] 洪俞.智能制造背景下宁波时尚产业的转型路径研究[J].宁波经济,2021(12):13-15.

[2] 卓静.宁波当代时尚服装服饰产业发展趋势研究[J].轻纺工业与技术,2021(11):137-139,145.

[3] 胡碧琴,诸葛红娟.加快现代技术在宁波时尚产业运用的对策建议[J].宁波经济,2020(12):15-17,34.

[4] 李佩佳,唐秀华,高宇雯.打造东方滨海时尚之都,宁波路径选择[J].宁波经济,2022(9):22-29.

[5] 石兰,陈斌,王金华,等.抢抓"新国潮"机遇 加速时尚纺织服装产业升级[J].宁波经济,2022(5):19-20.

[6] 李洋,张语彤,王慧.宁波优化消费空间布局的思路与对策建议[J].宁波经济,2022(2):30-33.

[7] 王先庆,彭雷清.广州建设国际消费中心城市的特色优势与战略选择[J].城市观察,2022(1):62-74,161.

[8] 聂玉婷,郭子良,陈巧云.郑州建设时尚之都的路径研究[J].中共郑州市委党校学报,2021(6):95-99.

[9] 陶希东.上海建设国际消费中心城市的成效、问题与对策[J].科学发展,2020(11):39-45.

[10] 杨松.北京建设国际消费中心城市的成效、问题与对策[J].中国经贸导刊,2021(6):29-33.

[11] 赖穗怡.广州建设国际消费中心城市的思路与对策[J].城市观察,2021(4):49-58.

[12] 郜洁,刘飞云.青岛国际时尚城建设的途径探讨[J].青岛远洋船员职业学院学报,2021(2):78-82.

[13] 葛宇乾.培育新型消费热点对策研究——以宁波为例[J].中小企业管理与科技,2017(12):61-64.

［14］彭新敏，张祺瑞，刘电光．后发企业超越追赶的动态过程机制——基于最优区分理论视角的纵向案例研究［J］．管理世界，2022（3）：149-151.

［15］王野．基于价值链延伸的申洲国际商业模式价值创造研究［D］．哈尔滨：哈尔滨商业大学硕士论文，2022：33-34.

［16］周姣艳．供应链韧性的构建及其价值效应研究——以申洲国际为例［D］．杭州：浙江工商大学硕士论文，2023：25-28，33-40.

［17］曹策远．雅戈尔集团脱虚向实战略转型及其经济后果研究［D］．郑州：华北水利水电大学硕士论文，2022：37-48.

［18］朱文超．基于GVC下中国装备制造业升级研究［D］．哈尔滨：哈尔滨商业大学硕士论文，2020：41-45.

［19］成青青．江苏统筹推进产业基础高级化和产业链现代化研究——基于投入产出表、区位商等分析视角［J］．南京航空航天大学学报，2022（1）：38-45.

［20］王刚，等．宁波推进产业基础高级化和产业链现代化对策建议［J］．三江论坛，2022（9）：12-16.

［21］王少．科技创新策源地：概念，内涵与建设路径［J］．科学管理研究，2021（2）：17-21.

［22］张瑞，陈翼然．"链主"驱动：引领宁波制造业产业链整体跃升［J］．宁波经济，2022（5）：16-18.

［23］林淑君，倪红福．中国式产业链链长制：理论内涵与实践意义［J］．云南社会科学，2022（4）：90-101.

［24］陈健，陈志．如何支持"链主"企业主导全产业链创新：以美国太空探索技术公司为例［J］．科技中国，2021（8）：14-17.

［25］原诗萌．努力打造原创技术策源地、现代产业链链长［J］．国资报告，2022（2）：66-69.

［26］王永．"国潮"经济正当时［EB/OL］．数字商业时代，2021-04-16. http：//www.digital-times.com.cn/13217.html.

［27］知乎城市－宁波．从智造名城到时尚之都,「甬」于尝试只是开始［EB/OL］.2022-08-01. https：//zhuanlan.zhihu.com/p/548425418.

［28］衡帅．国货抢手、国风赋力，2022宁波购物节"国潮"当道！［EB/OL］．宁波之声，2022-08-23.

［29］石兰，陈斌，王金华，等．抢抓"新国潮"机遇－加速时尚纺织服装产业升级［J］．宁波经济，2022（5）：19-20.

［30］麦肯锡.2022中国时尚产业白皮书—由量转质：开启中国时尚产业跃迁新征程［R］.2022.30-44.

［31］卢晓红,陈春明,赖泳杏."双碳"视角下废旧纺织物循环再利用的发展研究［J］.纺织报告,2023（1）：62-63.

［32］张玮,刘姝瑞,张明宇,等.废旧纺织品回收再利用的研究进展［J］.纺织科学与工程学报,2023（1）：97-98.

［33］郭燕.我国废旧纺织品回收利用企业自主创新现状分析［J］.再生资源与循环经济,2021（4）：18-19.

［34］言九.2021年全球与中国废旧纺织品行业现状,应尽快提高废旧纺织品的回收利用率［EB/OL］.华经情报网,2022-06-24. https://www.huaon.com/channel/trend/814454.html.

［35］万佳昕.逆向供应链中废旧衣物回收的激励机制研究［D］.广州：广东工业大学硕士论文,2022（5）：58-60.

［36］陈训正,马瀛.鄞县通志第五食货志第三册［M］.宁波：鄞县通志馆,1935：3.

［37］宁波市文化广电新闻出版局.甬上风物：宁波市非物质文化遗产田野调查［M］.宁波：宁波出版社,2008：序言.

［38］曾驿涵,毛雨静,蔡甄妮,等.数字化时代下的非遗传承与保护——以金银彩绣为例［J］.丝路视野,2020（8）：37-39.

［39］张顺爱.关于非物质文化遗产保护与传承的若干思考［C］.顾绣研究.上海：上海大学出版社,2020：231-240.

［40］茅惠伟.甬上锦绣：宁波金银彩绣［M］.上海：东华大学出版社,2015：9.

［41］中共中央办公厅国务部办公厅印发《关于进一步加强非物质文化遗产保护工作的意见》的通知（厅字）〔2021〕31号［EB/OL］. http://www.gov.cn/gongbao/content/2021/content_5633447.htm.

［42］王福州.从实践探索到学科构建还须行多久——兼议非物质文化遗产的学科建设［J］.文化遗产,2021（6）：8-20.

［43］吴萍,徐玉梅,陈珊.纺织类非遗工作室在高职服装专业人才培养中的作用及建设策略［J］.教育园地,2019（6）：73-75.

［44］王维娜.设计赋予"现代感"：传统手工艺回归现代日常生活的路径［J］.艺术设计研究,2021（3）：61-67.

［45］陈星达,冯盈之,张艺,等.红帮文化通论［M］.杭州：浙江大学出版社,2014：93.

［46］刘建长.宁波纺织服装企业的企业文化建设和创新研究［J］.现代企业文化期刊,2009(14):51-52.

［47］庞燕.宁波知名服装品牌国际化经营策略研究——以雅戈尔、杉杉、培罗成等服装品牌为个案［J］.浙江万里学院学报,2010(3):10-13.

［48］薛晓龙,田明政.宁波市纺织服装产业集群升级中的政府行为选择［J］.大众商务,2009(5):138.

［49］章瀚文.影像志视角下的红帮裁缝技艺传承与保护研究［J］.流行色,2017(12):90-92.

［50］龙兰兰."一带一路"建设背景下"工匠精神"的培育路径［J］.管理探索育人,2018(11):166.

［51］余赠振,冯盈之.略论红帮文化与高职服装教学中学生工匠精神的培育［J］.浙江纺织服装职业技术学院学报,2017(5):65-68.

［52］季学源.红帮裁缝的大工匠意识［J］.浙江纺织服装职业技术学院学报,2017(12):53-55.

［53］余赠振,冯盈之."双高"建设背景下高职院校特色文化育人探索——以浙江纺织服装职业技术学院为例［J］.纺织服装教育,2021(6):286-289.

［54］陶菁.宁波纺织服装产业集群发展研究［J］.消费导刊,2020(15):120-122.